## Über dieses Buch

Dieses Lehrbuch bietet eine grundlegende und ausführliche Einführung in das Deuten mit den Zigeuner-Wahrsagekarten. Schritt für Schritt, anhand vieler praktischer Übungen und Beispiele aus allen Bereichen der Legepraxis, lernen die Leserinnen und Leser das sichere und verantwortungsbewusste Interpretieren der 36 Karten. Am Ende kann auch das berühmte Große Blatt problemlos entschlüsselt werden. Die ausführlichen Erläuterungen der verschiedenen Bedeutungsebenen der Bilder und Vorschläge für sämtliche Kartenkombinationen machen dieses Buch zu einem nützlichen Nachschlagewerk auch für erfahrene Leser und Leserinnen.

## Über die Autoren

Seit vielen Jahren unterrichten und beraten die Buchholzers mit dem Tarot. Der gebürtige Österreicher ROE schlägt allerdings besonders gern die Zigeuner-Wahrsagekarten, das traditionelle Kartenorakel seiner Heimat, auf. Kirsten und ROE leben und arbeiten in Hamburg. Sie sind geprüfte Berater und Mentoren des Vereins Tarot e.V., der sich für seriöses Kartenlegen stark macht. Gemeinsam leiten sie die Vereinsgruppe Hamburg, organisieren den dortigen Kartenstammtisch und engagieren sich für die gesellschaftliche Anerkennung der Zunft der Kartenleger.
Nähere Infos unter www.zigeunerwissen.de

Von ihnen sind bei Königsfurt-Urania bereits erschienen:
Zigeuner Orakel – Liebe, Glück, Erfolg
Phantastische Welten – Der Röhrig-Tarot

ROE & Kirsten Buchholzer

# ZIGEUNER *Orakel*

## Ein Kursus im Kartenlegen

KÖNIGSFURT–URANIA

Die Informationen in diesem Buch sind nicht dazu gedacht, einen Arzt oder Therapeuten zu ersetzen. Eine Haftung der Autorin, des Autors und des Verlags für Personen-, Sach- und Vermögensschäden ist ausgeschlossen.

*Bibliografische Informationen der Deutschen Bibliothek*
*Die Deutsche Bibliothek verzeichnet diese Publikation in der Deutschen Nationalbibliografie;*
*detaillierte bibliografische Daten sind im Internet über http://dnb.ddb.de abrufbar.*

Originalausgabe
Krummwisch bei Kiel 2010

© 2010 by Königsfurt-Urania-Verlag GmbH
D-24796 Krummwisch
www.koenigsfurt-urania.com • www.tarot-shop.biz

Umschlaggestaltung: Jessica Quistorff, Rendsburg
unter der Verwendung von Motiven der Bildagenturen
Getty Images / © rubberball und Fotolia / © Tolchik
Fotos: © Janine L. Thun · inszenierte Fotografie · www.janine-l-thun.de
Lektorat: Claudia Lazar, Kiel
Satz & Design: Antje + Hermann Betken • www.grafik-seite.de
Bei den Fotos wirkten mit: Stefanie Milhan • Alexandra Seidel • Frank Welle • ROE • Kirsten Buchholzer
Kartenabbildungen Umschlag und Innenteil: »Zigeuner Wahrsagekarten«
von Piatnik A-Wien, mit freundlicher Genehmigung
Druck und Bindung: Finidr s.r.o.
Printed in EU

ISBN 978-3-86826-719-8 (Buch & Karten im Set)
ISBN 978-3-86826-720-4 (Buch separat)

# Inhalt

# Die 36 Karten

# Die Kombinationen

FÜR UNSERE LEHRER
MAX BOLLETER UND TONY WILLIS

*Karteninterpretation …*

*beansprucht Gefühl und Verstand.*

$E$in Kartenspiel ist wie ein guter Freund.

Nimm dir für die Auseinandersetzung mit ihm Zeit und lass dich mit Herz und Kopf darauf ein. Dann werdet ihr gute Gespräche führen.

# Einleitung

## Von Trefferquoten und Selbstverantwortung

IN UNSERER AUF SCHNELLE UND GREIFBARE RESULTATE ausgerichteten Zeit sollte nach Meinung vieler die traditionell eher bedächtige Orakelkunst gefälligst auch an Tempo zulegen. Verständlich, denn bei der allgemeinen Verunsicherung, die aus dem derzeitigen gesellschaftlichen Wandel resultiert, wäre es einfach traumhaft, durch Karten oder andere Orakel eine Garantie für ewiges Glück und eine sorglose Zukunft im Sauseschritt zu erhalten. Es verwundert daher wenig, dass »exakte Trefferquoten«, »genaue Zeitangaben« und »umgehende Auflösung von Blockaden« zu wichtigen Schlagworten einer Kartenbefragung geworden sind. Und selbst wenn dieser postulierte Anspruch auf Exaktheit nur sehr selten erfüllt wird und sicher nicht zur Problemlösung beiträgt – Karteninteressierte haben immer weniger Zeit, sich auf tiefgreifende Erkenntnisse einzulassen, die sich hinter der oberflächlichen Beschäftigung mit Orakelkarten verbergen.

DOCH VOR DIE ERKENNTNIS HABEN DIE GÖTTER bekanntlich die Arbeit gesetzt: Gerade diese geduldige Auseinandersetzung führt zum Erspüren, Aufarbeiten und Überwinden hemmender Muster und somit zur Selbsterkenntnis, Eigenverantwortung und zum Erreichen gesteckter Ziele. Die Sprache der Karten muss nämlich erst einmal verstanden werden. Auch dazu brauchen wir Muße, Übung und die Einsicht, dass jede Karte neben Hinweisen auf alltägliche Belange eine einfache Parabel über die komplizierte Wahrheit darstellt.

JE TIEFER WIR UNS AUF DIE BILDERSPRACHE DER KARTEN EINLASSEN, umso verzweigter und erstaunlicher werden unsere Interpretationen, umso vielschichtiger stellen sich die Informationen dar, die wir von ihnen erhalten. Dabei bieten sich folgende Einsatzgebiete besonders an:
- ✧ Förderung von Intuition und Unterstützung von Meditation, die uns viel über uns, unsere Bedürfnisse und die eigenen Lebensziele lehrt

- ✧ Aufzeigen von Verhaltens-, Gefühls- und Glaubensmustern, die unsere persönliche Entwicklung hemmen
- ✧ Beleuchtung der Vergangenheit und besonders der Gegenwart aus einem übergeordneten Blickwinkel zur Entscheidungshilfe
- ✧ Bewusstmachung möglicher Konsequenzen alltäglicher Handlungen und schwerwiegender Entscheidungen
- ✧ Ausbau des eigenen Weltbildes, sei es metaphysisch, okkult, psychologisch, kulturkritisch, geschlechtsspezifisch oder anders

Weniger sinnvollen Einsatz finden Karten bei allen Methoden, die uns und anderen freie Entscheidungsgewalt und Selbstverantwortung nehmen, beispielsweise

- ✧ durch Weissagen einer festgeschriebenen Zukunft
- ✧ durch Ausspionieren von Gefühlen und Gedanken anderer Menschen
- ✧ um andere Menschen zu manipulieren
- ✧ als Ersatz für den Besuch beim Rechtsanwalt oder Fachmediziner
- ✧ als universaler Problemlöser

GENAU BEI DEM THEMA SELBSTVERANTWORTUNG setzt unser *Kursus im Kartenlegen* an. Das soll nicht heißen, dass wir abgeneigt sind, mit den Karten zu prognostizieren. Vielmehr wollen wir unsere eigenen Techniken hierfür in diesem Buch weitergeben. Auch haben wir nichts gegen das »Wahrsagen«, wenn es in seinem eigentlichen Sinne – als Wahrheit sprechen – gesehen wird. Schließlich sind auch wir der Ansicht, dass die Karten uns zu Schichten unseres Bewusstseins führen, die wir sonst nur in Träumen oder Momenten plötzlicher Erkenntnis erschauen können. Dennoch können wir nicht oft genug betonen: Für uns ist die Zukunft nicht festgeschrieben. Hingegen sind wir der festen Überzeugung, dass jeder seines Glückes Schmied ist. Deshalb werden wir dich im Laufe des Buches immer wieder daran erinnern, dass weder Zeitangaben noch Trefferquoten, sondern lediglich dein eigener Wille, deine Taten und deine Selbstverantwortung letztendlich dein Schicksal bestimmen.

INHALTE UND LEHRANSATZ DIESES BUCHES basieren auf den Erfahrungen, die wir in vielen Jahren der Legepraxis, Beratung und Ausbildung sammeln konnten. Wir haben sie nachvollziehbar und übersichtlich zusammengefasst, um dich Schritt für Schritt – in deinem Tempo – in das Kartenlegen mit den Zigeuner-Wahrsagekarten einzuführen. Dabei ist es uns wichtig, dir die Symbole und verschiedenen Deutungsebenen jeder Karte unter Zuhilfenahme von Mythen, Märchen und Begebenheiten aus dem »wahren« Leben ausführlich zu vermitteln, bevor wir dich in die Kunst des Kombinierens sowie des Interpretierens von Kleinen und Großen Blättern einweihen.

Wir haben diesen Kursus als Arbeitsbuch konzipiert, das dir reichlich Raum für eigene Deutungsideen und Interpretationen bietet. Wo möglich, werden die Übungen im Lösungsteil am Ende des Buches aufgelöst.

Abschließend sei noch angemerkt, dass wir uns entschlossen haben, dich als unseren Leser oder unsere Leserin mit »du« anzureden, um das Kartenlegen auf möglichst persönliche Weise zu vermitteln.

Viel Spaß beim Erlernen der »Zigeuner« wünschen
ROE und Kirsten Buchholzer

*Karteninterpretation …*

*baut auf Tradition*

**N**imm
nicht alles für
bare Münze,
was über den
Ursprung der
Karten berichtet
wird.

Erforsche selbst
die Geschichte
deines Orakel-
Werkszeugs.

# Willkommen in der bunten »Zigeuner«-Welt

DAS ZIGEUNER-ORAKEL GEHÖRT zu den so genannten »Wahrsagekarten«, und seine Bilder sind daher auch als »Zigeuner-Wahrsagekarten« bekannt. Wahrsagekarten hatten ihre erste Blütezeit in der zweiten Hälfte des 19. Jahrhunderts. Sie bezeichneten Decks mit 36, 48 oder 52 Karten, die explizit zum Orakeln aufgelegt wurden. Die heute handelsüblichen Zigeuner-Wahrsagekarten, mit denen auch in diesem Buch gearbeitet wird, wurden allerdings erst in den 1920ern vom Wiener Kartenhersteller Ferdinand Piatnik, der auch Fabrikationsorte in Ungarn und der damaligen Tschechoslowakei besaß, herausgegeben und um 1960 leicht verändert und aktualisiert. 2008 wurden sie erneut überarbeitet. Heutige Decks sind wesentlich blasser als die früher erhältlichen und haben sich farblich verändert. Im vorliegenden Buch beziehen sich die Farbbeschreibungen und ihre Deutungen auf die Ausgaben vor 2008, mit denen wir am liebsten arbeiten. Nicht verändert hat sich die Anzahl der Karten, nämlich 36 Stück. Dies und die Ähnlichkeit der Motivauswahl machen die Verwechslung mit den französischen Lenormandkarten oder den deutschen Kipperkarten leicht. Anders als ihre Verwandten sind die »Zigeuner« jedoch nicht nummeriert, was die Arbeit mit so genannten »Häusern« (siehe »FAQs des Kartenlegens«) unmöglich macht. Eine weitere Besonderheit und ein deutlicher Hinweis auf Entstehungsort und -zeit der Karten ist ihre Beschriftung in jeweils sechs Sprachen: Deutsch, Englisch, Französisch, Italienisch, Kroatisch und Ungarisch – außer der heutigen Weltsprache Englisch und der früheren »Donausprache« der gehobenen Klasse, Französisch, sämtlich Staatssprachen der österreichisch-ungarischen k. und k. (kaiserlichen und königlichen) Monarchie. Dieses riesige multikulturelle Reich – mit damals 52,7 Millionen Einwohnern nach Russland flächenanteilig das größte Europas – wurde zusammengehalten und geprägt durch den höchst konservativen Habsburg-Lothringer Franz Joseph I., der nach der missglückten Revolution von 1848 bis zur nächsten Revolution 1918, also ganze sieben Jahrzehnte, Kaiser von Österreich sowie Apostolischer König von Ungarn und Kroatien war.

ENTGEGEN ZAHLREICHER ENTSTEHUNGSMYTHEN ist es daher höchst unwahrscheinlich, dass die Karten vom Volk der Roma und Sinti geschaffen wurden. Zum einen legte Franz Joseph einen äußerst strengen römisch-katholischen Regierungsstil an den Tag, der seit 1870 auch das Dogma der Unfehlbarkeit des Papstes einschloss und einer geächteten Randgruppe sicher nicht den Vertrieb eigener Karten erlaubt hätte. Zum anderen orakelten die Roma und Sinti damals nicht mit Karten, sondern waren aufs Handlesen spezialisiert. Außerdem hätten sie ihr geheimes Wissen nicht einfach der Öffentlichkeit preisgegeben.

AUCH REICHT EIN EINZIGER BLICK auf die Motivwahl der Karten, um die Ursprungstheorie der Zigeuner-Wahrsagekarten aus dem Feld zu schlagen. Sämtliche schildern eine gutbürgerliche, wenn nicht sogar adlige Perspektive auf die Gesellschaft mit wenigen Referenzen an die arbeitende Unterschicht. Auf keiner einzigen Karte ist ein Roma oder Sinti – die sich durch die Bezeichnung »Zigeuner« bekanntlich diskriminiert fühlten und fühlen – auch nur zu sehen.

VIELMEHR WAR DIESE NAMENSGEBUNG in einer Gesellschaft, in der das »Zigeunerschnitzel« genossen und Johann Strauß' Operette »Der Zigeunerbaron« große Erfolge feierte, wohl als werbewirksame Maßnahme gedacht, um das Deck aus dem beachtlichen Angebot der damals beliebten Wahrsage- oder Aufschlagkarten hervorzuheben und in großer Stückzahl vertreiben zu können. Schließlich – obwohl verachtet, gefürchtet und gesellschaftlich geächtet – standen die Roma und Sinti stets im mystischen Ruf, Wahrsager und Schicksalsexperten zu sein. Zielgruppe dieser klugen Marketingstrategie waren wohl gut betuchte Bürger und Adlige – und hier ganz besonders die elegante Damenwelt. Dies lässt sich zum Beispiel daraus ersehen, dass wir der Notwendigkeit, für Geld zu arbeiten, nur ganz am Rande begegnen in Form von Lehrlingen, Kutschern oder Feuerwehrmännern. Hingegen liegt die Stärke des Decks eindeutig in seinen vielen Gefühlskarten, die feinste Schattierungen bei der Analyse von delikaten Herzensangelegenheiten, aber auch von anderen besorgniserregenden oder erfreulichen Familienereignissen ermöglichen.

ALSO IST DIES WOHL KEIN KARTENSPIEL, das die Geheimnisse der Roma und Sinti verschlüsselt präsentiert, sondern uns in die Welt einer Gesellschaftsschicht der k. und k. Monarchie einführt, die sich aus dem Orakeln mit Karten ein kurzweiliges Vergnügen machte – oft ohne wirklich »daran« zu glauben. Eine Gesellschaft also, die zwar vor langer Zeit den Ton angab, doch der unseren gar nicht unähnlich ist. In den Husaren, Feinden und Hinterhofkämpfen erkennen wir unsere eigenen Sehnsüchte nach dem Latin Lover, der Angst vor dem Fremden oder das Interesse an Skandalen. Andere Motive sprechen in ihren Symbolen von hochaktueller Karten- und Spielsucht oder dem immer raueren Ton am Arbeitsplatz, von der Hoffnung auf den schnellen Erfolg oder der Stärkung, die uns die Zuwendung zur eigenen Spiritualität bringen kann. Dies zeigt: Die uns bewegenden Lebensthemen haben sich in den letzten 100 Jahren wenig verändert. Mehr noch, auch wenn die Zigeuner-Wahrsagekarten nicht vom fahrenden Volk erdacht wurden, beinhalten sie Symbole, die neben ihrem aktuellen Zeitbezug von Grundmotiven zeugen, die aus der Antike oder von noch weiter her bis in unser Jahrtausend klingen – sei es explizit wie in den Allegorien des Hermes oder der Fortuna oder unterschwellig, wenn sich im Kampf von Schlange und Katze die uralte mythische Fehde zwischen Licht und Dunkelheit spiegelt oder sich hinter dem treuen Bernhardiner der Höllenhund Cerberus verbirgt. Dies beweist, dass Symbole, und sehen sie auch noch so einfach aus, tiefe Weisheiten bergen. Es ist an uns, sie täglich aufs Neue zu entschlüsseln.

*Karteninterpretation ...*

*beruht auf guter Technik*

$E$gal,
ob du
eine Sprache,
ein Instrument
oder das
Kartendeuten
erlernst:

Du musst deine
Vokabeln und
Tonleitern
beherrschen,
bevor du
improvisieren
kannst.

# FAQs des Kartenlegens

WER SICH MIT DEM KARTENLEGEN BESCHÄFTIGT – sei es mit den Zigeuner-Wahrsagekarten, mit Tarot, den Lenormand-, den Kipperkarten oder einem anderen Spiel – wird früher oder später mit einigen Fragen konfrontiert werden. Die häufigsten haben wir hier zusammengefasst.

## Warum funktioniert das Kartenlegen?

Gern wird dies mit der »Synchronizität«, der zeitnahen Abfolge nicht zusammenhängender Ereignisse, erklärt, die dem Betrachter als sinnvoll verbunden erscheinen. So soll eine Parallele zwischen der Kartendeutung und der Fragestellung entstehen. Psychologische Erklärungsmodelle sehen die Karten als Spiegel innerer und äußerer Prozesse, als visuelles Gleichnis für die Situation der fragenden Person, wobei der Blick auf die Karten eine emotionale Reaktion und somit Reflexion und Selbsterkenntnis hervorruft.

Beide Modelle haben sicher ihre Berechtigung, auch wenn letzteres nicht erklärt, warum Kartenlegen auch am Telefon oder via Internet »funktioniert«. Persönlich sind wir der Ansicht, dass es eigentlich egal ist, wie wir zu Ergebnissen gelangen. Wichtig ist für uns, dass wir das Kartenlegen jedes Mal als bereichernd, sinnhaft und als nützliche Hilfe bei Entscheidungen erfahren.

## Ist die Zukunft mit den Karten vorhersagbar?

Wenn du in einem Auto mit Vollgas auf eine Mauer zurast, dann ist absolut vorhersagbar, was geschehen wird – auch ohne ein Orakel zu bemühen. Entscheidest du jedoch rechtzeitig auf die Bremse zu treten, hast du die vorhersehbare Zukunft bereits verändert. Genauso funktioniert das Kartenlegen: Eine Legung kann zeigen, was passiert, wenn du auf dem eingeschlagenen Weg bleibst. Richtig gefragt, teilt sie dir aber auch mit, welche Abzweige du wählen kannst, um ein anderes Ziel zu erreichen. Die Konsequenz einer Handlung ist sehr oft vorhersagbar. Andere schicksalhafte Ereignisse im Leben kannst du nicht vermeiden. Wie du dich jedoch verhältst, wenn sie auf dich zukommen, und was das bewirkt – das ist nirgends festgeschrieben.

## Wie ist das mit den Zeitangaben?

»Wann ruft er an?« ist nur eine von vielen Fragen, bei denen sich Ratsuchende konkrete Zeitangaben erhoffen. Zur Berechnung von genauen Terminen gibt es denn auch zahlreiche Ansätze – vom Einsatz der Hellsichtigkeit über die angenommene Zeitbedeutung einer bestimmten Karte bis hin zum traditionellen »drei Tage, drei Monate, drei Jahre«. Uns hat bisher noch keine dieser Methoden wirklich überzeugt.

Für uns gibt es zwei nachvollziehbare Möglichkeiten, Zeiten zu ermitteln:
1. Wir begrenzen den Zeitraum bereits in der Fragestellung (z.B. Was passiert innerhalb der nächsten zwei Wochen?)
oder orientieren uns
2. an den ungefähren Zeitlinien, die wir im Kapitel »Die Kür – das Große Blatt« erläutern werden.

Allerdings: Keine noch so konkrete Zeitangabe nutzt etwas, wenn du beschließt, dein Thema vom Schicksal abhängig zu machen, anstatt selbst etwas dafür zu tun, dass die Ereignisse sich in deinem Sinne zügig entwickeln.

## Wer kann Karten legen?

Um Karten legen zu können, musst du weder vom fahrenden Volk abstammen, noch die siebte Tochter einer siebten Tochter sein oder seit deiner Kindheit mit den Engeln oder anderen Wesenhaften Kontakt gehalten haben. Sicher gibt es Menschen, die leichter Zugang zur eigenen Intuition als andere haben. Das macht sie jedoch noch lange nicht zu besseren Kartenlegern. Es sind vielmehr oft gerade die Menschen, die sich völlig unbedarft und unbelastet durch ein spezielles spirituelles Glaubenssystem auf die Bilder der Karten einlassen, die die beachtlichsten Resultate erzielen. Das Erlernen der Kartendeutung funktioniert wie das Erlernen einer Sprache oder eines Instruments: Du musst deine Vokabeln und Tonleitern beherrschen, bevor du improvisieren kannst. Es gilt die bewährte Erfolgsformel: 10 % Talent und 90 % Disziplin und Fleiß. Wer geduldig genug ist, sich mit den Karten intensiv auseinanderzusetzen, sie kennenzulernen und sich der Legepraxis zu widmen, wird sicher ein guter Kartenleger.

## Sich selbst die Karten legen – geht das?

Es ist wünschenswert, sich durch das Ziehen von Tageskarten oder Meditation mit den Karten immer wieder aufs Neue inspirieren zu lassen. Wie das genau geht, vermitteln wir dir im Kapitel »Einstieg in die Legepraxis«. Unserer Erfahrung nach ist es allerdings schwer, sich selbst eine Frage mit den Karten objektiv zu beantworten. Zu oft beeinflussen Ängste, Hoffnungen und Subjektivität das Resultat. Dennoch möchten wir dich dazu ermutigen, mit so vielen Legungen wie möglich zu experimentieren. Kommst du bei einem Thema allerdings einfach nicht weiter, empfehlen wir dir, dich an jemand anderen mit deiner Frage zu wenden – sei dies ein professioneller Berater, eine Freundin oder jemand, der in einem Forum eine Legung mit dir austauschen möchte.

## Wie oft darf man sich die Karten legen?

Dafür gibt es keine Regeln, lass dich dabei am besten von deiner Intuition leiten. Besonders wenn es um verschiedene Themen oder die Arbeit mit Tageskarten geht, kann es nicht schaden, sich häufiger die Karten zu legen. Allerdings rät dir der gesunde Menschenverstand und der Respekt vor den Botschaften der Karten, eine Legung zu einem Thema erst einmal gründlich zu analysieren, auf dich wirken zu lassen und den Rat der Legung umzusetzen, bevor du die gleiche Frage an die Karten ein zweites Mal stellst. Es bringt herzlich wenig, immer wieder das gleiche Thema abzufragen, weil dir eine erhaltene Antwort nicht zusagt. Karten lassen sich nicht betrügen und werden dir sehr schnell – oft auf sehr humorvolle Weise – deutlich zeigen, dass sie keine Lust mehr haben, von dir nicht ernst genommen zu werden.

## Was ist bei der Vorbereitung auf eine Legung zu beachten?

Nimm dir Zeit und Muße für eine Legung. Die Räumlichkeit, in der du die Karten auslegst, sollte sauber, gut gelüftet und ruhig sein (keine Musik; Telefon und TV aus!). Räucherstäbchen oder Duftkerzen unterstützen manche beim Kartenlegen – andere irritieren sie eher. Kerzenlicht macht sich besser als greller Lampenschein. Die Intensität des Rituals des Kartenlegens wird verstärkt, wenn du den Raum ganz bewusst vor jeder Session vorbereitest. Noch besser: Du hast bereits einen Ort, den du beispielsweise für Meditation reserviert hast. Hier hält sich die Energie bei regelmäßiger Nutzung wie in funktionstüchtigen Gebetshäusern und verstärkt die Aussagekraft bei der Arbeit mit den Karten.

## Wie werden Fragen richtig formuliert?

Die Antworten der Karten sind stets abhängig von äußeren Umständen, deinem seelischen Zustand und vom Timing. Sie können dir Tendenzen und Richtungen aufzeigen, dir klar machen, was du wirklich über ein Thema denkst und fühlst, doch können sie nicht deine Probleme lösen und Entscheidungen für dich fällen.

Daher sind die besten Fragen die, die nach einer Entwicklung fragen (Wie wird sich etwas entwickeln?) oder beantworten sollen, was du tun kannst, um die Dinge in deinem Sinne zu lenken. Auch ist es besonders anfangs sehr hilfreich, die ausformulierten Fragen aufzuschreiben, bevor du die Karten ziehst. So vermeidest du am ehesten den Selbstbetrug, die Frage zu »vergessen«, weil dir die Antwort nicht gefällt.

## Welche Fragen sollten vermieden werden?

Da gibt es einige:

- ❖ Fragen über das Eintreffen konkreter Ereignisse, die eigentlich ein Ja erhoffen (Wird er zu mir zurückkommen?)
- ❖ Fragen, die die Eigenverantwortung an die Karten oder andere Personen abgeben wollen (Sollte ich Franz heiraten?)
- ❖ Fragen über das Gefühlsleben und das Tun und Lassen anderer (Was macht meine Tochter mit ihrem Freund?)
- ❖ global gehaltene Fragen, auf die es nur ein Ja oder Nein als Antwort gibt (Werde ich mal heiraten?)
- ❖ Fragen zu medizinischen, psychologischen und juristischen Anliegen (Überlebe ich die Herztransplantation? Ist mein Partner beziehungsfähig? Werde ich den Prozess gewinnen?)

## Wie werden Karten korrekt gemischt?

Für uns ist es irrelevant, ob wir beim Gedanken an die Frage die Beine überkreuzen oder nicht. Auch gibt es keine Regel, wie Karten richtig gemischt werden oder ob man »abheben« muss, um gültige Resultate zu erzielen. Wenn du dich ruhig und geerdet fühlst, nimm also die Karten zur Hand und mische sie, so wie es dir gefällt. Wenn du dich bereit fühlst, ziehe die benötigte Anzahl Karten und lege sie nach einem System aus, das du gewählt hast. Am Anfang ist es leichter, wenige Karten zu ziehen als viele und so das Kombinieren zu verinnerlichen.

Karten lieben Rituale und so bietet es sich an, beim Mischen und Auslegen in immer gleicher Weise vorzugehen – wie du das aber machst, sollte völlig dir überlassen sein. Kirsten fächert beispielsweise die Karten immer auf und zieht dann eine bestimmte Anzahl mit der linken Hand, danach legt sie sie alle mit der Bildseite nach oben aus und interpretiert. ROE hingegen mischt die Karten und legt sie der Reihe nach mit der Bildseite nach oben aus, wobei er mit der obersten Karte des Stapels anfängt.

## Wer darf meine Karten anfassen?

Ein neues Kartenspiel, mit dem du auch tatsächlich arbeiten möchtest, solltest du anfangs nicht unbedingt herumreichen oder allen Leuten zeigen. Trage die Karten lieber oft bei dir, mische sie durch, hebe sie ab, blättere durch das Spiel. Prinzipiell muss niemand außer dir die Karten berühren, auch nicht, wenn du anderen die Karten legst. Es spricht aber auch nichts dagegen, dass sie von anderen berührt werden.

Viele professionelle Kartenleger haben ein oder mehrere Decks, die sie für ihre Kunden verwenden und mindestens eins, das sie niemanden anfassen lassen, weil es für sie einen ganz persönlichen Wert hat, und das sie für ihre ganz privaten Legungen und Meditationen verwenden.

## Was bedeutet »Karten neutralisieren« und wie geht das?

Wenn du die Karten länger nicht benutzt, ist es eine gute Idee, sie sortiert aufzubewahren. Bei den Zigeuner-Wahrsagekarten kannst du das alphabetisch tun. So »neutralisierst« oder reinigst du auch die Karten nach energetisch anspruchsvollen Legungen.

## Wo werden Karten aufbewahrt?

Wenn du es deinen Karten gemütlich machen möchtest, gönn ihnen doch ein Seidentuch, in das du sie einschlägst. Das Tuch ist einfarbig besonders praktisch, denn so kann es gut als Unterlage für eine Legung verwendet werden, wenn du mal unterwegs bist. Deine Karten überleben es aber auch, wenn du weniger sorgfältig mit ihnen umgehst. Für uns ist das eine Frage des Respekts. Wenn du möchtest, dass dir die Karten gerne und klar antworten, dann behandle sie am besten pfleglich.

## Wie gehe ich mit Kritik am Kartenlegen um?

Über Geschmack lässt sich bekanntlich nicht streiten: Das »Funktionieren« des Kartenlegens ist ebenso wenig beweisbar wie eine bestimmte Gottesauslegung. Leider muss man sich aber anders als bei religiösen Ansichten in Sachen Kartenlegen oft verteidigen. »Ich glaube an solche Dinge ja nicht«, hört man da oft – wobei wir uns immer fragen, was denn bloß mit »solchen Dingen« gemeint sein könnte. Nachhaken endet aber meist nur in unfruchtbaren Diskussionen.

Überlege dir einfach gut, mit wem du über dein Hobby sprichst, und missioniere nicht. Wenn du in deinem Bekanntenkreis kein Verständnis findest – es gibt zahlreiche Foren und in vielen Städten auch Stammtische, die sich zum Austausch über die gemeinsame Leidenschaft zusammenfinden.

## Woran erkenne ich seriöse Kartenberater?

Prinzipiell haben seriöse Kartenberater eine transparente Homepage und arbeiten auch bei der Arbeit am Telefon unter einer registrierten Adresse. Sie besprechen Dauer, Ablauf und Kosten einer Beratung vorher mit dir und halten sich an diese Absprachen. Sie geben klare Auskunft über ihre Arbeitsweise, fordern dich nicht ständig zu erneuter Kontaktaufnahme auf, verkaufen dir nicht ungefragt Zaubersprüche oder Rituale und verfluchen dich nicht, sondern arbeiten lösungsorientiert und stärken dich so, dass du deine Zukunft selbst gestalten kannst.

Wir empfehlen einen Blick in das Beraterverzeichnis des Tarot e.V. auf www.tarotverband.de. Auch wir, die Autoren, gehören diesem Verein an. Alle Berater dort haben sich einem auf der Homepage einsehbaren Ehrenkodex verpflichtet, manche sogar einer Prüfung durch den Verein unterzogen.

## Kartenlegen per Telefon, Chat oder E-Mail – geht das?

Die Autoren geben der persönlichen Beratung immer den Vorzug, da die Fragenden hier die Kartenmotive selbst betrachten und in sich arbeiten lassen können. Außerdem vereinfacht es das Nachhaken bei Fragen zu den ausliegenden Karten und die Kunden können selbst überprüfen, ob das von uns Gesagte mit den Bildern konform geht. Dennoch liefern auch die Beratungen per Telefon – also nur über die Stimme – oder per Chat und E-Mail – also nur über die schriftliche Kommunikation – ganz hervorragende Ergebnisse. Es ist einfach eine Typenfrage, sowohl des Beraters als auch der Fragenden.

## Wie unterscheiden sich die verschiedenen Kartenspiele?

Die Zigeuner-Wahrsagekarten gehören mit den Kipper- und den Lenormand-karten zu den so genannten Orakel- oder Wahrsagekarten. Sie bestehen meistens aus 36 bebilderten Karten mit eingängiger Symbolik und prägnanter Bildunterschrift. Traditionell werden sie – wie die unbebilderten Skatkarten – eingesetzt, um Fragen des Alltags zu beantworten und zukünftige Ereignisse zu prognostizieren. Ebenfalls bebildert sind die Tarotkarten. Sie bestehen aus 78 Karten, 22 Trümpfen (oder Große Arkana) und 56 Satzkarten (Kleine Arkana). Obwohl auch diese Karten zum Wahrsagen verwendet werden, tendieren viele Berater dazu, Tarot als ein Instrument der Selbsterkenntnis oder als »Seelenspiegel« einzusetzen, der uns Themen unterhalb der Oberfläche des Alltags sichtbar macht. Es gibt übrigens auch ein Zigeuner-Tarot, das nicht mit Zigeuner-Wahrsagekarten verwechselt werden sollte. Eine weitere Kartengruppe wird als »Affirmationskarten« bezeichnet und hauptsächlich zu Meditationszwecken genutzt.

## Welches Kartenspiel ist das richtige für mich?

Am besten entscheidest du das selbst! Lass dich nicht davon leiten, was andere dir empfehlen oder gut für dich halten, sondern vertraue deiner eigenen Intuition. Informiere dich ausführlich im Internet oder in einer Fachbuchhandlung über das Angebot. Kaufe dir dann die Karten, die dich ansprechen und die du gern in die Hand nimmst.

## Wo lerne ich andere Karteninteressierte kennen?

Inzwischen gibt es im Internet zahlreiche Foren, die sich mit dem Kartenlegen beschäftigen. Auch werden in vielen Städten regelmäßig Stammtische und Kartentreffs veranstaltet. Wo und wann kannst du beispielsweise dem Veranstaltungskalender des Tarot e.V. auf www.tarotverband.de entnehmen.

# *Karteninterpretation …*

## *kennt Fachbegriffe*

*E*s erleichtert den Austausch mit anderen Karten-Interessierten, wenn dir der Kartenleger-Jargon vertraut ist.

# Kartenleger-Jargon

IN DER KARTENLEGER-SZENE haben sich im Laufe der letzten Jahre Standard-begriffe eingebürgert, die für Laien nicht immer sofort nachvollziehbar sind. Manche Begriffe schwirren auch schon viel länger durch Literatur und Beratung. Die für die Zigeuner-Wahrsagekarten relevanten erläutern wir hier.

## Aufschlagen, Divinieren, Orakeln

Andere Ausdrücke für die Erstellung von Prognosen (mit oder ohne Karten) zu Fragen des Lebens.

## Blockaden

Innere oder äußere Umstände, die eine bestimmte und erwünschte Entwicklung verhindern. Obwohl es natürlich solche Blockaden gibt und die Karten Hinweise zu ihrem Abbau geben können, werden sie auch gern als Ausrede genommen, notwendige Schritte zur Veränderung nicht einzuleiten oder zu erklären, warum Aussagen zu konkreten Ereignissen oder Zeitangaben nicht eingetroffen sind.

## »Das ist karmisch bedingt!«

Viel gehörte Umschreibung für Problemsituationen in allen Lebensbereichen (aber besonders in der Liebe), die leider oft als Ausflucht dafür benutzt wird, nicht an sich zu arbeiten.

## Einzelaussage

Alle Aspekte und Stichworte, die mit einer bestimmten Karte verbunden werden, ohne andere Karten in Kombination zu berücksichtigen.

## Fünfern

Kann als die Quintessenz des Großen Blatts betrachtet werden. Von der Themenkarte aus gezählt, wird am Ende einer Ausdeutung jede fünfte Karte herausgenommen, in einer Reihe ausgelegt und auf der Basis der Fragestellung als abschließende Zusammenfassung der Auslage interpretiert. Anschließend werden die herausgenommenen Karten erneut gemischt und verdeckt auf ausgewählte, in der Auslage verbliebene Motive gelegt, über die man noch zusätzliche Informationen haben möchte. Manche Kartenleger nehmen nicht jede fünfte, sondern jede siebte Karte heraus.

## Großes Blatt, Große Tafel, Großes Deck, Große Auslage

Viele Namen für ein und dasselbe beliebte Legesystem für Orakelkarten, bei dem unter Verwendung aller 36 Motive Themen äußerst detailliert, aus verschiedenen Perspektiven und vielschichtig betrachtet werden können. Die Auslage erfolgt in vier Reihen zu neun Karten oder in vier Reihen zu acht und einer zu vier Karten.

## Herzensmann, Herzensdame

Ein beliebter Ausdruck aus der astrologisch-orakelischen Hotline- und Foren-Szene, auch als HM oder HD bekannt. Er oder sie repräsentiert den oder die »wahre/n Geliebte/n«, was oft nicht gleichbedeutend mit dem (Ehe-)Partner ist und noch häufiger »gebunden«, also bereits vergeben, daherkommt. Bei den »Zigeunern« wird diese Sehnsuchtsfigur perfekt durch *Geliebter* und *Geliebte* gekennzeichnet, denn beide Karten sind neben der *Liebe* als einzige im Deck mit Herzen versehen. Die Enttäuschungen und die Erfahrungen, die wir mit diesen Herzenspersonen machen können, spiegeln sich in *Witwer* und *Witwe*.

## Hauptperson

Eine Karte aus dem Kipperdeck. Als *männliche* oder *weibliche Hauptperson* bezeichnet sie die Person, um die sich die Legung dreht: also den Fragesteller oder die Fragestellerin. Bei den Zigeuner-Wahrsagekarten werden diese durch die Karten *Geliebter* oder *Geliebte* dargestellt.

## Häuser

Ein aus der Astrologie abgeleiteter Begriff, der sich auf die »Häuser« oder energetischen Herrschaftsbereiche der zwölf Tierkreiszeichen bezieht. Bei nummerierten Orakelspielen wie Lenormand oder Kipper wird daher beim Legen eines Großen Blatts jede Position als »Haus« bezeichnet. So ist Karte Nummer 22 im Kipperdeck die *Militärperson*. Daher spricht das auf Position 22 fallende Motiv, neben den Kombinationen mit den umliegenden Karten, auch Themenkreise dieser Karte an. Da die Zigeuner-Wahrsagekarten nicht nummeriert sind, entfällt dieser Deutungsansatz bei ihnen.

## Kombinieren

Eine Kombination wird als eine Schlussfolgerung aus einer logischen Verbindung von Informationen definiert. Beim Kartenlegen bezeichnet Kombinieren das Verbinden von zwei oder mehreren Einzelaussagen zu einer neuen Gesamtaussage, die in immer neuen Varianten die ganz individuelle Fragestellung erläutert.

## Korrespondieren

Für uns die wichtigste Methode, um zusätzliche Informationen aus einem Großen Blatt zu ziehen. Unter »Korrespondenz« wird eine Entsprechung verstanden. Bei der 9 x 4 Kartenauslage des Großen Decks korrespondiert jeweils die schräg gegenüberliegende Karte mit der Themenkarte, beispielsweise die dritte Karte der dritten Reihe entspricht der siebten Karte der zweiten Reihe. Sie unterstützt die Hauptaussage der Legung oder macht auf wichtige Details aufmerksam. Bei einer 8 x 4 plus 4 Kartenauslage ist die untere Vierer-Reihe vom Korrespondieren ausgeschlossen.

## Personenkarte

Bei den Zigeuner-Wahrsagekarten sind das generell die Karten, auf denen nicht nur eine Person abgebildet ist, sondern deren Bezeichnung auch eine Person meint. Dazu gehören *Geliebte, Geliebter, Witwe, Witwer, Offizier, Feind, Dieb, Geistlicher, Kind, Richter.* Karten wie *Sehnsucht* oder *Gedanken* zeigen zwar auch Personen, sind aber prinzipiell erst einmal als Stimmungen zu interpretieren. Obwohl natürlich nicht auszuschließen ist, dass dich eine Karte in Kombination mit anderen auch einmal als Person »anspringt«.

## Quintessenz

Die abschließende und zusammenfassende Aussage einer Legung, die bei nummerierten Karten durch die Errechnung der Quersumme entsteht. Bei den »Zigeunern« kann sie durch das »Fünfern« erstellt werden.

## Rösseln

»Rösseln« ist eine weitere Interpretationsmethode, die beim Großen Blatt verwendet wird. Sie ist den Regeln des Schachs entliehen. Dort bewegt sich der Springer, ein Ross, immer zwei Schritte vor-, rück- oder seitwärts und schert dann einen Schritt zur Seite aus. Beim Karteninterpretieren kann ebenso verfahren werden: Von der Themenkarte geht man zwei Karten nach rechts oder links und dann entweder eine Karte nach oben oder unten oder eine Karte seitwärts und dann zwei Karten nach unten oder oben. Die »errösselte« Karte zeigt zusätzliche Informationen auf, die in der Vergangenheit oder Zukunft zu berücksichtigen sind.

## Rückzug

Auch bekannt als »geht aus dem Bild raus« oder »geht in den Verlust«. Bezeichnet im weniger aussagekräftigen »Eso-Jargon« einen Menschen, der sich aus den abgefragten Ereignissen heraushält oder sich vom Fragenden oder bezüglich der Frage zurückzieht. Meist ist hiermit der nicht anrufende Herzenspartner gemeint. Oder die Ehefrau desselbigen, die endlich aus seinem Leben verschwinden sollte.

## Rundumblick

Hierbei wird ein Großes Blatt ausgelegt und ohne konkrete Fragestellung zu den Themen Liebe, Beruf, Gesundheit, Erfolg drauflos gedeutet. Aus unserer Sicht ist diese Vorgehensweise weder wirklich lösungsorientiert noch besonders aussagekräftig. Der Fragende läuft außerdem Gefahr, ungefragt Informationen zu erhalten, die er nicht wirklich haben will.

## Seelenpartner

Auch als »Zwillingsseele« oder »Dualseele« bekannt. Eigentlich ein Begriff aus der Religionswissenschaft, der duale Aspekte derselben Seele bezeichnet.
In der heutigen Esoterik-Literatur ist damit zumeist die Vorstellung verbunden, dass jede Seele mit einem perfekten Gegenstück auf ewig verbunden ist. Das Gegenstück zu finden und sich mit ihm zu vereinigen, macht laut dieser Sichtweise den »Sinn des Lebens« aus.

## Signifikator, Themenkarte

Bezeichnung für die Karte, die das Thema der Legung aufzeigt. Der Signifikator kann offen ausgewählt oder verdeckt gezogen werden. Bei der ersten Variante blätterst du durch das Deck, bis du eine Karte gefunden hast, die die zu hinterfragende Situation oder deine Gefühle dazu am besten wiedergibt.

## Spiegeln

Unser Spiegelbild reflektiert uns spiegelverkehrt – zeigt, wie uns das Thema gespiegelt wird oder wie wir im Außen bezüglich der Fragestellung gesehen werden. Die Spiegelkarte im 9 x 4 Großen Blatt ist die in der horizontalen oder vertikalen Reihe genau gegenüberliegende Karte: Daher findet die dritte Karte der zweiten Reihe ihren Spiegel in der siebten Karte der zweiten Reihe oder in der dritten Karte der dritten Reihe. Beim 8 x 4 Großen Blatt wird die unterste Reihe vom Spiegeln ausgenommen.

## Trefferquote

Sie soll aussagen, wie oft die Prognosen eines Kartenlegers zutreffen. Hierbei wird von der irrigen Annahme ausgegangen, dass man mit Karten nur wahrsagerisch arbeitet. Es wird vollkommen außer Acht gelassen, dass der Fragende selbst in sein Schicksal eingreifen kann, weil er durch das Kartenlegen Erkenntnisse erhält, die entscheidende Veränderungen herbeiführen können.

## Umgedrehte Karten

Manche Kartenleger arbeiten besonders beim Tarot mit so genannten »umgedrehten« Karten. Das bedeutet, die Motive kommen beim Auslegen auf dem Kopf zu liegen. Die Berücksichtigung dieser Drehung kann für deutlichere Aussagen betreffs Blockaden oder negativ gelebter Energien genutzt werden. Bei den Zigeuner-Wahrsagekarten kommt die Deutung umgedrehter Karten jedoch nicht zum Einsatz.

# *Karteninterpretation …*

## *basiert auf solidem Grundlagenwissen*

*V*or die
Kartendeutung
haben die
Götter
das Einprägen
von Grund-
bedeutungen
und das Ent-
schlüsseln
von Symbolen
gesetzt.

# Die Bedeutungen der Karten

Bevor du mit der eigentlichen Deutungspraxis beginnst, solltest du dich mit den Grundbedeutungen und der Symbolik jeder der 36 Zigeuner-Wahrsagekarten vertraut machen. Dazu findest du auf den nächsten Seiten reichlich Lern- und Denkstoff. Wenn du mit dem Interpretieren nicht so lange warten willst, kannst du zum näheren Erforschen der einzelnen Karten auch jetzt schon mit dem Ziehen von Tageskarten beginnen. Wie das genau funktioniert, erfährst du im Kapitel »Einstieg in die Legepraxis«.

Neben den traditionellen allgemeinen und themenbezogenen Aussagen der einzelnen Karten möchten wir dir auf den folgenden Seiten Mythen und tatsächliche Begebenheiten vermitteln, die dir einen noch tieferen Einblick in die einzelnen Motive geben. Auch werden wir die Symbolik der Bilder eingehend erläutern, um dir die Arbeit mit Leitmotiven zu ermöglichen. Mehr zu dieser Technik findet sich im Kapitel »Visuelle Leitmotive«.

Am Ende einer jeden Kartenbeschreibung findest du außerdem die von uns verwendeten Korrespondenzen. Wir verbinden dabei die Karten mit den Symbolen der Astrologie, der Kipper- und Lenormandkarten. Obwohl wir nicht mit Zeitangaben für die einzelnen Karten arbeiten, haben wir uns Gedanken zur jeweiligen Zeitqualität und zu ihrem Temperament gemacht. Der allgemeinen Aussage einer jeden Karte haben wir auch Schwerpunktbedeutungen angefügt.

Außerdem findet sich hier Raum für die eigenen Schlüsselworte der Deutungen und die Beantwortung von Fragen, die dir helfen sollen, den Karten von Anfang an auf einer persönlichen Ebene zu begegnen. Wo möglich, werden diese im Lösungsteil erläutert.

Wir raten dir jetzt, falls du es noch nicht getan hast, zur Anschaffung eines Kartentagebuchs, um künftig deine Eindrücke zu den einzelnen Karten und eigene Bedeutungszusammenhänge ebenso wie von dir gemachte Legungen festzuhalten.

# Beständigkeit

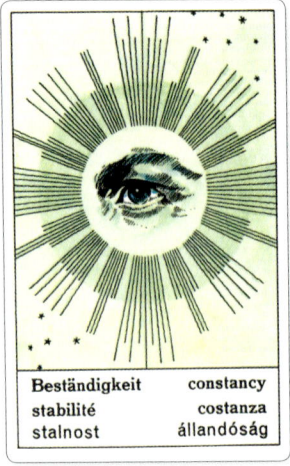

**Beständigkeit**    constancy
**stabilité**    costanza
**stalnost**    állandóság

Das »Göttliche Auge« sieht alles – immer – außer sich selbst. Somit ist es ein angemessenes Symbol für die *Beständigkeit,* warnt aber auch vor falscher Selbsteinschätzung: Wer beständig etwas oder jemand Unerreichbarem hinterher jagt, läuft Gefahr, sich selbst zu verlieren. Wer beständig von etwas oder jemand Lästigem verfolgt wird, hat wenig Freude. Prinzipiell überwiegt jedoch die Schutzkraft der Karte, die sie zur »höchsten« Karte des Decks macht und auch düstere Prognosen positiv färbt.

**Wir sehen:** Die *Beständigkeit* hebt sich durch ihre piktogrammartige Einfachheit deutlich von den anderen 35 Zigeuner-Wahrsagekarten ab: Auf blassgrünem Hintergrund wird ein realistisch gemaltes linkes Auge schwarz umrissen. Es ist geöffnet, blau und scheint an uns vorbei in die Höhe zu blicken. Eingerahmt wird es von einem Strahlenkranz und es ist mit zwei Sternchenformationen dekoriert: sieben oben rechts und fünf links unten.

**Symbolik:** Grün steht für Hoffnung, Vertrauen und Lebendigkeit, aber auch für Unreife oder gar einen »vergifteten« Blick, das stahlblaue, kühle Auge für sichtbare, überprüfbare Fakten. Gleichzeitig wird es als Repräsentant von Sonne, Logos und Geist mit Logik verbunden. Andererseits betont gerade ein linkes Auge Innenschau und Selbstüberprüfung und wird so zum »Fenster zur Seele«, einem Tor zu den Tiefen des eigenen Unbewussten. Das geöffnete Auge erinnert auch an den aktivierten Chakra-Punkt des dritten Auges, also an Visionskraft und mögliche Erleuchtung – das Gefühl, des »Eins-Seins« mit dem Universum. Sein trianguärer Schnitt spielt darauf an, dass dieses beliebte esoterische Motiv unter anderem in der Bildersprache der Freimaurer oft zusätzlich, wie auf der amerikanischen Ein-Dollar-Note, von einem Dreieck umrandet wird. Somit wird es zum »Allsehenden Auge«, dem Zeichen göttlicher Fruchtbarkeit, Heiliger Dreifaltigkeit oder der dreifachen Göttin. Der Strahlenkranz, der an einen Kompass, eine Uhr oder – im Zusammenhang mit den zwölf abgebildeten Sternen – an die Aufteilung des Tierkreises erinnert, schafft einen offenen und flexiblen Rahmen. Als sein Mittelpunkt ist das Allsehende Auge Zentrum von Zeit und Raum sowie des eigenen Wesens. Es kann diese Dimensionen steuern und beeinflussen.

MYTHOLOGIE UND LEGENDE: Die positiven, schützenden Bedeutungen der Karte lassen sich mindestens bis zurück ins Alte Ägypten verfolgen. Dort wurde der Himmelsgott Horus, lichter Sohn des Sonnengottes Osiris, besonders im Zusammenhang mit dem Regierungsrecht der Pharaonen, hoch verehrt. Die Sonne galt als sein rechtes, der Mond als sein linkes Auge. Letzteres wurde ihm von seinem Onkel Seth im Kampf um den Thron des vom eigenen Bruder gemeuchelten Vaters ausgestochen. Durch die Heilkünste des weisen Thoth, dem Gott der Magie, wurde Horus' Augenlicht jedoch wieder hergestellt. Seither gilt das »Horusauge« – auch bekannt als »Auge der Vorsehung«, »Auge des Shiva« oder »Auge Gottes« – als Verkörperung der ewigen Wachsamkeit Gottes und als beliebtes Schutzsymbol gegen den »bösen Blick« und Unfälle. Außerdem soll es Kraft und Fruchtbarkeit bringen.

BERUF: gute Teamarbeit, Gewinn, Produktivität, Kreativität, Berufung, Erfolg
FINANZEN: Ebbezeiten verlieren an Kraft, Gewinn bleibt erhalten
GESUNDHEIT: Gesundheit bleibt erhalten, Genesung wird beschleunigt
SPIRITUALITÄT: spirituelle Fähigkeiten werden unterstützt und verstärkt
ALS PERSON / TEMPERAMENT: gelassen, in der eigenen Mitte ruhend
ALS EREIGNIS: das Göttliche oder das Schicksal greift in den Alltag ein
ALS GEFÜHL: beruhigend, treu, wohlwollend, verlässlich, vertrauenswürdig
ZEITQUALITÄT: langsam, anhaltend
ASTROLOGISCHE KORRESPONDENZ: der Tierkreis mit seinen 12 Häusern

Die spirituelle Karte hat eine besondere Verbindung zu *Geistlicher* und kann mit der Lenormandkarte *Kreuz* verglichen werden.

DEINE EIGENEN SCHLÜSSELWORTE: _____

KNOBELFRAGE: Welche Karte könnte neben der *Beständigkeit* eine solide Partnerschaft repräsentieren? _____

# Besuch

**Besuch** visit
visite visita
posjeta látogatás

DER BESUCH bringt erwartete Gäste und somit freudige Begegnungen, ungewohnte Sichtweisen und spannende Vernetzungsmöglichkeiten ins Haus. Eine vorübergehende Zeit geselliger Unruhe, aufregend und abwechslungsreich. Jetzt können wir vom Gegenüber lernen und uns beraten lassen. Doch kann uns auch ein Eindringling besuchen – zur falschen Zeit oder unangemeldet vor der Tür stehen. Schlimmer noch, der *Besuch* kann uns einen Feind ins Haus bringen, der hinter Konversation seine wahren Absichten verbirgt.

**WIR SEHEN:** Eine »höher« stehende, ältere Dame tritt einer jungen Frau auf der breiten Treppe im Eingangsbereich ihres gutbürgerlichen Hauses entgegen. Die Jüngere bedankt sich angemessen und adrett mit einem Blumenbouquet dafür. Die beiden Damen gehen äußerst höflich miteinander um und begegnen sich am hellen Tage – nicht völlig intim, aber auch nicht wirklich öffentlich.

**SYMBOLIK:** Produktiver Austausch oder konventionelle Fassade? Zwar erinnert der hierarchische Aufbau der Karte an den Tierzank der *Falschheit,* doch hier wird – jedenfalls an der Oberfläche – ein wesentlich positiverer Kommunikationsstil gepflegt. Die ältere Dame im braun-schwarzen und somit erdenden Kleid kann sicher auf den größeren Erfahrungsschatz zurückgreifen. Trifft hier etwa die unerfahrene *Geliebte* auf die reife *Witwe?* Gleichzeitig bringt das optimistische Himmelblau der Jüngeren Frische und Abwechslung ins Haus. Das lichte Fenster neben den beiden vermittelt den Wunsch nach Horizonterweiterung, besonders bei der jüngeren Frau, und gegenseitigem Voneinander-Lernen. Hier wird Weisheit und Naivität vereint, um – wenn der Besuch zu Ende geht – den Lebensalltag bereichert wieder aufzunehmen. Beachtenswert auch das ungewöhnlich geschwungene, netzartige Treppengeländer, hinter dem die ältere Dame steht: Sie kann sich auf ein Netzwerk verlassen, das die junge Dame derzeit noch nicht berührt.

MYTHOLOGIE UND LEGENDE: Wie Besuch empfangen wird, hat laut dem Sagen- und Märchenschatz, ja selbst laut der Bibel – wie das Beispiel des sich nach einem Sohn sehnenden Abrams und den drei weissagenden Engeln in der Genesis zeigt – weitreichende Konsequenzen für das Leben eines Gastgebers. In Abrams Fall sorgt die gute Bewirtung der Gäste dafür, dass er im stolzen Alter von 99 Jahren die frohe Botschaft erhält »Vater von vielen« – Abraham – zu werden.

Damals wie heute kann jeder Besucher ein verkleideter Gott, ein Engel oder eine gute Fee sein – bereit, Gastfreundlichkeit zu belohnen oder Missachtung zu bestrafen. In vielen Völkern war und wird daher der Bruch des Gastrechts als besonders frevelhaft geahndet. Beim *Besuch* geht es somit besonders um gesellschaftliche Konventionen und den Ausbau sozialer Kompetenzen, die für Erfolg im öffentlichen Leben und zur Vernetzung unerlässlich sind.

PARTNERSCHAFT: Lernen durch das Gegenüber, Wissen annehmen
BERUF: Austausch mit Vorgesetzten und Fachspezialisten, Weiterbildung
FINANZEN: Rat von Spezialisten, Beratern annehmen
GESUNDHEIT: Rat von Ärzten und Fachkräften einholen
SPIRITUALITÄT: Rat von spirituellen Menschen einholen
ALS PERSON / TEMPERAMENT: offen für Neues, geht auf andere zu, charmant
ALS EREIGNIS: Austausch, Horizont erweiternde Gespräche, nützlicher Rat
ALS GEFÜHL: (Vor-)Freude / Unruhe wegen weiterbringender Begegnungen
ZEITQUALITÄT: bald, demnächst
ASTROLOGISCHE KORRESPONDENZ: 11. Haus, regiert von Wassermann

Diese Karte hat eine besondere Verbindung zu allen Karten, auf denen es ums Kommunizieren geht: *Botschaft, Falschheit, Fröhlichkeit, Heirat, Verdruss* und *Verlust* und kann mit der Kipperkarte *Zusammenkunft* sowie der Lenormandkarte *Rute* verglichen werden.

DEINE EIGENEN SCHLÜSSELWORTE:

KNOBELFRAGE: Welche umliegenden Karten könnten den *Besuch* besonders erfreulich gestalten?

# Botschaft

Botschaft message
message messaggio
poruka üzenet

**HERMES** bringt heiß ersehnte, aber auch unerwartete, nicht immer angenehme Nachrichten ins Haus. Seine mündliche *Botschaft* beinhaltet wichtige Informationen über Arbeit oder Eigentum – weniger zur Liebe, außer es handelt sich um (Ehe-)Verträge oder andere partnerschaftliche Vereinbarungen. Ob wir mit guten oder schlechten Nachrichten zu rechnen haben und um welches Thema es genau geht, verraten die umliegenden Karten.

**WIR SEHEN:** Götterbote Hermes streut aus einer Schüssel Briefe und Münzen in die neblige Atmosphäre über der Weltkugel. Der Halbgott wird traditionell allegorisch dargestellt: lediglich mit geflügeltem Helm und Sandalen bekleidet, ein flatterndes Tuch um die ranken Hüften. Auch das legendäre Wahrzeichen des schnellen Reisenden, der Caduceus-Stab, fehlt nicht.

**SYMBOLIK:** Der geflügelte Helm, das Tuch und die Sandalen weisen auf die große Schnelligkeit, vielleicht sogar Plötzlichkeit hin, mit der wir vom Götterboten Nachrichten erhalten. Dies ist auch gut so, denn das dominierende Grün – Farbe sowohl der Hoffnung als auch der Unreife – verbindet die Karte mit Ungeduld. Vielleicht, weil Klarheit geschaffen, der Nebel, der im Hintergrund der Karte zu erkennen ist, durchdrungen werden muss. Hier hilft uns die Kommunikation, da sie Verständnis und Toleranz erzeugen kann. Der Caduceus-Stab zeigt als traditionelles Symbol des gestifteten Friedens, dass über den hier übermittelten Nachrichten ein Segen liegt. Die abgebildete Weltkugel – Zeichen weiter Vernetzung und Erreichbarkeit – wird übrigens gewöhnlich vom Großvater des Götterboten, dem Titan Atlas, gehalten.

**MYTHOLOGIE UND LEGENDE:** Laut der alten Griechen war Hermes – den die Römer als Merkur und die Ägypter als Thoth verehrten – der äußerst gewitzte

Sohn des Göttervaters Zeus und der schönsten und schüchternsten Plejade, Maia. Schon am Tage seiner Geburt spielte Baby Hermes seinem Bruder, dem erhabenen Sonnengott Apoll, einen deftigen Streich, der ihm letztendlich einen Platz unter den zwölf Olympiern des griechischen Götterhimmels sicherte. Neben seiner Funktion als Sendbote seines Vaters war er auch Diplomat und Überwacher von Verträgen. Unter dem Titel Hermes Trismegistus galt er zudem als Autor zahlreicher philosophischer, astrologischer, magischer und alchemistischer Schriften. Ihm oblag es außerdem, die Seelen Verstorbener hinab in die griechische Unterwelt, den Hades, zu führen.

Es erstaunt wenig, dass der wendige und kluge Halbgott zum Schutzgott des Verkehrs und der Reisenden avancierte. Aber auch Kaufleute, Hirten, Diebe, Kunsthändler, Oratoren und Magier buhlten um seine Gunst. Machen wir uns sein Motto »Frechheit siegt!« zu eigen, ist auch uns Erfolg in vielen Lebensbereichen garantiert.

PARTNERSCHAFT: Diskussionskultur, über alles reden können
BERUF: zielgerichtete Kommunikation stärkt den Ertrag
FINANZEN: offene Gespräche über Geld
GESUNDHEIT: über Krankheiten und Heilung reden
SPIRITUALITÄT: offener Austausch über spirituelle Themen
ALS PERSON / TEMPERAMENT: redselig, oberflächlich
ALS EREIGNIS: schnell und manchmal unerwartet
ALS GEFÜHL: atmosphärisch, ein Hauch von Mysterium
ZEITQUALITÄT: eilig, muss erledigt werden
ASTROLOGISCHE KORRESPONDENZ: Merkur

Die Karte ist immer für eine Überraschung gut und hat eine besondere Verbindung zu *Falschheit, Fröhlichkeit, Glück, Hoffnung, Unglück, Unverhoffte Freude, Verdruss, Verlust.* Sie kann mit den Lenormandkarten *Brief* und *Reiter* verglichen werden.

DEINE EIGENEN SCHLÜSSELWORTE:

KNOBELFRAGE: Was für eine *Botschaft* könnte die *Witwe* erwarten?

# Brief

**Brief** **letter**
**lettre** **lettera**
pismo levél

DER BRIEF bringt generell schriftliche positive Nachrichten, hauptsächlich aus dem Bereich der Liebe und der Romantik. Dies heißt aber auch, dass wir ruhig einmal selbst die Initiative ergreifen und den Stift zur Hand nehmen sollten, anstatt darauf zu warten, dass ein Kontaktimpuls von außen kommt. Schließlich können auch wir jemandem liebevolle Zeilen schreiben und unser Leben dadurch bereichern, dass wir anderen Menschen Freude bringen.

WIR SEHEN: Vor grün-grauem Hintergrund transportiert eine Taube eilig einen Brief durch die Wolken, der liebevoll mit rosarotem Bändchen verziert und versiegelt ist. Zartrote Kirschblütenzweige »stehen Spalier«.

SYMBOLIK: Taube und Kirschblüte – zwei klassische Symbole in der Sprache der Liebe. Der weiße Vogel – Attribut der griechischen Liebesgöttin Aphrodite – steht dabei für delikate Herzensbotschaften. Die blühenden Kirschzweige, die in der Barbara-Nacht am 4. Dezember geschnitten wurden, gelten als Glückssymbol und als Hinweis auf baldige Hochzeit. Der grün-graue Hintergrund spricht nicht nur von Hoffnung auf Erfüllung von Sehnsüchten, sondern auch von möglicher Voreiligkeit und gedanklicher Vernebelung. Auch das rosarote Band, das den Brief umwickelt, weist auf Liebesbotschaften hin. Als Friedensvogel kann die Taube auch emotionale Nachrichten der Aussöhnung und Kompromissbereitschaft bringen.

Der versiegelte Brief in ihrem Schnabel spielt darauf an, dass man Tauben oft als Übermittler brisanter Nachrichten – nur für den ausdrücklichen Empfänger bestimmt – einsetzte. Damit hatten sie einen besonderen Stellenwert in Krisensituationen. Somit unterscheidet sich der *Brief* von der *Botschaft* darin, dass hier eher mit Nachrichten intimer Natur, bei letzterer eher mit offiziellen oder schriftlichen Informationen zu rechnen ist.

MYTHOLOGIE UND LEGENDE: Es heißt schon bei den alten Ägyptern, die Taube fände ihren Weg immer wieder heim, nach romantischer Sicht direkt in unsere Herzen. Aber die flinken Vögel dienten auch als zuverlässige, diskrete und schnelle Boten in Kriegszeiten und für Handelsverbindungen. In der Bibel begegnet uns die Taube nicht nur als befruchtender Heiliger Geist, sondern auch als Kundschafterin. So wird sie von Noah nach der Sintflut ausgesendet, um herauszufinden, ob das Land wieder trocken und somit begehbar ist. Auch in der Märchenwelt treffen wir oft auf die Taube. Bei *Aschenputtel* spielen gleich mehrere eine zentrale Rolle als beschützende – wohl von der toten Mutter gesandte – (Geist-)Helferinnen, die der armen Halbwaisen nicht nur den schweren Alltag erleichtern (»die guten ins Töpfchen, die schlechten in Kröpfchen«), sondern ihr auch letztendlich am Grabe der Mutter mit ihrem weissagenden »Ruckedigu, Blut ist im Schuh« zum Königssohn verhelfen.

PARTNERSCHAFT: Liebesbriefe oder Gespräche über geliebte Personen
BERUF: Verträge, Vereinbarungen, Geschäftskorrespondenz
FINANZEN: Bilanzen, Kassenbücher, Bankschreiben, Börse
GESUNDHEIT: Krankenakten, Befunde
SPIRITUALITÄT: spirituelle Schriften und Botschaften
ALS PERSON / TEMPERAMENT: informiert, gutes Allgemeinwissen
ALS EREIGNIS: Nachricht / Vereinbarung trifft ein
ALS GEFÜHL: nicht relevant
ZEITQUALITÄT: gehaltvoll, langfristig
ASTROLOGISCHE KORRESPONDENZ: 3. Haus, regiert von Zwillinge

Die Karte hat eine besondere Verbindung zu *Falschheit, Fröhlichkeit, Glück, Hoffnung, Unglück, Unverhoffte Freude, Verdruss* und *Verlust* und kann mit der Kipperkarte *Angenehmer Brief* und den Lenormandkarten *Brief, Reiter* und *Buch* verglichen werden.

DEINE EIGENEN SCHLÜSSELWORTE: _____

KNOBELFRAGE: Neben welcher Karte bringt der *Brief* eine neue Liebe? _____

# Dieb

Dieb      thief
larron     ladro
lopov      tolvaj

**DER DIEB** warnt, dass jemand im Umfeld nichts Gutes im Schilde führt. Es soll etwas Materielles, Geistiges oder Ideelles entwendet werden. Verlust ist vorprogrammiert, wenn tatsächlich etwas vorhanden ist, was sich zu stehlen lohnt. Sonst kann die Karte auch auf unsere Verlustangst und Misstrauen hinweisen. Sollten wir uns im Loslassen üben? Oder befinden wir selbst uns auf Diebeszug, wollen uns aus dem Staub machen oder treiben sogar Raubbau an unserem Körper und Geist?

**WIR SEHEN:** Der hier dargestellte Dieb agiert im Schutze der Nacht in einem dunklen Haus. Der Mond beleuchtet die Szene gespenstig durch ein Fenster. Die Aktivität des verschatteten Mannes ist nicht ganz durchschaubar. Steckt er etwas aus dem Schrank in seinen Sack oder verschließt er etwas in ihm?

**SYMBOLIK:** Die dunkle Silhouette des Mannes symbolisiert in gewisser Weise die Schattenseiten des *Offiziers* – mit Schiebermütze statt Militärkappe. Er stellt die negativen Merkmale einer Lichtgestalt der Öffentlichkeit dar, die auch immer Neider, Missgunst und den Wunsch nach Raub des Ruhmes hervorruft. Schatten dominieren das Kartenbild. In diesem Zusammenhang fällt auch das durch das Fenster dringende, nur reflektierte Mondlicht auf und die Anspielung auf den Park, in dem sich fast alle anderen Personen des Zigeunerdecks bewegen. Der Dieb arbeitet jedoch nicht offen, sondern dringt – oft unerkannt und hinterhältig – in die persönliche Intimsphäre ein. Doch scheint er weder Spuren zu hinterlassen noch gewaltsam eingedrungen zu sein: Bestehlen wir uns am Ende gar selbst? Schließlich hält er sein Diebesgut in der linken Hand, was auf unbewusste Prozesse hinweisen könnte, und öffnet die Tür bewusst, nämlich mit rechts.

Gleichzeitig sollten wir den Hinweis ernst nehmen, dass der Dieb auch etwas wegsperren kann: Verdrängen oder verbergen wir gerade etwas? Und vergessen wir nicht die positiven Seiten des Diebstahls: Schließlich können auch Sorgen, Ängste und belastende Situationen gestohlen werden.

MYTHOLOGIE UND LEGENDE: Schon in der germanischen Mythologie taucht ein schillernder Dieb auf: der feurige Loki, der so manchen Tand stiehlt und dafür die Bewunderung seiner Anhänger erzielt. In der Tat: So sehr wir uns selbst vor Diebstahl fürchten – der Volksmund ist meistens voll des Lobes über den gewitzten Meisterdieb und wir alle fiebern gern mit ihm mit. Was wäre ein Sherlock Holmes ohne brillante Verbrecher? Bestes Beispiel für die Glorifizierung eines solchen Charakters ist die englische Freiheitslegende von Robin Hood. Der unter König John »ohne Land« geächtete Adlige soll der Legende nach sein ganzes Geschick und sein Leben zum Schutze der Schwachen eingesetzt haben. Er bestahl die Reichen und beschenkte die Armen. Und auch in diesem Jahrhundert wimmelt es nur so von bewunderten Dieben: der Franzose Arsène Lupin oder Robie die Katze aus Hitchcocks *Über den Dächern von Nizza* sind nur zwei mitreißende Beispiele davon.

---

PARTNERSCHAFT: sich aus einer Partnerschaft stehlen
BERUF: Entwenden wichtiger betrieblicher Sachleistungen, Kündigung
FINANZEN: Diebstahl von Geld und Eigentum
GESUNDHEIT: Energievampire, Gesundheit wird angezapft
SPIRITUALITÄT: Raub des eigenen Glaubens
ALS PERSON / TEMPERAMENT: verschlagen, listig
ALS EREIGNIS: etwas geht verloren oder wird weggenommen
ALS GEFÜHL: sich beraubt fühlen oder sich wegstehlen wollen
ZEITQUALITÄT: plötzlich, unerwartet
ASTROLOGISCHE KORRESPONDENZ: 12. Haus, regiert von Fische

---

Die diebische Karte hat eine besondere Verbindung zu *Feind, Geliebte, Geliebter, Offizier, Unglück, Verdruss, Witwe, Witwer* und kann mit der Kipperkarte *Diebstahl* verglichen werden.

DEINE EIGENEN SCHLÜSSELWORTE: _____

_____

KNOBELFRAGE: Was entwendet der *Witwer?*_____

_____

# Eifersucht

**Eifersucht   jealousy**
**jalousie   gelosia**
ljubomora   féltékenység

EIFERSUCHT findet sich in allen Lebensbereichen und die daraus resultierenden unlauteren Handlungen: Intrigen in Liebesdingen, Bösartigkeit wegen verwehrter Zuneigung und Neid auf Talente, Aussehen oder Zufriedenheit anderer Menschen. Ebenso Missgunst unter Nachbarn oder im Familienkreis.

WIR SEHEN: Ein Mann und eine Frau bei einem intimen Stelldichein im Park. Offensichtlich wollen sie sich bewusst vor anderen verbergen und haben sich dafür hinter eine dunkle Hecke zurückgezogen. Die wirft bedrohliche Schatten auf die leidenschaftliche Szene. Doch die wirkliche Gefahr lauert in Form einer dritten, hell erleuchteten, aber kleiner wirkenden Person, die das Geschehen argwöhnisch beobachtet.

SYMBOLIK: Schwarz gekleidet wie die Hecken steht der Spion zwischen zwei Bäumen, die an ein erleuchtetes Fenster erinnern. Symbol dafür, dass die Heimlichkeiten bald durch ihn »ans Licht« kommen. Vielleicht ist dies sogar – unbewusst – gewollt. Die Beziehung des Beobachters zu dem Paar ist unklar. Ist es seine Frau, die dort schäkert, ist er neidisch auf einen erfolgreichen Nebenbuhler oder steht er einfach für die Eifersucht, die immer da auflodert, wo leidenschaftlich empfunden wird? In diesem Fall stellt sich die Frage, wie viel Raum wir der Eifersucht geben, wie viel Licht wir auf sie fallen lassen. Die Frau in dem Kleid in Orange, der Farbe für Lebensfreude und Emotion, und der attraktive Mann in Grau sowie deren Hingabe machen die zwei zu den Sympathieträgern der Szene, auch wenn sie vielleicht gar nicht im Recht sind.

Eifersucht und Besitzdenken: Verlustangst wird zu Kontrollzwang, was wiederum Rebellion im Gegenüber verursacht. Wir sollten uns fragen, mit wem auf dem Bild wir uns identifizieren und uns mit Themen wie Selbstvertrauen, Unsicherheit und Konkurrenzdenken auseinandersetzen.

MYTHOLOGIE UND LEGENDE: William Shakespeares Werke sind voll leidenschaftlicher Eifersüchtiger. Und ihm verdanken wir auch das weltliterarische Paradebeispiel dieser Obsession: Othello, der Mohr von Venedig, der einfach nicht daran glauben kann, dass die wunderschöne, reiche und gebildete Desdemona nur ihn allein liebt. Wer etwas über die Qualen, die Unkontrollierbarkeit und die furchtbaren Konsequenzen der Eifersucht erfahren will, sei zuerst an dieses Stück verwiesen. Doch auch in der Märchenwelt wimmelt es von eifersüchtigen Charakteren. Allen voran Schneewittchens böse Stiefmutter, die das Mädchen demütigt und ihm nach dem Leben trachtet, weil sie es nicht ertragen kann, dass es schöner ist als sie. Vielleicht ist sie mit ihrem Konkurrenzdenken eine Variante der griechischen Göttin Hera, Frau des Zeus, die stets eifersüchtig über die erotischen Eskapaden ihres Gatten wachte – und nicht ihn, sondern seine oft unwilligen Opfer grausam strafte.

---

PARTNERSCHAFT: (un-)begründete Eifersucht zwischen zwei Menschen
BERUF: Eifersucht am Arbeitsplatz, Neid auf die Stellung anderer
FINANZEN: Gefühl, dass andere mehr haben oder verdienen als man selbst
GESUNDHEIT: Eifersucht macht krank, ihre Ursache ist zu erforschen
SPIRITUALITÄT: Minderwertigkeitsgefühl, Manipulationssucht, Macht
ALS PERSON / TEMPERAMENT: hitzig, aufbrausend, misstrauisch
ALS EREIGNIS: schlafende Hunde wecken, negatives Herbeiphantasieren
ALS GEFÜHL: eifersüchtig, missgünstig, neidisch
ZEITQUALITÄT: schleichend
ASTROLOGISCHE KORRESPONDENZ: 8. Haus, regiert von Skorpion

---

Diese Karte hat eine besondere Verbindung zu *Dieb, Feind, Fröhlichkeit, Traurigkeit, Verdruss* und *Verlust*.

DEINE EIGENEN SCHLÜSSELWORTE: _____

KNOBELFRAGE Welche Karten stacheln die *Eifersucht* an? _____

# Etwas Geld

**Etwas Geld**   some money
**un peu d'argent**   un po' di denaro
**nešto novca**   kevés pénz

**Etwas Geld** ist kein Sechser im Lotto, aber es verspricht Besserung bei trüber Finanzlage durch kleinere und vielleicht auch unerwartete Beträge. Das Auskommen ist gesichert. Gleichzeitig auch ein Hinweis darauf, dass selbst geringfügige, sinnvolle Investitionen langfristig reichliche Erfolge eintragen können.

**Wir sehen:** Der geschlossene, fensterlose Raumausschnitt wirkt feminin-elegant ausgestattet. Überhaupt strahlt das ganze Bild durch die hellen Gold- und Grüntöne Hoffnung, Fröhlichkeit und einen gewissen Segen aus. Die Münzen, die Tasche und die Geldbörse auf dem Tisch weisen darauf hin, dass Bilanz über ein Einkommen gezogen wird, das nicht zwangsläufig aus eigenständiger Arbeit generiert wird.

**Symbolik:** Auffällig ist, dass wir uns hier in einem menschenleeren und durch einen Vorhang abgeschotteten Raum befinden. Auf dem grün gepolsterten Sessel im Vordergrund sitzt niemand, der das Geld zählt. Ein braunes erdendes Portemonnaie und eine ebensolche Brieftasche liegen offen auf dem Tisch. Der mittig platzierte, verzierte Spiegel an der Hinterwand wirkt blind. Doch dient er – wie ein Fenster – durch die Helligkeit im goldgelben Rahmen als Lichtquelle.

Sind wir aufgefordert, es uns selbst auf dem bequemen Stuhl, dessen Grün unsere Hoffnungen versinnbildlicht, gemütlich zu machen und in den Spiegel unserer eigenen Seele zu blicken? Er kann uns unsere Eitelkeiten und niederen Gelüste ebenso offenbaren, wie unsere wahren Talente und Verdienste. So erhalten wir die Chance tiefgehender Selbsterkenntnis und können uns bewusst machen, welche Investitionen sich wirklich lohnen, um die Energien des Kapitalaufbaus in Fluss zu bringen und Börse und Geldtasche zu füllen. Dann liegen die Münzen und Scheine nicht nur leblos und unnütz herum. Der Blick in den Seelenspiegel ist der Weg zur eigenen Berufung.

MYTHOLOGIE UND LEGENDE: In vielen Kulturen werden Spiegel mit übersinnlichen Erkenntnissen verbunden, beispielsweise mit dem Orakeln und Weissagen. In unserem Märchenschatz hat sich dies im Zauberspiegel der bösen Stiefmutter in *Schneewittchen* niedergeschlagen. Andererseits finden wir den Spiegel auch als Hindernis für Erkenntnis: So wurde Narziss, der griechische Sohn eines Flussgottes, der Legende nach verflucht, von seiner eigenen Reflexion im Wasser gefangen gehalten zu werden. Auch der Furcht einflößende Spiegel aus Andersens Märchen *Die Schneekönigin* verzerrt die Realität, indem er alles Schöne und Gute hässlich erscheinen lässt.

PARTNERSCHAFT: lieber den Spatz in der Hand, als die Taube auf dem Dach
BERUF: geringes Einkommen, aber gesicherter Lebensunterhalt
FINANZEN: ausreichend, Luxus sollte sich derzeit nicht geleistet werden
GESUNDHEIT: kleine Investition in die Gesundheit ist notwendig
SPIRITUALITÄT: kleine Investition in die spirituelle Entwicklung
ALS PERSON / TEMPERAMENT: umsichtig, mit wenig haushalten
ALS EREIGNIS: gerade genug zum Leben haben
ALS GEFÜHL: Mangelbewusstsein
ZEITQUALITÄT: schleppend
ASTROLOGISCHE KORRESPONDENZ: 6. Haus, regiert von Jungfrau

Diese Karte des Haushaltens hat eine besondere Verbindung zu *Geld, Geschenk, Hoffnung, Unverhoffte Freude, Verlust.*

DEINE EIGENEN SCHLÜSSELWORTE:

KNOBELFRAGE: Welche Karte beschleunigt *Etwas Geld?*

# Falschheit

**Falschheit** falseness
**perfidie** falsità
neiskrenost hamisság

**EIN KAMPF,** dessen Ausgang durch die Ausgewogenheit der Kräfte ungewiss scheint. Es gilt also ganz besonders, klug und gewitzt zu sein, wenn wir diese Karte ziehen. Der tierische Kampf fordert zu besonderer Umsicht auf. Irgendetwas im Leben läuft falsch. Oder es wird im Umfeld falsch gespielt. Vielleicht spielen auch wir nicht ganz lauter. Dabei könnte es sinnvoll sein, derzeit mit verdeckten Karten zu spielen und lieber Schläue als Vertrauen zu beweisen.

**WIR SEHEN:** Eine Schlange und eine Katze kämpfen in einem menschenleeren Hinterhof um die Vorherrschaft. Die Katze hat von einer Kiste aus den besseren Überblick. Im Hintergrund steht eine Leiter, die als Fluchtmöglichkeit dienen könnte. Die Fenster einiger Häuser sind geöffnet, so dass der tierische Streit sicher nicht unbemerkt bleibt. Ganz vorne im Bild ist ein großer Wassereimer zu sehen – vielleicht um die erhitzten Gemüter abzukühlen?

**SYMBOLIK:** Die Schlange und die Katze werden in unseren Breitengraden traditionell mit weiblicher Falschheit und Verführung in Verbindung gebracht, was sich in Begriffen wie »falsche Schlange« oder »Catfight« widerspiegelt. Auf der Karte wird diese Tücke durch den Hinterhof verdeutlicht: Der Kampf wird »hinten herum« ausgetragen – eine Angriffstechnik, die gern dem »zarten« Geschlecht zugeschrieben wird. Ebenso wie Tratsch, Gerüchte, Klatsch und Bösartigkeiten – die sich auch im Motiv niederschlagen. Denn von der Katze wird fälschlicherweise behauptet, dass sie ohne Vorwarnung zuschlägt, eigenwillig und illoyal agiert. Dass das hier dargestellte Tier dann auch noch rot ist, weist auf das Klischee von Katze und (rothaariger) Hexe hin, und somit auf die Themen Aberglauben und Angst vor den Mysterien der Weiblichkeit. Gleiches gilt für die Schlange, die uns direkt zurück ins Paradies, hin zur ersten Frau Adams, Lilith, aber auch zu Eva und dem von ihr angeblich verschuldeten Sündenfall führt. Die phallische Schlangenform ihres Verführers Satan erweitert die Symbolik des Kampfes zwischen Katze und Schlange noch um den Aspekt des immerwährenden Geschlechterkampfes.

Mythologie und Legende: Katze und Schlange sind sich ebenbürtige Gegnerinnen, die im Übrigen seit Jahrtausenden einen mythologischen Kampf austragen: Im antiken Ägypten wurde die katzenköpfige Göttin Bastet als Gemahlin des Sonnengottes Re (oder Ra) hoch verehrt. Man bezeichnet sie als Göttin der Liebe, der Zeugungskraft, der Stärke und des Guten. Es war eine ihrer Aufgaben, die Sonne (ihren Gatten) bei Nacht zu schützen und gegen ihren Todfeind Apophis, die Schlange der Finsternis, zu verteidigen. Aber auch die Schlange galt beispielsweise in Griechenland, wo sie den Äskulapstab zierte, und in Indien als heilig. Vielerorts wird und wurde sie für ihre Weisheit, Heilkraft und Erleuchtung verehrt. Positive Bilder der Schlange und der Katze haben sich bei uns in den Märchen erhalten. Paradebeispiele sind Grimms *Der gestiefelte Kater*, Bechsteins *Natterkrönlein* und Hoffmanns *Der goldene Topf*.

Partnerschaft: falsches Spiel und Betrug in der Beziehung
Beruf: Intrigen auf der Arbeit
Finanzen: Vorsicht! finanzielle Schieflage, keine gewagten Spekulationen
Gesundheit: unehrlich sich selbst gegenüber, Krankheit wird überspielt
Spiritualität: falsche Propheten und falscher Weg zur Erkenntnis
Als Person / Temperament: unehrlich, hinterhältig
Als Ereignis: Mobbing, Rufmord, Gerüchte
Als Gefühl: Misstrauen, negatives Bauchgefühl, Paranoia
Zeitqualität: ohne Entwicklung
Astrologische Korrespondenz: 3. Haus, regiert von Zwillinge

Die kommunikative Karte hat eine besondere Verbindung zu *Besuch, Treue, Unglück, Verdruss* und kann mit der Kipperkarte *Falsche Person* sowie mit den Lenormandkarten *Schlange, Fuchs, Mäuse* verglichen werden.

Deine eigenen Schlüsselworte: _____

Knobelfrage: Mit welchen Karten fordert dich die *Falschheit* zur List auf?

# Feind

| | |
|---|---|
| Feind | enemy |
| adversaire | nemico |
| neprijatelj | ellenség |

DER FEIND warnt vor Intrigen und falschen Menschen, die nichts Gutes im Schilde führen. Aufgabe ist, sich bedeckt zu halten und wachsam zu bleiben, bis ersichtlich ist, aus welcher Richtung der Angriff kommt. Der Kontrahent ist meist nicht zu unterschätzen. Auch wenn der *Feind* eine tatsächliche Gefahr im Außen repräsentieren kann – oft spiegelt diese Karte eigene negative Denkmuster und Neid, selbst auferlegte Zwänge oder Süchte wider, mit denen wir uns selbst zum eigenen Feind machen.

WIR SEHEN: In dunklem Anzug und Zylinder wird der Feind als unauffälliges Mitglied der gehobenen Gesellschaft präsentiert. Seiner wirklichen Beschäftigung, dem Spionieren, geht er – wie der Dieb – bei Nacht und in Abgeschiedenheit nach. Hinter einer Mauerecke verborgen – rechte Hand in der Rocktasche, linke einen Stock umfassend – observiert er ein hell erleuchtetes Haus.

SYMBOLIK: Dass der Feind klar erkennbar und sozial integriert ist, macht ihn besonders gefährlich. Er kann unbemerkt in der Öffentlichkeit agieren – in einer im Bild farblich gut widergespiegelten »Grauzone« – und so besonders viel Schaden anrichten. Das hell erleuchtete Haus symbolisiert Schutz, Licht und Wärme hinter dicken Mauern, etwas das Neid erregt, wenn wir keinen Zutritt haben. Stellt der *Dieb* gewisse Schattenseiten des *Offiziers* dar, so fällt beim *Feind* eine Ähnlichkeit zum *Geliebten* ins Auge: Gesicht, Schnurrbart und gleiche aufrechte Haltung. In der Tat, die Aufgaben der Husaren, deren Uniform der *Geliebte* trägt, waren denen der Partisanen ähnlich. Dieser Geheimagent kann demnach die dunkle Seite des Husaren darstellen. Dass die rechte Hand des Feindes in der Rocktasche verbleibt, weist darauf hin, dass er seine bewussten Aktivitäten verborgen hält und geduldig auf seine Stunde wartet. Doch ist er dabei keineswegs untätig, wie der Stock in seiner linken Hand klar zeigt – er agiert nicht offen, sondern mit seinem Unbewussten.

**Mythologie und Legende:** Wir kennen es aus der bunten Comicwelt: Jeder Held braucht seinen dunklen Erzfeind, der ihn herabsetzen, diskreditieren oder gar töten will. Nur so kann er nämlich wachsen und als Lichtgestalt dastehen. Das beginnt bereits mit Gott dem Schöpfer, gegen den Luzifer – sein erster Engel – eine Meuterei anzettelt. Ebenfalls in der Bibel finden wir Abel und seinen Bruder Kain, der als erster (Bruder-)Mörder in die Geschichte eingegangen ist. Dabei ist er kein Einzelfall. Es ist auffällig, wie oft sich in der Mythologie Geschwister – der eine als lichter, der andere als dunkler Anteil derselben Gestalt – einfach nicht riechen können, wie sie Blutfehden entfachen und sich durch Intrigen vernichten. Ein sehr berühmtes Beispiel dafür ist der ägyptische Sonnengott Osiris, der von seinem eigenen Bruder, dem Wüstengott Seth, in einen Hinterhalt gelockt und in 13 Stücke zerhackt wurde.

Doch das ist nur die eine Seite des Feindes: Als Typus des Geheimagenten hat er sich – wie der Meister-Dieb – einen sehr positiven Ruf im Volksmund erobern können. Bestes Beispiel dafür ist der moderne Mythos des Spions 007 – James Bond.

**Partnerschaft:** Stalker, Feind im Bett
**Beruf:** Neider am Arbeitsplatz, Mobbing
**Finanzen:** Vorsicht in finanziellen Angelegenheiten
**Gesundheit:** ernstzunehmender Stressfaktor
**Spiritualität:** gefährlicher oder dem eigenen Wesen feindlicher Glaube
**Als Person / Temperament:** misanthropisch, feindselig
**Als Ereignis:** ausspionieren, Stalking
**Als Gefühl:** sich beobachtet fühlen, schlechte Stimmung
**Zeitqualität:** schleichend, geduldig
**Astrologische Korrespondenz:** 10. Haus, regiert von Steinbock

Diese Karte hat eine besondere Verbindung zu *Dieb, Geliebte, Geliebter, Falschheit, Unglück, Verdruss, Witwe, Witwer* und kann mit der Kipperkarte *Falsche Person* verglichen werden.

**Deine eigenen Schlüsselworte:** _____

**Knobelfrage:** Wo bist du dir selbst ein *Feind?* _____

# Fröhlichkeit

**Fröhlichkeit merriment**
**gaîté allegrezza**
veselje örvendezés

**Das tanzende Paar geniesst** die Gunst der Stunde. Sorgen und Ängste treten für eine Zeit in den Hintergrund. Eine gute Gelegenheit, sich einfach zu entspannen, loszulassen und im Hier und Jetzt zu sein.

**Wir sehen:** Eine junge Dame im lindgrünen Kleid tanzt mit einem eleganten Beau im konventionellen Frack. Dieser sehr förmliche Anzug, der zu hohen Anlässen getragen wird, weist darauf hin, dass es sich hier um ein ganz besonderes Fest handeln könnte. Das Paar hält sich in der Öffentlichkeit auf, im mit bunten Lampions festlich geschmückten und erleuchteten Park. Es scheint Abend zu sein oder zu dämmern. Das Paar wirkt glücklich und unbeschwert.

**Symbolik:** Gesellschaftliche Tänze waren in der Entstehungszeit der Zigeuner-Wahrsagekarten eine der wenigen Gelegenheiten, bei denen sich junge Männer und Frauen treffen und berühren konnten. Trotz der strengen Beobachtung, unter der sie dabei standen, war dies eine Möglichkeit für unverbindlichen Flirt und die Erprobung der Spielregeln der Gesellschaft. Gleichzeitig konnte ein gemeinsamer »Auftritt« von *Geliebter* und *Geliebtem* bei solch einer Veranstaltung das Vorspiel zu einer festen Verbindung bis hin zur *Heirat* sein. Der hier dargestellte Liebesreigen symbolisiert Bewegung, Spaß, Sinnlichkeit und eine Sorglosigkeit, die nicht an morgen denkt. Doch außerhalb des Lichtkreises heben sich in der Abendstimmung dunkle Büsche hervor. Der fröhlichen Stimmung kann auch ein Kater folgen. Oder die Wehmut der Trennung – und schlimmer noch, die der Verbindlichkeit.

MYTHOLOGIE UND LEGENDE: *Der Kongress tanzt* – ein Titel, der Erinnerungen an den legendären Wiener Kongress von 1814–15 wachruft, bei dem hinter der Fassade prunkvoller Bälle das Geschick Europas nach Napoleons endgültiger Niederlage neu bestimmt wurde.

Auch in der Märchenwelt spielen prunkvolle Feste eine wichtige Rolle. Betont wird dabei meist der Aspekt der Scheinwelt und des Versteckspiels: So dürfen sich *Aschenputtel* und *Allerleirau* auf einem Ball in ihrer strahlenden Schönheit zeigen, ohne Gefahr zu laufen, erkannt zu werden. Auch *Die zertanzten Schuhe* thematisiert die Scheinwelt und die Verzauberung des Tanzes. Dass Tanzen nicht immer fröhlich macht, schildert Hans Christian Andersens Märchen *Die roten Schuhe,* in dem ein Mädchen so lange tanzen muss und nicht mehr aufhören kann, bis sie sich selbst die Füße abhackt.

PARTNERSCHAFT: freudvolles Beisammensein, Liebe liegt in der Luft
BERUF: Arbeit macht Spaß
FINANZEN: keine Geldsorgen in Sicht, sich etwas gönnen
GESUNDHEIT: alles ist bestens, beschwingtes Lebensgefühl
SPIRITUALITÄT: Sinnsuche bereitet Freude und Spaß
ALS PERSON / TEMPERAMENT: unbeschwert, lebhaft, »flirtig«
ALS EREIGNIS: Feier, Höhepunkt
ALS GEFÜHL: euphorisch, glücklich
ZEITQUALITÄT: im Hier und Jetzt genießen
ASTROLOGISCHE KORRESPONDENZ: 5. Haus, regiert von Löwe

Diese kommunikative Karte hat eine besondere Verbindung zu *Besuch, Eifersucht, Geliebte, Geliebter, Liebe, Traurigkeit, Witwe, Witwer* und kann mit den Lenormandkarten *Park* und *Sonne* verglichen werden.

DEINE EIGENEN SCHLÜSSELWORTE: _____

KNOBELFRAGE: Wann konntest du das letzte Mal ausgelassen fröhlich sein?

# Gedanken

Gedanken thought
pensée pensiero
misao gondolat

**DEM EIGENEN DENKEN** mehr Aufmerksamkeit zu widmen, dazu fordert die Karte auf. So kann genau die Realität geschaffen werden, die auch wirklich gewünscht ist. Auch bei Problemen hilft sorgfältiges Nachdenken weiter. Wichtig ist, die eigenen Gedanken zu kommunizieren, selbst wenn das zu Konfrontationen führen kann. Nur so können hohe Gedankenflüge auf dem Boden der Tatsachen landen. Die Karte sagt uns etwas über das richtige Timing: Haben wir einmal einen Gedanken ausgesprochen, ist es nicht mehr nur der unsere!

**WIR SEHEN:** »Die Gedanken sind frei, wer kann sie erraten? Sie fliehen vorbei wie nächtliche Schatten!« – Zurückgelehnt auf einer Parkbank zeigt sich hier ein junger Mann in melancholisch-lässiger Denkerpose mit einem Schriftstück in der linken Hand. Schnitt des Gehrocks und Frisur sowie das Manuskript in seinen Händen weisen ihn als Studenten, vielleicht aber auch als Künstler oder Philosophen aus.

**SYMBOLIK:** Wir haben es hier mit einer Allegorie, nämlich dem personifizierten Gedanken zu tun. Die etwas unbequeme Pose des in sich selbst versunkenen Jünglings symbolisiert schöngeistige Bildung, Intellektualität und Introvertiertheit. Somit fordert der junge Mann zum exakten Abwägen, Hinterfragen und Untersuchen auf. Der graue Mantel betont die Neutralität, mit der hier Überlegungen angestellt werden, während das sonnig-klare gelbe Beinkleid darauf hindeutet, dass durchaus Plan und Wille dahinter stehen. Die Füße, die auf den ersten Blick nicht den Boden zu berühren scheinen, deuten ein Brainstorming an, das noch in der Schwebe, also nicht spruchreif ist. Auch liegen die Papiere in der passiven Linken, während die aktive rechte Hand des Mannes auf der Banklehne ruht. Es gibt eben noch viel zu bedenken, bevor die Vision auf den fruchtbaren grünen Boden fallen kann. Dies vermittelt auch der verästelte Baum, der dialektisches Abwägen andeutet.

MYTHOLOGIE UND LEGENDE: Haltung und Attitüde des jungen Mannes erinnern uns – neben dem selbstverliebten griechischen Narziss – an zwei berühmte Kunstwerke: *Goethe in der Campagna* von Johann Heinrich Wilhelm Tischbein, das laut seines Schöpfers den überlebensgroßen genialen Dichter und Denker, wie er »auf den Ruinen sitzet und über das Schicksal der menschlichen Werke nachdenket«, darstellt sowie Auguste Rodins Skulptur *Der Denker,* die Dante Alighieri, den Autor der *Göttlichen Komödie,* zum Thema hat. Beide Werke kosteten ihre Erschaffer sehr viel Kraft, denn sie versuchten, die Werte des Altertums und die Basis der klassischen europäischen Bildung mit zeitgenössischem Gedankengut zu verbinden. Vielleicht übt sich auch unser junger Mann im Vereinen von Kulturen.

---

PARTNERSCHAFT: Grübeleien zu und über Partnerschaft
BERUF: kritische Auseinandersetzungen mit und über den Beruf, Bildung
FINANZEN: Grübeleien und Gedanken über die Finanzlage
GESUNDHEIT: Nachdenken über Gesundheit und ob ein Heiler sinnvoll wäre
SPIRITUALITÄT: Sinnieren über Gott und die Welt
ALS PERSON / TEMPERAMENT: nachdenklich, intellektuell, introvertiert
ALS EREIGNIS: Brainstorming, Bilanz, Analyse
ALS GEFÜHL: Klärung der Gedanken erleichtert
ZEITQUALITÄT: Eile mit Weile
ASTROLOGISCHE KORRESPONDENZ: 11. Haus, regiert von Wassermann

---

Diese visionäre Karte hat eine besondere Verbindung zu *Fröhlichkeit, Geliebte, Geliebter, Traurigkeit, Witwe, Witwer* und kann mit der Kipperkarte *Seine Gedanken* und der Lenormandkarte *Buch* verglichen werden.

DEINE EIGENEN SCHLÜSSELWORTE:

KNOBELFRAGE: Welche Karte konkretisiert die *Gedanken?*

# Geistlicher

**Geistlicher ecclesiastic
pretre        sacerdote
svećenik      lelkész**

**DER GEISTLICHE,** der hier das Hochamt ausübt, steht für Rückzug, Meditation und ernsthafte Seelenerforschung. Eine positive, segensvolle Karte. Sie weist darauf hin, dass spirituelle Gedanken zugelassen werden sollten. Vertrauen in uns selbst und unser Streben nach persönlicher Erfüllung und Berufung im Leben ist nun angesagt.

**WIR SEHEN:** Ein Priester im kostbaren Ornat steht im Torbogen einer hohen Kathedrale. Dabei konzentriert er sich voll auf die Monstranz, ein kunstvoll geformtes Schaugefäß mit Sichtfenster für die Hostie. Seine Hände sind mit dem Velum – einem traditionellen Segenstuch – verhüllt, um das kostbare »Allerheiligste« vor profaner Berührung zu schützen.

**SYMBOLIK:** Der Kartenhintergrund wird von spirituellen Farben dominiert: geheimnisvoll-mystisches Violett und seelenvolles Gold, das oft für das Höhere Selbst steht – beides Farben, die von weltlicher und geistiger Macht sprechen. Auch die Platzierung des Priesters zwischen einer hellen und einer dunklen Säule erhöht den Eindruck, dass hier ein tatsächlicher Hohepriester seines Amtes waltet, der um die kosmischen Gesetze und das Geheimnis der Polarität weiß. Die ehrfürchtig gehaltene Monstranz, in der eine konsekrierte Hostie ausgestellt wird, und die auch heute noch von der katholischen Kirche in Hochämtern und zu Segensandachten eingesetzt wird, findet ihre Entsprechung im Heiligen Gral: Ausdruck der Sehnsucht nach Heilung und persönlicher Vision, die wir alle in uns erwecken können.

Gerade in der heutigen Zeit, in der die institutionalisierte Religion zunehmend an Einfluss verliert, kann diese Karte für unsere innere Stimme stehen, die uns beständig daran erinnert, dass es im Leben noch mehr gibt als essen, schlafen und arbeiten. Die uns in die Beichte nimmt, wenn es darum geht, Sinn und Zweck unseres Lebens zu erspüren. Somit steht die Karte auch für jeden nach Lebenssinn und Spiritualität strebenden Menschen.

MYTHOLOGIE UND LEGENDE: Hinter dem *Geistlichen* verbirgt sich die Figur des Hohepriesters oder Hierophanten, der bereits zu sumerischen, babylonischen und altägyptischen Zeiten den religiösen Ton der jeweiligen Glaubensrichtung angab und dem wir im Christentum mit dem Kirchenoberhaupt, dem Papst, begegnen. Von jeher repräsentierte und interpretierte er für das Volk den Willen Gottes. Berühmte Vertreter sind zum Beispiel Aaron, Moses' Bruder und erster Hohepriester der Juden, oder der Grieche Teiresias, ein Priester des Zeus und blinder Seher, der eine wichtige Rolle in der Tragödie *Ödipus* spielt. Eine besonders schöne Darstellung der Funktion eines Hohepriesters finden wir in Mozarts auch ansonsten äußerst lehrreichem Singspiel *Die Zauberflöte*. Dort begegnen wir dem Eingeweihten, Sarastro, der den Helden Tamino und seine Geliebte Pamina durch zahlreiche Prüfungen zur Weisheit führt.

---

PARTNERSCHAFT: Seelenverwandtschaft, spirituelle Verbindung
BERUF: Auseinandersetzung mit spiritueller Führung, Berufung
FINANZEN: Spenden, soziale Abgaben, Investition in Spiritualität
GESUNDHEIT: Homöopathie, spirituelle Gesundheit, Psyche, Seelenheil
SPIRITUALITÄT: geistiger Führer, Hohepriester, innerer geistiger Führer
ALS PERSON / TEMPERAMENT: Klerus, spirituell, verständnisvoll, gelassen
ALS EREIGNIS: Moment der Erleuchtung oder Erkenntnis
ALS GEFÜHL: Seelenfrieden, meditative Klarheit
ZEITQUALITÄT: langsam, beständig
ASTROLOGISCHE KORRESPONDENZ: 9. Haus, regiert von Schütze

---

Die Karte hat eine besondere Verbindung zu *Beständigkeit, Hoffnung, Richter, Sehnsucht* und kann mit der Lenormandkarte *Sterne* verglichen werden.

DEINE EIGENEN SCHLÜSSELWORTE: _____

KNOBELFRAGE: Mit welchen Karten weist der *Geistliche* auf einen spirituellen Durchbruch hin? _____

# Geld

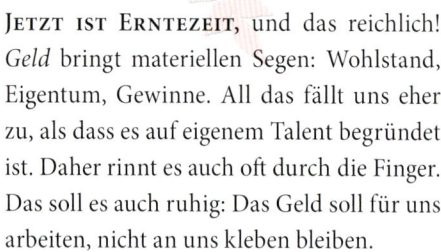

Geld argent novac — money denaro pénz

**Jetzt ist Erntezeit,** und das reichlich! *Geld* bringt materiellen Segen: Wohlstand, Eigentum, Gewinne. All das fällt uns eher zu, als dass es auf eigenem Talent begründet ist. Daher rinnt es auch oft durch die Finger. Das soll es auch ruhig: Das Geld soll für uns arbeiten, nicht an uns kleben bleiben.

**Wir sehen:** Goldmünzen, eine verzierte und gut gefüllte Schmuckschatulle, ein Bündel Geldscheine, ein prall gefüllter Geldsack: Wohlstand wird auf einigen Karten der »Zigeuner« dargestellt. *Geld* sticht allerdings dadurch hervor, dass die dominierenden dunklen Brauntöne und der schwere Vorhang, der sich im Hintergrund über schwarze Dunkelheit senkt, die Karte recht düster und einengend wirken lassen.

**Symbolik:** Die gedeckten Grundfarben des Bildes betonen die materielle Qualität der Karte: Braun steht schließlich für Mutter Erde selbst, die Fruchtbarkeit und Bodenhaftung garantiert. Gleichzeitig werden wir durch diese Farbe an den Herbst erinnert und somit neben der Ernte auch daran, dass materielle Werte vergänglich sind. Auch auf die Schattenseite des Reichtums – Geiz, Abhängigkeit und die Angst, das Erworbene wieder zu verlieren – weist die bedrohliche Dunkelheit hin. Wie der hier dargestellte Besitz erlangt wurde, bleibt unklar, doch ist es eher unwahrscheinlich, dass er vollständig aus eigener Hände und Geistes Arbeit erwachsen ist. Gerade die Schmuckschatulle deutet nämlich auf Erbgut hin – wenn kein tatsächlicher materieller Reichtum, dann vielleicht mitgegebene Talente und kreative Erbanlagen. Die sind auch dringend notwendig, um das Geld – eigentlich lediglich ein symbolisches »totes« Zahlungsmittel – im Umlauf zu halten und sich mehren zu lassen.

MYTHOLOGIE UND LEGENDE: Neben Dagobert Duck, dem reichsten Einwohner Entenhausens, der täglich im Geld badet, erinnert uns die Karte *Geld* mit ihren Goldmünzen besonders an den sagenhaften Griechenkönig Midas, ein Sohn der Großen Muttergöttin Kybele. Zahlreiche antike Anekdoten drehen sich um seine Gier und Einfalt. Unter anderem wünschte er sich von den Göttern, dass alles, was er berühre, zu Gold werden möge. Der Wunsch wurde ihm gewährt. Doch da sich unter seiner Hand plötzlich auch Essen und Trinken in das edle Metall verwandelte, drohte er zu verhungern und zu verdursten. Deshalb bat er darum, die Gabe an die Untersterblichen zurückgeben zu dürfen. Der Philosoph Dionysos riet ihm, im Fluss Paktolos zu baden – so wurde dieser zum goldreichsten Fluss Kleinasiens und zum Quell des sagenhaften Reichtums eines anderen Herrschers: Lyderkönig Krösus, der besonders deshalb in die Geschichte einging, weil unter ihm die Lyder das erste geprägte Geld erfanden.

---

PARTNERSCHAFT: Beziehung als Gewinn, reicher Partner, Sponsor, Mentor
BERUF: bereichernder Beruf, Geld durch Arbeit
FINANZEN: gewinnbringende Investitionen, Anlagen, Spekulationen
GESUNDHEIT: Investition in die Gesundheit, Gesundheit kostet Geld
SPIRITUALITÄT: gewinnbringende Spiritualität, Investition in Spiritualität
ALS PERSON / TEMPERAMENT: wohlhabend, materiell, irdisch
ALS EREIGNIS: erfreuliche Finanzlage, kleiner Geldsegen
ALS GEFÜHL: Sicherheit, Stabilität
ZEITQUALITÄT: geduldig, ausharrend
ASTROLOGISCHE KORRESPONDENZ: 2. Haus, regiert von Stier

---

Diese bodenständige Karte hat eine besondere Verbindung zu *Etwas Geld, Geschenk, Glück, Unverhoffte Freude* und kann mit den Kipperkarten *Viel Geld gewinnen, Reiches Mädchen, Reicher guter Herr* sowie der Lenormandkarte *Fische* verglichen werden.

DEINE EIGENEN SCHLÜSSELWORTE:

KNOBELFRAGE: Mit welchen Karten betont *Geld* besonders eigene Talente?

# Geliebte

**Geliebte** sweetheart
**bien-aimée** amante
ljubavnica szerelmes nő

**DIE JUNGE DAME** steht bei einer Legung stets für die Fragende selbst oder die tatsächliche oder ersehnte Partnerin des Fragenden, für seine Traumfrau oder eine andere wichtige weibliche Bezugsperson. In gleichgeschlechtlichen Beziehungen muss der Fragende, die Fragende selbst entscheiden, ob sie oder er sich eher als *Geliebter* oder *Geliebte* sieht.

**WIR SEHEN:** Die elegante junge Dame, die hier auf einer Steinbank vor sich hin träumt, entstammt der gehobenen Gesellschaftsschicht. Somit repräsentiert sie die Zielgruppe der Erfinder der Zigeuner-Wahrsagekarten, und ihr Motto lässt sich auch gut auf die Fragenden der modernen Kartenleger-Szene übertragen: »Küss mich wach!«, scheint sie nämlich unter geröteten Wangen zu hauchen.

**SYMBOLIK:** Der Himmel ist blau und ungetrübt. »Noch«, möchte man meinen, denn vielleicht wirkt die Dame gerade deshalb so gelassen, weil es oft leichter ist, von der Liebe zu träumen, als sich den harten Fakten einer Beziehung zu stellen. Findet sich in den Zigeuner-Wahrsagekarten neben den beiden *Gelieb-ten* nur deshalb noch ein weiteres Paar – *Witwe* und *Witwer* –, weil wir oft vom Zustand der »Verliebtheit« übergangslos in den der »Lieblosigkeit« gleiten? Es ist allerdings auch fast unmöglich, die durch die *Geliebte* symbolisierte Verliebtheit ewig andauern zu lassen. Somit kann die Karte eher Sehnsucht nach Liebe als tatsächliche Verliebtheit darstellen. In seiner Zartheit bildet das verträumte Mädchen ein exaktes Gegenstück zum forschen Husaren-*Geliebten* – das nachgiebige Yang zu seinem fordernden Yin. Sie repräsentiert das ewig Weibliche, das in uns allen schlummert und immer wieder aufs Neue erweckt und entflammt werden will. Dabei macht uns das feminine Rosa, in das die

Dame gekleidet ist, auf Höhen und Tiefen dieses Prozesses aufmerksam: Die Farbe symbolisiert Romantik, Hingabe und Zartheit, aber auch Realitätsverlust und Sentimentalität.

MYTHOLOGIE UND LEGENDE: Der Anblick der rosaroten Dame ruft die Erinnerung an Dornröschen wach, die für jede verwunschene Prinzessin (oder jeden Prinzen) steht, die es zu erlösen gilt, und nach der wir uns verzehren. Goethe beschreibt es treffend im *Faust II:* »das Ewig-Weibliche zieht uns hinan« – was uns zur deutschen romantischen Bewegung – allen voran zum Dichter Novalis – führt, und zu ihrer Sehnsucht nach dem Ideal der keuschen Liebe. Auch die Antike kannte die »schlafende Schöne«. Der Philosoph Apuleus berichtet in *Amor und Psyche* von einem jungen Mädchen, dessen Schönheit die Eifersucht der Liebesgöttin Venus so erregt, dass diese ihrem Sohn Amor befiehlt, sie zu rächen. Als er stattdessen dem lieblichen Mädchen verfällt, entführt er sie in ein verwunschenes Schloss, um ihr immer nah sein zu können. Nach vielen Wirrungen und Intrigen gebiert ihm Psyche die Tochter Voluptas – die Lust.

PARTNERSCHAFT: Objekt der Begierde, Anima, weibliche Anteile, Mutter
BERUF: eine sich mit List und weiblichem Charme behauptende Frau
FINANZEN: Geldgeschäft mit weiblicher Intuition angehen
GESUNDHEIT: fürsorgliche und weitsichtige Unterstützung
SPIRITUALITÄT: weibliche Intuition und Bauchgefühl
ALS PERSON / TEMPERAMENT: verliebte oder geliebte Frau
ALS EREIGNIS: Liebe liegt in der Luft
ALS GEFÜHL: »Ach, welch Sehnen in meiner Brust!«
ZEITQUALITÄT: Gegenwart, jetzt
ASTROLOGISCHE KORRESPONDENZ: Venus

Diese Personenkarte hat eine besondere Verbindung zu *Feind, Heirat, Hoffnung, Sehnsucht, Witwe* und kann mit der Kipperkarte *Weibliche Hauptperson* sowie der Lenormandkarte *Dame* verglichen werden.

DEINE EIGENEN SCHLÜSSELWORTE: _____

KNOBELFRAGE: Gibt es noch einen anderen Liebhaber für die *Geliebte* als den *Geliebten?* _____

# Geliebter

**Geliebter**      lover
**amant**        amante
ljubavnik       szeretö

**DER FEURIGE HUSAR** steht für den männlichen Fragenden selbst oder, wenn eine Frau fragt, für ihren Wunschmann oder tatsächlichen Partner oder eine andere wichtige männliche Bezugsperson wie Vater, Freund, Arbeitskollege. Abstand und Verbindungsweg zur *Geliebten* geben Auskunft über den gegenwärtigen Stand der Beziehung der beiden. In gleichgeschlechtlichen Beziehungen muss der Fragende, die Fragende selbst entscheiden, ob sie oder er sich eher als *Geliebter* oder *Geliebte* sieht.

**WIR SEHEN:** Der *Geliebte* kommt als fescher Husar daher: aufrecht, selbstsicher und fremdländisch-geheimnisvoll. Seine reich verzierte Paradeuniform, der traditionelle Dolman, und sein ansprechendes Gesicht machen ihn zu einem attraktiven Traummann, der trotz seines niederen Standes die Herzen vieler Frauen höher schlagen lässt.

**SYMBOLIK:** Die Husaren galten zur Entstehungszeit der »Zigeuner« als Inbegriff feuriger Leidenschaft und schnittigen Kavaliergeistes. Heiße Objekte der Begierde, aber kein Ehemann-Material, da zumeist arm und nicht für ihre Treue gerühmt! Dennoch ließen sich die Damen der besseren Gesellschaft von ihnen gern den Hof machen – und sich wohl gar zu einer diskreten Liaison hinreißen. Der Husar ist ein ewiger *Geliebter,* kein Mann fürs Leben. Er steht für den sehnsuchtsvollen Zustand der Verliebtheit und des Flirts, der das Leben wie beim Kartenhintergrund in zartes Rosarot färbt. Die Haltung und der offene Blick des *Geliebten* wie auch der starke, aufrichtige Stamm im Hintergrund zeigen, dass der Geliebte unter einer unvollkommenen Liebe wahrscheinlich genauso leidet wie seine weibliche Hälte. Dies wird durch das farblich geteilte Herz betont, das auch auf der Karte *Geliebte* zu finden ist und sich aus den zwei verschiedenen Herzfarben auf der Karte *Liebe* zusammensetzt. Auch umschreibt dieses Herzchen unser aller Suche nach der verlorenen zweiten Hälfte, die Platon in seinem Symposium eröffnet. Der *Geliebte* geht bei seiner Suche aktiv vor – bezeichnet durch die rechte Hand, die auf Höhe des Solar Plexus, unserer Körpermitte, offen und ohne Handschuh ruht. Hingegen ist seine linke, intuitive Seite vollständig durch denPelz verdeckt.

MYTHOLOGIE UND LEGENDE: In der Literatur finden wir zahlreiche Beispiele des Geliebten-Typus, der ein Gefühl von Geheimnis, Freiheit und Abenteuer vermittelt, uns kurzzeitig beglückt, um uns dann zu verlassen. So fallen uns Blaubart, Casanova, Don Juan oder Major Crampas, Effi Briests verhängnisvolle Affäre, ein. Theodor Fontanes berühmter Roman behandelt die Tragödie der jungen, kindlichen Effi, die an den gesellschaftlichen Konventionen im Preußen des späten 19. Jahrhunderts zerbricht, weil ihr Mann sie sechs Jahre nach besagter Romanze verstößt und zur Wiederherstellung seiner Ehre ihren ehemaligen Liebhaber im Duell erschießt. Vergnüglicher begegnet uns diese Figur im Film *Fanfan der Husar,* ein Paradestück des französischen Schauspielers Gérard Philipe, der selbst einen perfekten Geliebten abgab.

PARTNERSCHAFT: Objekt der Begierde, Animus, männliche Anteile, Vater
BERUF: Angriffslust und Strategie des sich behauptenden Mannes
FINANZEN: Geldgeschäft mit männlicher Selbstbehauptung angehen
GESUNDHEIT: klare Vorgehensweise beim Gesund-Werden
SPIRITUALITÄT: männlich, klare Gefühle in spirituellen Situationen
ALS PERSON / TEMPERAMENT: erobernder Liebhaber
ALS EREIGNIS: Zeit der Leidenschaft
ALS GEFÜHL: Carpe Diem!
ZEITQUALITÄT: Gegenwart
ASTROLOGISCHE KORRESPONDENZ: Mars

Diese heißblütige Karte hat eine besondere Verbindung zu den Karten *Feind, Fröhlichkeit, Offizier, Witwer* und kann mit den Kipperkarten *Männliche Hauptperson* sowie mit der Lenormandkarte *Herr* verglichen werden.

DEINE EIGENEN SCHLÜSSELWORTE: _____

_____

KNOBELFRAGE: Welche Karten betonen die sensiblen Seiten des *Geliebten?*

_____

# Geschenk

| | |
|---|---|
| Geschenk | gift |
| cadeau | dono |
| dar | ajándék |

**DAS GESCHENK** steht allgemein für etwas, was wir gern annehmen. Diese Präsente sind nicht nur materiell, sondern auch ideell. Es kann sich dabei um eine große Kostbarkeit, aber auch um eine einzelne Blume handeln.

**WIR SEHEN:** Ein scharlachroter Vorhang enthüllt das Heiligtum einer jeden Frau: ihr Boudoir – oder moderner – ihren intimen Rückzugsort. Zahlreiche Attribute der Weiblichkeit finden sind auf einem weißen Tisch arrangiert. Goldgelbes Licht, gespiegelt von einem dreiarmigen, halb verdeckten Kerzenleuchter, umschmeichelt die Szene.

**SYMBOLIK:** Im eigenen Boudoir bewahrte zur Entstehungszeit des Decks die wohlhabende Dame ihre geistigen und materiellen Schätze auf und hielt dort manches diskrete Stelldichein ab. Dies bezeugen die hier abgebildeten Utensilien: Eine überquellende Schmuckschatulle steht für Reichtum und Putzsucht, die Rosen für Schönheitssinn und Liebesbekundung, der verzierte Fächer für Koketterie und leichte Konversation. Ein kunstvoll gedrechselter Kerzenleuchter sorgt für die intime Atmosphäre, in der wir unsere Herzensgeheimnisse gern einem zierlichen Tagebuch anvertrauen. Eine geschützte Privatsphäre – auch heute ist das ein großer Luxus und ein unbezahlbares Geschenk! Das Boudoir steht auch für unsere vielfältigen Talente, unsere Sinnlichkeit sowie unser Hingabe- und Genusspotential. Die goldenen und violetten Töne deuten an, dass wir hier der persönlichen Glaubens- und Sinnsuche nachgehen können. Ob wir dies alles und unser intimstes Wesen mit anderen teilen, sie und uns freiwillig verschenken oder alles ganz für uns behalten, steht uns frei.

Wichtig ist die Erkenntnis, dass ein wahres Geschenk nie mit irgendeiner Verpflichtung verbunden ist. Dass sich Geben und Nehmen auf lange Frist dennoch ausgleichen sollen, lässt sich aus dem geöffneten Vorhang ableiten.

MYTHOLOGIE UND LEGENDE: Gerade in der Märchenwelt wimmelt es von Geschenken, mit denen die Protagonisten oft von überirdischen Mächten ausgestattet werden und die ihr weiteres Leben bestimmen. Exemplarisch sei hier Dornröschen genannt, die von zwölf Feen mit Talenten und Kostbarkeiten ausgestattet wird. Eine missachtete Fee rächt sich, indem sie das Mädchen zur frühen Sterblichkeit verdammt, was noch in den berühmten 100-jährigen Schlaf abgewandelt werden kann. Geschenke können also durchaus zweischneidig sein. Dies beweist auch eines der berühmtesten Geschenke der Welt: das riesige hölzerne Pferd, das die Trojaner nach langer Belagerung durch die Griechen ein Friedensangebot sahen und es arglos in ihre Stadt holten. Dies besiegelte ihren Untergang. Denn im Inneren des Pferdes verbargen sich feindliche Soldaten, die in der Nacht die schlaftrunkenen Trojaner erschlugen oder gefangensetzten. Troja selbst wurde zu Asche niedergebrannt.

---

PARTNERSCHAFT: Partnerschaft wird als Geschenk betrachtet
BERUF: Beruf und Arbeit werden als erfüllend gesehen – Berufung
FINANZEN: Finanzen entpuppen sich ohne Eigeninitiative als positiv
GESUNDHEIT: Gesundheit wird als Geschenk erkannt
SPIRITUALITÄT: »Geben und Nehmen« wird zum Leitsatz
ALS PERSON / TEMPERAMENT: großzügig, ohne Erwartungen
ALS EREIGNIS: überraschend, freudig
ALS GEFÜHL: Segen und Hoffnung
ZEITQUALITÄT: geduldig
ASTROLOGISCHE KORRESPONDENZ: 4. Haus, regiert von Krebs

---

Diese beglückende Karte hat eine besondere Verbindung zu *Etwas Geld, Geld, Glück, Unverhoffte Freunde* und kann mit der Kipperkarte *Geschenk bekommen* verglichen werden.

DEINE EIGENEN SCHLÜSSELWORTE: _____
KNOBELFRAGE: Womit würde der *Offizier* am ehesten beschenkt werden?

# Glück

Glück    fortune
bonheur    fortuna
sreća    szerencse

**FORTUNA HÄLT SEGNEND IHRE HAND** über uns, was diese Karte erst einmal durchweg positiv macht. Sie verspricht Glück und Erfolg bei allen derzeitigen Vorhaben. Den Glücklichen gehört eben nun einmal die Welt. Aber Achtung! Fortuna ist für ihren Wankelmut bekannt: Ein Übermaß an Glück kann auch der erste Schritt in Richtung Unglück sein.

**WIR SEHEN:** Ob als römische Glücks- und Schicksalsgöttin Fortuna, als griechische Tyche oder als nordgermanische Göttin Heil: das *Glück* in Person streut aus dem sagenumwobenen Füllhorn Rosen und Münzen über der wasserblauen Weltkugel aus.

**SYMBOLIK:** Das Füllhorn ist ein traditionelles Symbol für Fruchtbarkeit, Wohlstand und Überfluss. Dass aus ihm hier neben den Reichtum spendenden Münzen auch Rosen fallen, weist darauf hin, dass Liebe ein wesentlicher Bestandteil seiner Tugenden ist. Zumeist ist das Horn jedoch statt der Münzen mit Früchten gefüllt und wird so weniger materiell und eher als Erntesymbol gesehen. Da hier allerdings kein Obst abgebildet ist, könnte die Karte auch auf den Frühling in Gestalt der Göttin Flora hinweisen. Ob Aussaat- oder Erntekarte – das *Glück* ist uns nicht von ungefähr hold. Um Freude und Fülle zu erfahren, müssen wir selbst etwas pflanzen und hegen, bis wir von den Früchten profitieren können. Daher steht die Göttin hier mit beiden Beinen fest auf der Weltkugel. Gleichzeitig krönt ihr Haar ein Sternendiadem – Zeichen der persönlichen Vision, der Zuversicht und somit der Hoffnung, auf die auch der grüne Hintergrund anspielt. Allerdings dominiert Gold das Bild, eine Farbe die neben Glanz und Reichtum, die heilenden und spirituellen Kräfte des *Glücks* betont. So könnte man hinter der in Gold gekleideten

Dame auch eine Anspielung auf das Höhere Selbst vermuten, das uns, wenn wir uns ihm anvertrauen, zu Erfolg und Erfüllung führen kann. Gleichzeitig warnt uns die Farbe aber ebenso davor, dass nicht alles Gold ist, was glänzt.

MYTHOLOGIE UND LEGENDE: Im Griechischen hieß dieses »Horn der Fülle« (lat. cornu copiae) »Horn der Amaltheia«. Diese göttliche weiße Ziege wurde von der Urmutter Rhea dazu bestimmt, in der Abgeschiedenheit Kretas ihren Sohn Zeus aufzuziehen, den der eigene Vater Kronos – wie alle Söhne zuvor – verschlingen wollte. Unter Einsatz ihres Lebens – sie verlor ein Horn, als Kronos versuchte, ihr das Kind zu entreißen – nährte Amaltheia Zeus solange mit Ambrosia und Nektar, bis er zum Mann herangewachsen war, der den Vater erschlagen, seine Brüder befreien und den Olymp als Göttervater in Besitz nehmen konnte. Das abgeschlagene Horn der Amaltheia wurde dann als Füllhorn bekannt: Es geht die Sage, dass es sich immer wieder mit dem füllte, was sich sein Besitzer ersehnte. In unserem Kulturkreis ruft dies die Erinnerung an *Das Märchen vom Schlaraffenland* und *Tischlein deck dich* wach.

---

PARTNERSCHAFT: Glück und Fruchtbarkeit in der Partnerschaft
BERUF: positive Aussichten für alle beruflichen Belange
FINANZEN: Geldangelegenheiten entwickeln sich viel versprechend
GESUNDHEIT: um die seelische und körperliche Gesundheit steht es gut
SPIRITUALITÄT: gute Zeit für esoterische und spirituelle Aktivitäten
ALS PERSON / TEMPERAMENT: Glückskind, Optimist
ALS EREIGNIS: ein (unerwarteter) Glücksfall
ALS GEFÜHL: Zufriedenheit, sich gesegnet und beschenkt fühlen
ZEITQUALITÄT: bald aufgehende Saat
ASTROLOGISCHE KORRESPONDENZ: Jupiter

---

Diese glückbringende Karte hat eine besondere Verbindung zu *Botschaft, Hoffnung, Liebe, Sehnsucht, Traurigkeit, Unglück* und kann mit der Kipperkarte *Großes Glück* sowie der Lenormandkarte *Klee* verglichen werden.

DEINE EIGENEN SCHLÜSSELWORTE: _____

---

KNOBELFRAGE: Mit welcher Karte verspricht das *Glück* gute Gesundheit?

# Haus

**Haus**      house
**maison**      casa
kuća          ház

**DAS HAUS** repräsentiert unser Innenleben, unsere Intimsphäre oder Seele. Es ist persönlichster Rückzugsort und Fundament des Lebens. Als geistige Basis und Symbol unseres Ehrgeizes und Status ist das Haus auch die Arbeitskarte der »Zigeuner«.

**WIR SEHEN:** Ein geräumiges Landhaus, idyllisch und isoliert an einem von Büschen umsäumten Fluss oder Kanal und unter wolkenlosem Himmel gelegen. Auch wenn es ein wenig einer Festung gleicht – mit dem zum Wasser liegenden Balkon und seinen vielen Fenstern ist das Haus Gästen geöffnet. Geschützt wird hingegen der hintere Teil des Hauses durch einen großen Baum. Ein weißer Schwan komplettiert die ländliche Harmonie. Hier haben die negativen Einflüsse und Auswirkungen des Stadtlebens keinen Raum.

**SYMBOLIK:** Ein Haus ist ein Wertobjekt: Immobilie, Kapitalanlage, Statussymbol. Es steht für Sicherheit, aber auch für Ehrgeiz in Verbindung mit beruflichen Ambitionen. Emotional gesehen ist ein Haus jedoch unser Heim, der Ort, an dem wir uns heimisch fühlen oder wo wir unsere Wurzeln haben. Es ist das Reich der Mutter und der Ahnen. Schutz, Geborgenheit, aber auch Abhängigkeit, schwingen hier mit. Diese Komponente wird durch das wie ein gerader Weg wirkende Gewässer symbolisiert – das Gefühl und die Auseinandersetzung mit unseren Ahnen weisen uns den Weg zur Heimat. Auch der das Haus schützende Baum – Zeichen des Lebens und der Unsterblichkeit – verdeutlicht, dass wir uns unserer Wurzeln bewusst sein müssen, wenn wir im Leben hoch hinaus und uns gleichzeitig heimisch fühlen wollen. Im eigenen Haus gelten andere Regeln als »da draußen«. Idealerweise ist es ein Refugium, in dem wir uns von den Anstrengungen des Alltags erholen. Somit repräsentiert das *Haus* auch unsere Seele und unsere spirituelle Heimat. Schlagen wir den Bogen noch einmal zur materiellen Immobilie, so kann das *Haus* aber auch für den Körper stehen – das stets pflegebedürftige Haus unserer Seele. Je mehr wir uns um ihn kümmern, umso länger wird der Schwan – ein weiteres Seelensymbol sowie Hinweis auf Schönheit, Reinheit und Anmut – bei ihm verweilen.

MYTHOLOGIE UND LEGENDE: Nicht nur wir Sterblichen, auch Götter brauchen ein Zuhause. In vielen alten Kulturen wurden Bäume – Symbole der Unsterblichkeit – als ihr Sitz verehrt. Andere Religionen sahen den Berg als Götterthron: die Griechen den Olymp und die Israeliten den Berg Sinai. Nordische und keltische Legenden betonen – vielleicht klimabedingt – den Bau von Götter- und Heldenfesten, um ein Volk zu schützen. So lässt der berühmte König Artus seinen glänzenden Ritterhof Camelot als Zeichen der Zivilisation und des Friedens errichten. Der nordische Gott Odin gibt die Burg Walhall – was wörtlich »Schlachtenhalle« heißt – bei den mächtigen Riesen in Auftrag.

---

PARTNERSCHAFT: beim Partner angekommen sein, sich wohl fühlen
BERUF: Berufung, Selbständigkeit, Arbeit daheim
FINANZEN: gesichertes Basiseinkommen
GESUNDHEIT: stabiles Wohlbefinden
SPIRITUALITÄT: Bau des privaten Heiligtums
ALS PERSON / TEMPERAMENT: stabil, sicher, schützend
ALS EREIGNIS: keine Veränderung in Sicht
ALS GEFÜHL: Sicherheit, angekommen sein
ZEITQUALITÄT: beständig
ASTROLOGISCHE KORRESPONDENZ: 4. Haus, regiert von Krebs

Diese Karte hat eine besondere Verbindung zu *Dieb, Falschheit, Feind, Fröhlichkeit, Hoffnung, Verlust* und kann mit den Kipperkarten *Haus, Wohnzimmer, Arbeit. Beschäftigung* sowie der Lenormandkarte *Haus* verglichen werden.

DEINE EIGENEN SCHLÜSSELWORTE:

KNOBELFRAGE: Welche Personenkarte würdest du gern ins *Haus* einladen?

# Heirat

**Heirat**    **marriage**
**mariage**    **nozze**
svadba      házasság

DAS EHEVERSPRECHEN steht für eine verbindliche Vereinigung im privaten oder beruflichen Bereich – freundschaftlich, finanziell, politisch: Alles ist möglich. Die *Heirat* macht diese Verbindung auch dem Umfeld sichtbar. Manchmal können auch mehr als zwei Personen an der Partnerschaft beteiligt sein.

WIR SEHEN: Die feierliche kirchliche Trauung eines jungen Paars. Die beiden Liebenden knien vor dem Speisegitter beim Altar. Das Ja-Wort scheint bereits gesprochen, denn der Schleier der Braut ist zurückgeschlagen und der Geistliche im prunkvollen Ornat segnet gerade das mutige Vorhaben einer Verbindung, »bis der Tod sie scheidet«.

SYMBOLIK: Der Fokus der Karte liegt hier völlig auf dem Paar und dem segnenden Priester. Wieder fällt auf, dass es zwischen der Verliebtheit von *Geliebter* und *Geliebte* und dem trauernden Paar *Witwer* und *Witwe* keine Karte zum Beziehungsalltag gibt. Stattdessen beschränken sich die »Zigeuner« auf die Trauung: die Formalisierung einer Beziehung. Hier »trauen« sich zwei etwas, denn das öffentliche Gelöbnis »Ja, ich will!« bedeutet Ernst des Lebens, Verantwortung und Anerkennung gesellschaftlicher Konventionen. Der goldene Hintergrund und das violett-goldene Priestergewand zeigen, dass auch höhere Mächte diese Ehe gutheißen. Jede Eheschließung bedeutet auch immer eine Einweihung, die spirituelle Verbindung zweier Seelen, die miteinander wachsen wollen. Der braune, erdfarbene Boden zeigt, dass an der perfekten Beziehung gearbeitet werden muss. Das Paar ergänzt sich hervorragend– die Braut im unschuldigen Weiß mit einem üppigen Strauß Lilien und der Bräutigam im starken Schwarz.

MYTHOLOGIE UND LEGENDE: Aschenbrödel und ihr Prinz, Pamina und Tamino, Salomon und die Königin von Saba, Amor und Psyche – die besten Märchen und Mythen, aber auch das wirkliche Leben – feiern stets die Hochzeit eines wahren »Traumpaares« – polar angelegt und perfekt zusammenspielend. Zumeist verkörpert die Frau dabei die sich hingebende Seele und der Mann die drängende Erfahrung. Erst in der Verbindung werden sie vollkommen. In der alchemistischen Tradition wird dies gern mit dem Begriff der *Chymischen Hochzeit* umschrieben. Dies ist der Titel eines anonym veröffentlichten Werks von 1616, in dem neben anderen Schriften das Manifest der damals entstehenden Gesellschaft der Rosenkreuzer zu finden ist. Aus dieser gingen viele andere Geheimorden hervor. Das Buch beschreibt die Vereinigung der polaren Gegensätze zu einem androgynen Wesen, nötig zur Geburt von etwas Neuem, in hermetisch-alchemistischer Symbolsprache: »Des Mondes Schein wird sein wie der Sonnenschein, und der Sonnen Schein wird siebenmal heller sein als jetzt« – womit die »coniunctio« der männlichen Sonne mit dem weiblichen Mond gemeint ist.

PARTNERSCHAFT: Netzwerk zu Verwirklichung einer Vision
BERUF: verstärkte Identifikation mit Beruf
FINANZEN: mit Geld wird eine Verbindung eingegangen
GESUNDHEIT: ganzheitliche Herangehensweise ans Thema
SPIRITUALITÄT: Sehnsucht nach Verbindung mit dem Höheren Selbst
ALS PERSON / TEMPERAMENT: verbindlich, ausgleichend
ALS EREIGNIS: Vertrag, Verpflichtung, Übernahme von Verantwortung
ALS GEFÜHL: verbindlich, harmonisch, ausgeglichen
ALS ZEITQUALITÄT: langfristig anhaltend
ASTROLOGISCHE KORRESPONDENZ: 7. Haus, regiert von Waage

Diese Karte hat eine besondere Verbindung zu den Karten *Brief, Fröhlichkeit, Geliebte, Geliebter, Haus, Witwe, Witwer* und kann mit der Kipperkarte *Ehestandskarte* und den Lenormandkarten *Park* und *Ring* verglichen werden.

DEINE EIGENEN SCHLÜSSELWORTE: _____

KNOBELFRAGE: Welche Karte weist mit der *Heirat* auf künstlerische Verbindungen hin? _____

69

# Hoffnung

Hoffnung     hope
espérance    speranza
nada           remény

**NUR NICHT DEN MUT VERLIEREN** – in einer unangenehmen Situation weist diese Karte auf eine Wendung zum Guten hin. Dafür ist allerdings Durchhaltevermögen, Visionsgeist und Realitätssinn geboten. Wir haben die Erlaubnis zu hoffen, wenn wir im Hier und Jetzt verankert bleiben.

**WIR SEHEN:** Die griechisch-römische Göttin Spes in altertümlicher Toga verkörpert hier das Prinzip Hoffnung. Mit ihrer Rechten streut sie Rosen, links hält sie einen Anker aufrecht. Im Hintergrund segelt ein Schiff durch das bewegte Meer, über dem sich dicke Wolken zusammenziehen.

**SYMBOLIK:** Die *Hoffnung* ist eine deutlich spirituelle Karte. Die Reise über das Meer – das sowohl auf unsere Seele als auch auf unsere Emotionen verweist – bestätigt das.

Ein Schiff zieht mit gesetzten Segeln übers bewegte Meer. Ob es nun aufgebrochen ist, um Handel zu treiben, zu erobern, zu forschen oder einfach Abenteuer zu erleben – es ist ein Symbol für ausgesandte Wünsche oder angestoßene Aktionen, deren Erfolg derzeit nicht absehbar ist. Schließlich kann ein Schiff auf dem unbeständigen Meer kentern, auch wenn es nicht wirklich danach aussieht. Es ist also gut, dass Spes selbst vom sicheren Ufer aus den Aufbruch mit drei Rosen – mit Körper, Geist und Seele – segnet. Der von ihr gehaltene Anker zeigt, dass es sich hier um Sehnsüchte oder Taten handelt, die weder uferlos noch unrealistisch, sondern in der Realität »verankert« sind. Somit fordert diese Karte dazu auf, zwar stets auf dem Boden der Tatsachen zu bleiben, aber dennoch der eigenen Vision zu vertrauen und ihr treu zu bleiben, auch wenn es dafür manchmal etwas zu riskieren gilt.

MYTHOLOGIE UND LEGENDE: »Die Hoffnung stirbt zuletzt« – nach diesem Leitsatz lebt in der Literatur und im realen Leben gerade das weibliche Geschlecht – und oft ist das Motiv der aufs Meer schauenden Frau visueller Ausdruck für dieses Lebensgefühl. Spontan fallen zwei nordische Beispiele ein: die auf ihren Peer Gynt ein Leben lang ausharrende Solveig oder Nis Randers Mutter in Otto Ernsts gleichnamiger Ballade. Bekanntestes und stilistisch zur Karte wohl am besten passendes Beispiel ist aber die spartanische Prinzessin Penelope, die als Gemahlin des Kriegshelden Odysseus zum Muster einer treuen Ehefrau wurde. Sie verstand es, während der Irrfahrten ihres Mannes ihre zahlreichen Freier zwanzig Jahre lang hinzuhalten, indem sie vorgab, an einem Totentuch zu weben, das sie heimlich immer wieder auftrennte. Ihre Treue wurde belohnt: Nicht nur, dass der lange totgeglaubte Gatte wirklich heimkehrte, ihr wurde am Ende ihres Lebens auch noch die Unsterblichkeit durch die Zauberin Circe verliehen.

PARTNERSCHAFT: Hoffnungen auf eine Partnerschaft sind real
BERUF: das Schiff segelt der Berufung entgegen
FINANZEN: finanzielle Vorstellungen sind fest verankert, also sicher
GESUNDHEIT: aufkommende Wolken halten sich nicht
SPIRITUALITÄT: Glaube, Liebe und Hoffnung führen zur Hingabe
ALS PERSON / TEMPERAMENT: Optimist, lebensbejahend, vertrauensvoll
ALS EREIGNIS: ein Zeichen rechtfertigt unsere Erwartungen oder eben nicht
ALS GEFÜHL: ruhig, meditativ, ausgeglichen
ZEITQUALITÄT: an die Zukunft denkend
ASTROLOGISCHE KORRESPONDENZ: 1. Haus, regiert von Widder

Diese hoffnungsschwangere Karte hat eine besondere Verbindung zu *Botschaft, Brief, Gedanken, Glück, Sehnsucht, Traurigkeit* und kann mit der Kipperkarte *Die Hoffnung. Großes Wasser* sowie mit den Lenormandkarten *Baum, Sonne* und *Anker* verglichen werden.

DEINE EIGENEN SCHLÜSSELWORTE: _____

KNOBELFRAGE: Welche Hoffnung setzen wir in den *Richter*?

# Kind

**Kind** baby
bébé **bambino**
dijete gyermek

**Das Kind** steht für optimistischen Neubeginn und spannende Zukunftspläne. Auch
Schwangerschaft und Nachwuchs können
Thema sein: Wachstum steht ins Haus – körperlich, geistig, seelisch. Die Karte warnt vor
Naivität und Gutgläubigkeit. Wir sollen in
uns hineinfühlen, Kontakt mit unserer Seele
aufnehmen und nachforschen, an welche
Themen in unserem Leben wir mit frischem
und unbefangenem Blick herangehen sollen.

**Wir sehen:** In einem bürgerlichen Wohnzimmer liegt ein Kind in einer mit
Rosen kunstvoll verzierten braunen Holzwiege – ruhig vor sich hindösend,
Schnuller im Mund. Der helle Tag, der durch das Fenster dringt, die weißen Vorhänge und der grüne Teppich, auf dem die Wiege steht, schaffen eine
zuversichtliche Stimmung. Auf dem Fenstersims gedeiht ein Rosenstock im
hellen Licht, an der Wand ist ein Bild auszumachen.

**Symbolik:** Eine Wiege wird gebaut, um durch ihre Schaukelbewegungen zu
beruhigen und Sicherheit zu vermitteln – somit steht sie für Geborgenheit und
Vertrautheit. Als »Wiege der Menschheit« kann sie – wie das in ihr schlafende
Baby selbst – auch den Beginn viel versprechender Neuanfänge symbolisieren.
Der grüne Teppich spricht ebenfalls vom Gedeihen unausgereifter Pläne und
Projekte. Dass sowohl Wiege als auch Boden braun sind, lässt darauf hoffen,
dass diese ausreichend geerdet und somit realistisch sind. Warum auch nicht
– das »Produkt« träumt ja bereits ganz real vor sich hin. Der Rosenstock weist
auf in die Wiege gelegte Talente hin. Die Rosen auf der Wiege, die an die Dor-
nenhecke des schlafenden Dornröschens erinnern, dienen als Schutz.

   Auffällig ist der schwarze Volant hinter dem Bett. Er wirkt im Kontrast
zum hellen Vorhang und der gelben Tapete wie ein dunkler Spiegel, der Raum
für alles Unbewusste, noch nicht im Licht stehende, lässt, oder wie ein Tor in

eine andere Welt – auch die der Toten. Dies gemahnt an den Spruch »von der Wiege bis zur Bahre« und eröffnet spirituelle Deutungsansätze der Karte: Im Wohnzimmer, Zeichen der Seele, schläft das »innere Kind«, das anders als wir Erwachsene mühelos zwischen der lichten und dunklen Welt reisen kann.

MYTHOLOGIE UND LEGENDE: Das in unseren kulturellen Breitengraden wohl berühmteste Baby ist das Jesuskind in der Wiege oder Krippe, das jedes Weihnachtsfest unter zahlreichen Tannen zu finden ist. Aber auch bei einem anderen Erlöserkind spielt ein beschützendes Behältnis eine wesentliche Rolle: Der Prophet Moses wird nämlich von seinen israelitischen Eltern in einem mit Pech versiegelten Weidenkorb auf dem Nil ausgesetzt, als der ägyptische Pharao, dem sie untertan sind, eine Kindesschlachtung androht (gleiches tat König Herodes übrigens als Jesus geboren wurde). Ironischerweise ist es die kinderlose Tochter des Pharaos, die das Kind findet, es fortan als ihr eigenes aufzieht und so völlig unerwartet den Israeliten zur Befreiung verhilft.

PARTNERSCHAFT: funktionierende Beziehungen bringen Wachstum
BERUF: Brainstormings, Keimzelle neuer Ideen und Projekte
FINANZEN: Investitionen, die sich langfristig auszahlen
GESUNDHEIT: Genesung, durchweg positiv
SPIRITUALITÄT: Spiritualität erhält neue Aspekte, die Altes hinterfragen
ALS PERSON / TEMPERAMENT: kreativ, unbefangen, naiv
ALS EREIGNIS: die Geburt, Neubeginn
ALS GEFÜHL: optimistisch, offen für Neues, lebendig
ZEITQUALITÄT: entwickelt sich langsam
ASTROLOGISCHE KORRESPONDENZ: 5. Haus, regiert von Löwe

Diese Wachstumskarte hat eine besondere Verbindung zu *Etwas Geld, Feind, Fröhlichkeit, Geschenk, Haus, Tod, Verdruss, Verlust* und kann mit der Kipperkarte *Ein kleines Kind* und der Lenormandkarte *Kind* verglichen werden.

DEINE EIGENEN SCHLÜSSELWORTE: _____

KNOBELFRAGE: Welche Karte macht das *Kind* erwachsen? _____

# Krankheit

**Krankheit malady**
**maladie malattia**
bolest betegség

**DAS KRANKENLAGER** weist auf nervliche Belastungen oder gesundheitliche Probleme hin, die zu einer momentanen Auszeit und Neuausrichtung zwingen. Dies kann Niedergeschlagenheit, Depression, Liebeskummer bis hin zur Bettlägerigkeit und Aufenthalt im Spital umfassen. Auch Glaubens- und Sinnkrisen finden in dieser Karte Ausdruck.

**WIR SEHEN:** Erschöpfung spricht aus dem Blick der Frau, von der nur Kopf und Hals sichtbar sind. Der Rest ihres Körpers ist unter weißem Nachthemd und straffen Laken und Decken verborgen. Das mit grünen Vorhängen umrahmte Fenster ist durch schwere Jalousien abgedunkelt. Auf dem Nachttisch steht Medizin bereit. Über dem Kopf der Frau befindet sich ein Bild.

**SYMBOLIK:** Obwohl die grünen Vorhänge wie starke Säulen Hoffnung symbolisieren, wirkt der ganze Raum hermetisch verriegelt und etwas einengend. Das reinliche Weiß des ordentlich aufgeschüttelten Bettes und der Kleidung sowie die Medikamente auf dem Nachttisch vermitteln jedoch behütete Pflege, Hilfe von außen und Heilung durch geistige Ruhe. Somit ist dies auch eine Karte der Therapie und – wie wir sie lieber betiteln würden – der *Gesundheit*.

Vielleicht hat die Frau sich selbst  bewusst oder unbewusst  von der Außenwelt abgeschottet, um mit sich ins Reine zu kommen. Die starke Betonung des Kopfes lässt nämlich auf Kopflastigkeit, nervliche Anspannung und hausgemachte Sorgen schließen. Allein, behütet und ungestört, kann sie derzeit nicht nur mit ihrem Höheren Selbst (weiße Farbe), sondern auch mit der Realität (braunes Bett, auf dem sie liegt) wieder Kontakt aufnehmen. Dass hier eine Genesende und kein Genesender dargestellt wird, bestärkt diesen Eindruck, da wir in ihr die ausgelaugte Seele erkennen können.

**MYTHOLOGIE UND LEGENDE:** »Gelobt sei die Krankheit, denn die Kranken sind ihrer Seele näher...« – schrieb Marcel Proust. Und der musste es wissen, denn der französische Schriftsteller war viele seiner Lebensjahre ans Bett gefesselt. Diesem Umstand verdanken wir sein phänomenales *Auf der Suche nach der verlorenen Zeit,* das wohl wie kein zweites Werk der Literaturgeschichte Emotionen so präzise analysiert und uns die Begrenzungen der Sprache spüren lässt. Die niedergebettete Dame erinnert uns aber auch an das Motiv der auf ihren Helden harrenden »Schlafenden Schönen«, dass uns in der Märchen- und Mythenwelt beispielsweise als Dornröschen, Psyche, Brünnhilde und Schneewittchen, aber auch in Prousts Epos in der Person seiner Geliebten Albertine begegnet. Neben dem Aspekt notwendiger Genesung und Heilung kommt so auch eine erotische Komponente – das Bedürfnis der ätherischen Seele, durch körperlichen Tatendrang erweckt und so ganz zu werden – mit ins Spiel.

**PARTNERSCHAFT:** Beziehung macht krank oder Krankheit gefährdet sie
**BERUF:** Symptome der Krankheit gefährden die Berufstauglichkeit
**FINANZEN:** Einkünfte »kränkeln«
**GESUNDHEIT:** kurze Krankheit, Depression, Notwendigkeit des Rückzugs
**SPIRITUALITÄT:** Tendenz, sich religiös in etwas hineinzusteigern, Wahn
**ALS PERSON / TEMPERAMENT:** Pessimist, kränkelnd, schwächlich
**ALS EREIGNIS:** Manifestation einer Krankheit
**ALS GEFÜHL:** deprimiert, unglücklich, ausgelaugt
**ZEITQUALITÄT:** sich Zeit nehmen
**ASTROLOGISCHE KORRESPONDENZ:** 12. Haus, regiert von Fische

Diese Karte der Auszeit hat eine besondere Verbindung zu *Sehnsucht, Tod, Traurigkeit, Witwe, Witwer* und kann mit der Kipperkarte *Kurze Krankheit* sowie der Lenormandkarte *Wolken* verglichen werden.

**DEINE EIGENEN SCHLÜSSELWORTE:** _____

**KNOBELFRAGE:** In Verbindung mit welchen Karten wird eine spirituelle Krise betont? _____

_____

# Liebe

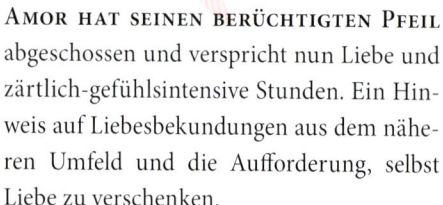

| Liebe | love |
|-------|------|
| amour | amore |
| ljubav | szerelem |

**Amor hat seinen berüchtigten Pfeil** abgeschossen und verspricht nun Liebe und zärtlich-gefühlsintensive Stunden. Ein Hinweis auf Liebesbekundungen aus dem näheren Umfeld und die Aufforderung, selbst Liebe zu verschenken.

**Wir sehen:** Der so unschuldig wirkende und doch so unberechenbare römische Liebesverwirrer Amor (oder Cupido) – klassisch als nur mit einem blauen Band bekleidete Putte samt Flügeln, Köcher und Bogen dargestellt – taucht aus einem schwarzen Kreis ins Schlaglicht und überflutet die Welt mit violetten Glücksstrahlen. Vier Herzen und acht Rosen umfliegen ihn. Von ihm und seinen Pfeilen wird niemand verschont: »Omnia vincet Amor« – die Liebe besiegt alles, ist sein Motto.

**Symbolik:** Violett – die Farbe mit der höchsten energetischen Schwingung – weist auf die Heiligkeit, Göttlichkeit und das Mysterium der Liebe ebenso hin wie auf ihre Rauschhaftigkeit und die Melancholie, in die sie uns stürzen kann. Die Romantik und Sehnsucht, die wir dank ihrer empfinden, spiegelt sich hier in den Herzen. Und dass die Liebe auch eine durchaus körperliche, erotische Komponente hat, wird von den sinnlichen, leidenschaftlichen Rosen betont.

Der geflügelte – also blitzschnelle und leider auch schwer greifbare – Amor ist mit Köcher und Bogen ausgestattet und scheint spielerisch einen Pfeil in die Luft geschossen zu haben: ein Symbol der Willkür und der Unfreiwilligkeit, mit der uns die Liebe oft ergreift, und auch der Schmerzen, die uns Verliebtheit bereitet – entweder, weil wir nicht zurückgeliebt werden oder weil wir uns plötzlich Gefühlen stellen müssen, mit denen wir nie gerechnet hätten. Auch der schwarze Kreis im Hintergrund zeigt es an – Amor taucht unerwartet aus dem Unbewussten auf und überlässt es den erstaunten Menschen, mit seiner Existenz klarzukommen.

MYTHOLOGIE UND LEGENDE: Woher stammt eigentlich Amor – oder Eros, sein griechisches Vorbild, der gerne mit Peitsche und Netz abgebildet wurde. Zumeist wird er als Sohn der Aphrodite oder Venus und ihrem Lieblingsgespielen, Kriegsgott Ares oder Mars gesehen. Krieg und Liebe sind schon immer eine produktive Verbindung eingegangen.

Wenig bekannt ist heutzutage, dass Eros laut dem Dichter Hesiod, neben Gaia (Erde) und Tartaros (Unterwelt) eine der drei göttlichen Mächte ist, die zu Anfang aller Zeitrechnung aus dem Chaos geboren wurden und den Reigen des Lebens eröffneten. Lange wird er als Jüngling dargestellt. Erst viel später, im Hellenismus, der Zeit der Nachahmung des klassischen Griechenlands, ist Eros als Kleinkind mit Pfeil und Bogen zu sehen – vielleicht um die Ironie der Liebe zu versinnbildlichen: Kleine Ursache zeitigt große Wirkung!

---

PARTNERSCHAFT: Beziehung basiert auf tiefer Liebe
BERUF: Liebe zum Beruf, Traumberuf
FINANZEN: liebevoller Umgang mit Geld
GESUNDHEIT: liebevoller Umgang mit Körper, Geist und Seele
SPIRITUALITÄT: geliebter Glaube, Berufung
ALS PERSON / TEMPERAMENT: liebevoll, optimistisch, berauscht
ALS EREIGNIS: sich verlieben
ALS GEFÜHL: verliebt sein, sich nach Zärtlichkeit sehnen
ZEITQUALITÄT: immer
ASTROLOGISCHE KORRESPONDENZ: 7. Haus, regiert von Waage

---

Diese Karte hat eine besondere Verbindung zu *Botschaft, Brief, Geliebte, Geliebter, Glück, Witwe, Witwer* und kann mit der Kipperkarte *Guter Ausgang in der Liebe* und den Lenormandkarten *Lilien* und *Herz* verglichen werden.

DEINE EIGENEN SCHLÜSSELWORTE:

KNOBELFRAGE: Welche Karte würde dich in Verbindung mit *Liebe* am meisten freuen?

# Offizier

Offizier     officer
officier     ufficiale
oficir     katonatiszt

**DER OFFIZIER** steht für Menschen in (Arbeits-)Uniform, Staatsdiener oder für bürokratische Umstände, die unser Leben beeinflussen. Wichtig für die zumeist willkommene Hilfe ist korrektes Verhalten in behördlichen und offiziellen Angelegenheiten oder mit Personen des öffentlichen Dienstes. Wir sollten überprüfen, ob wir uns derzeit wirklich ehrenvoll verhalten, und entscheiden, ob wir für unsere Vision offen kämpfen oder mit diplomatischem Geschick vorgehen.

**WIR SEHEN:** Im Park begegnen wir nach dem *Geliebten* wieder einem uniformierten Militär. Anders als der Husar wird er vollständig und mit der linken Hand auf seinen Säbel gestützt abgebildet. Kappe und Jacke weisen diesen dekorierten Würdenträger als einen Major der Sanitätstruppe der k. und k. Monarchie aus. Monokel und weiße Glacé-Handschuhe zeigen ihn als Mann von Welt, als einen gebildeter Staatsmann, der sein Land repräsentiert.

**SYMBOLIK:** Ein Offizier hat Führungsverantwortung und Befehlsgewalt. Somit kann er eine Person der Öffentlichkeit, der Politik und der Diplomatie sein. Lange konnte nur der Adel ein Offizierspatent erwerben. Doch zur Entstehungszeit der »Zigeuner« wurde auch weniger betuchter Elitenachwuchs an Schulen gefördert. Damit thematisiert die Karte neben Aufrichtigkeit und Ehre Bildung. Der hier dargestellte Staatsmann trägt eine blaue Jacke, um seine Treue zu unterstreichen. Auch steht er ebenso kerzengerade wie der Baum hinter ihm. Dies lässt vermuten, dass er aufrichtig und standhaft ist. Andererseits könnte es auch auf Erstarrung und Verkrampfung hinweisen, darauf, dass hier zwar der Soldatenkodex zitiert, nicht aber unbedingt eingehalten wird. Der weiße Hintergrund vermittelt Neutralität und Objektivität, ebenso wie Eiseskälte und Kalkül. Hier steht ein Mann, der durch sein Monokel auf dem rechten Auge genau observiert, bevor er – falls überhaupt – zuschlägt: Die linke, unbewusste Hand hält den in der Scheide befindlichen Säbel, während er in der rechten seinen abgestreiften Handschuh hält. Oder ist dies etwa ein Fehdehandschuh, und der Mann wartet nur noch auf den richtigen Moment, um uns wegen eines Ehrenhandels zum Duell herauszufordern?

MYTHOLOGIE UND LEGENDE: Legenden zu dieser Karte führen in die Welt des Films: *Ein Offizier und Gentleman, Gladiator* und *Eine Frage der Ehre* sind nur drei von zahlreichen Beispielen, die über Standhaftigkeit und Kodex des Militärs berichten. Möchten wir den Mythos geschichtlich weiter zurückverfolgen, müssen wir uns mit dem Ideal der Ritterlichkeit auseinandersetzen, über das wir beispielsweise sehr viel in Thomas Malorys mittelalterlichem Epos *Le Morte d'Arthur* erfahren können. Seine großen Offiziershelden – Lancelot, Gawain und Galahad – gehen auf ein noch früheres Ideal zurück: Sowohl Homer in der *Ilias* als auch Vergil in der *Aeneis* lobpreisen Hektor, den älteren Bruder des Paris, als Sinnbild der Ritterlichkeit und beschreiben seine Tötung durch den jähzornigen Achill als großen Verlust für die Zivilisation.

PARTNERSCHAFT: verlässliche und sichere Beziehung
BERUF: Vorgesetzter / Führungsfigur eines Teams
FINANZEN: wohlwollender Kreditgeber oder Sponsor
GESUNDHEIT: Person des Gesundheitswesens – Arzt, Heiler oder ähnliches
SPIRITUALITÄT: strukturierter Leiter einer spirituellen Gruppe
ALS PERSON / TEMPERAMENT: strukturierend, treu, autoritär
ALS EREIGNIS: sich zu etwas bekennen
ALS GEFÜHL: standhaft, loyal
ZEITQUALITÄT: langsam, aber stetig
ASTROLOGISCHE KORRESPONDENZ: 10. Haus, regiert von Steinbock

Diese Karte hat eine besondere Verbindung zu den Karten *Dieb, Feind, Gedanken, Geliebter, Treue, Witwer* und kann mit der Kipperkarte *Militärperson* und der Lenormandkarte *Bär* verglichen werden.

DEINE EIGENEN SCHLÜSSELWORTE:

KNOBELFRAGE: Welche Karten zeigen mit dem *Offizier* Führungsqualitäten?

# Reise

Reise journey
voyage viaggio
putovanje útazás

**EINE ZEIT DER ABWECHSLUNG** und (positiver) Bewegung: Veränderungen innerhalb des Heims, des Freundeskreises oder Horizonterweiterung sind jetzt Thema. Die Karte kann ebenso auf einen Besuch oder Umzug und selbstverständlich auch auf eine tatsächliche Reise hinweisen. Wir sollten uns nicht nur Ziele setzen, sondern sie auch umsetzen. Selbst auf die Gefahr hin, unbekanntes Terrain zu betreten und die Kontrolle zu verlieren. Es geht darum, Erfahrungen und Informationen zu sammeln, Vergangenes zu verarbeiten und Neues anzugehen.

**WIR SEHEN:** Eine Kutsche, gezogen von einem weißen und einem schwarzen Pferd, reist unter einem blauen Himmel an grünen Wiesen und bestellten Feldern vorbei. Über der entfernten Stadt ziehen sich Wolken zusammen. Der Kutscher treibt die Tiere mit der Peitsche an, so dass der Wagen in schneller Fahrt reichlich Staub aufwirbelt. Sein Blick ist auf uns gerichtet. Die in der Kutsche befindliche Frau wird wohl der gehobenen Gesellschaft entstammen, denn Reisen mit der Kutsche oder gar die Haltung einer eigenen war teuer.

**SYMBOLIK:** Gleichgültig ob die Dame aufbricht oder nach Hause zurückkehrt – wichtig ist die Bewegung. Sie hat ein Ziel anvisiert und die Zügel aus der Hand gegeben, kann nun abwarten, wie sich die Dinge entwickeln. Dabei war sie mutig genug, Vertrautes hinter sich zu lassen. Alles spricht von positiven Entwicklungen: das selbstbewusste Gelb der Kutsche, der klare blaue Himmel, die grünen Wiesen, der vereinzelte Baum, der wie so oft in den Zigeuner-Wahrsagekarten auf Erdung – also auf in der Realität verankerte Veränderungen – hinweist. Doch deuten Rappe und Schimmel an, dass es vorher noch Gegensätze zu vereinen gilt. Reisen stehen immer für Transformationen, die äußerlich und innerlich erlebt werden können. Die Kirchtürme weisen auf eine Fahrt durch die Seelenlandschaft hin. Doch kann natürlich auch eine intellektuelle oder körperliche Reise angesprochen sein.

MYTHOLOGIE UND LEGENDE: Für Karteninteressierte ist der Begriff der Reise des Helden inzwischen fast zum geflügelten Wort geworden. Aber schon in den Sagen der Antike wird deutlich, dass ein Mensch auf Reisen gehen muss, um persönliche Tiefen und Höhen am eigenen Leibe zu spüren: Odysseus, Jason, Herakles, Parzival oder der Jüngling, der auszog das Fürchten zu lernen: Sie alle sind an ihren Irrfahrten gewachsen oder – wie Thomas Manns Alterego, Schriftsteller Gustav Aschenbach, in der berühmten Novelle Tod in Venedig – daran untergegangen, weil sie die eigene Veränderung nicht bis zum Ende durchhalten konnten. Das Motiv der Reise betrifft aber nicht nur Individuen, sondern ganze Völker. Berühmt zum Beispiel die vierzig Jahre andauernde Wanderung des Volkes Israel durch die Wüste, in der eine Generation, die noch als Sklaven unter dem ägyptischen Pharao diente, starb und eine neue kriegerischere heranwuchs, um Jericho und viele andere Städte einzunehmen. Oder die Reise des trojanischen Helden Aeneas, der die wenigen Überlebenden seiner brennenden Heimatstadt sicher nach Italien brachte und so zum Stammvater des römischen Volkes wurde.

PARTNERSCHAFT: gemeinsame Richtung, Gemeinsames wird schnell erlebt
BERUF: schnelle Auffassungsgabe bringt Erfolg, temporeiche Berufe
FINANZEN: Finanzen verändern sich schnell
GESUNDHEIT: Gesundheit entwickelt sich schnell
SPIRITUALITÄT: plötzliche spirituelle Erfahrungen, meist von außen
ALS PERSON / TEMPERAMENT: risikofreudig, abenteuerlustig, flexibel
ALS EREIGNIS: Veränderung, Aufbruch
ALS GEFÜHL: sich unruhig fühlen, Fernweh haben
ZEITQUALITÄT: sehr schnell
ASTROLOGISCHE KORRESPONDENZ: 9. Haus, regiert von Schütze

Diese transformative Karte hat eine besondere Verbindung zu *Besuch, Hoffnung, Unverhoffte Freude* und kann mit den Kipperkarten *Eine Reise* und *Ein langer Weg* sowie der Lenormandkarte *Wege* verglichen werden.

DEINE EIGENEN SCHLÜSSELWORTE: _____

KNOBELFRAGE: Welche Karten könnten einen Aufbruch erzwingen? _____

# Richter

**Richter** judge
juge giudice
sudac biró

**DIE JUDIKATIVE, EIN RICHTER, ANWALT** oder einfach ein gerechter Mensch wird hier symbolisiert. Es ist Gerechtigkeit in einer Angelegenheit zu erwarten. Recht, Klarheit werden sich manifestieren, was jedoch nicht heißt, dass wir bekommen, was wir als gerecht erachten. Wir sollten uns weise verhalten und möglicherweise die eigene Lebenshaltung korrigieren. Der *Richter* steht auf unserer Seite, wenn wir richtig gehandelt haben. Selbst wenn alles und jeder gegen uns spricht. Denn eins ist sicher – ziehen wir ihn, werden wir bewertet.

**WIR SEHEN:** Die abgebildete Amtsperson steht aufrecht und würdevoll am Arbeitstisch, auf dem sich ein aufgeschlagenes Buch und eine Akte befinden. Mit offenem, direktem Blick schaut er an uns vorbei, wohl um denen, die vor ihn getreten sind, sein Urteil zu verkünden. Er flößt Vertrauen und Respekt ein. Im Hintergrund erkennen wir eine Statue der Justitia.

**SYMBOLIK:** Ein Richter verkörpert die gerichtliche Instanz, die unabhängig und unparteiisch Recht sprechen sollte. Der neutrale Hintergrund scheint dies zu gewährleisten. Der Richter fällt seine Urteile nach den gesellschaftlichen Gesetzen: Das aufgeschlagene Buch vor ihm sowie das kleinere Buch, in seiner rechten, aktiven Hand zeigen dies. Seine schwarze Robe weist darauf hin, dass er sich abzugrenzen versteht und so Objektivität wahren kann. Im Kontrast zum weißen Tisch vor ihm deutet sie aber auch auf ein »amtliches« Schwarzweiß-Denken hin, das Schattierungen von Wahrheit und ungewöhnliche Ansichten nicht zulässt. Dennoch – auch wenn er die linke, unbewusste Hand ballt – untersteht er der übergeordneten Gerechtigkeit und emotionaler Urteilssprechung, wie die kleine orange Statue der römischen Göttin Justitia zeigt, die sich über seiner linken Schulter wie ein Gewissen erhebt. Mit verbundenen Augen hält sie die Waage in der linken Hand: Denn wirkliches Recht wird ohne Ansehen der Person mit Gefühl und Verstand entschieden.

**MYTHOLOGIE UND LEGENDE:** Als Paradebeispiel des weisen Richters gilt der alttestamentarische König Salomon. Sein Urteil bezüglich des Streits zweier Frauen um ein Kind ist sprichwörtlich geworden. Der Menschheit übergeordnete Richtersprüchen finden wir in der *Offenbarung des Johannes* mit dem Jüngsten Gericht oder Armageddon. Christus richtet hier über die Lebenden und Toten: »Jeden nach seinen Werken!«, bevor ein neues Zeitalter eingeläutet werden kann. Ähnliche Gedanken enthalten viele große Weltreligionen, diese gehen wohl auf die Zeit des babylonischen und ägyptischen Gottkönigtums zurück. Besonders im Mittelalter wurde versucht, die Überparteilichkeit einer göttlichen Rechtsprechung durch das »Gottesurteil« oder »Ordal« zu garantieren: Ein übernatürliches Zeichen sollte die Entscheidung in einem Rechtsstreit herbeiführen. Dabei lag die Vorstellung zugrunde, höhere Gewalt greife in den Rechtsfindungsprozess ein, um den Sieg der Lauterkeit zu garantieren. Im deutschen Sagenschatz hat sich dies in der Legende vom Schwanenritter Lohengrin und seiner Elsa niedergeschlagen. Aber auch Walter Scott verwendet diese für uns bizarre Art der Rechtfindung in seinem berühmten Roman *Ivanhoe*.

---

**PARTNERSCHAFT:** gerecht zu sich und dem Partner sein
**BERUF:** sich weder ins Unrecht setzen, noch setzen lassen
**FINANZEN:** verantwortungsbewusst mit finanziellen Ressourcen umgehen
**GESUNDHEIT:** Gesundheit als höchstes Gut erkennen und danach handeln
**SPIRITUALITÄT:** wer gerecht handelt, wird vom Schicksal ebenso behandelt
**ALS PERSON / TEMPERAMENT:** gerecht, ehrlich, aufrichtig
**ALS EREIGNIS:** Prüfung, Bilanz
**ALS GEFÜHL:** sich ungerecht oder gerecht behandelt fühlen
**ZEITQUALITÄT:** jetzt
**ASTROLOGISCHE KORRESPONDENZ:** Saturn

---

Diese autoritäre Karte hat eine besondere Verbindung zu *Beständigkeit, Offizier, Treue, Witwer* und kann mit den Kipperkarten *Gericht* und *Gerichtsperson* und den Lenormandkarten *Rute* und *Sense* verglichen werden.

**DEINE EIGENEN SCHLÜSSELWORTE:** _____

**KNOBELFRAGE:** Welche Karte weist darauf hin, dass du derzeit gerecht bist?

# Sehnsucht

Sehnsucht     desire
désir     bramosia
čežnja     vágy

EINE KARTE DER ERWARTUNG und des Abwartens, wir befinden uns in einem Übergangsstadium, gehen mit neuen Plänen schwanger. Ein Wunschbild ist noch unbenennbar, nicht genau definiert. Gefühle müssen erst beobachtet, das eigene Potential ausgelotet und Realisierungschancen geklärt werden. Doch sollten wir nicht auf unbestimmte Zeit in unrealistischen Phantasien und Tagträumen verharren.

**WIR SEHEN:** Eine in altrosa gekleidete, elegante Dame zeigt uns ihren Rücken. Sie steht an einem Balkonfenster, dessen reich bestickte Vorhänge in Gold und zartem Blau auf Wohlstand schließen lassen, und blickt über Baumwipfel hinaus auf eine goldene Dämmerstimmung. Ein Schemel und die Balustrade verwehren uns die Sicht auf das, was sie interessiert.

**SYMBOLIK:** Ein Hauch Melancholie, unabdingbarer Bestandteil der leider nie ganz greifbaren, diffusen *Sehnsucht,* schwingt im schwarzen Taillenband und in den dunklen Schatten unten im Bild mit: Oft sehnen wir uns nach etwas, was unerreichbar scheint. Doch stärker fällt das Altrosa des Kleides ins Auge. Es steht für Optimismus, Leichtigkeit und echte Herzensqualitäten, allerdings auch für Verblendung und rosarote Wolken. Nicht nur durch diesen Kontrast fasst die Karte Höhen und Tiefen der Sehnsucht – das innige, schmerzliche und manchmal krankhafte Verlangen nach etwas oder jemandem – in ein vielschichtiges und doch einfaches Bild. Wir spüren die Anspannung, mit der die Dame den Vorhang hält, auch wenn der Griff mit links darauf hinweist, dass sie sich dessen nicht vollkommen bewusst ist. Ihre Hinwendung zur Dämmerung draußen – die Morgen, also Aufbruch und Zukunft, ebenso wie Abend, also Nostalgie und Vergangenes, symbolisiert – lässt sie sich von uns und der Gegenwart abwenden. Mit der Rückenansicht bedienen sich die Zigeuner-Wahrsagekarten übrigens eines klassischen Kunstgriffs der Malerei: Eine vom Betrachter abgewandte Person fordert dazu auf, sich in sie hineinzudenken und die Dinge aus ihrer Perspektive zu betrachten, wie zum Beispiel im berühmten Gemälde Caspar David Friedrichs *Der Wanderer über dem Nebelmeer.* Somit fordert uns diese Karte explizit auf, unsere eigenen Sehnsüchte zu formulieren.

MYTHOLOGIE UND LEGENDE: Sehnsucht heißt auf altgriechisch *Himeros* und ist auch der Name des Gottes, der sie personifiziert. Wie auf dem berühmten Bild *Die Geburt der Venus* von Sandro Botticelli wird Gott Himeros oft gemeinsam mit Eros als Begleitung der Liebesgöttin Aphrodite dargestellt. Laut der Legende kamen die beiden in die Welt, nachdem sich die mutigen *Androgyne,* Mischwesen mit männlichen und weiblichen Zügen, gegen Göttervater Zeus erhoben. Nach ihrer Niederschlagung spaltete er sie in zwei Hälften, eine männliche und eine weibliche. Auf diese Weise konnte er auch ihre Kraft halbieren. Die so entstandenen Menschen können seither ihre Ganzheit nur durch den Liebesgott Eros oder eben Himeros wiedererlangen.

---

PARTNERSCHAFT: Hoffnung auf Partner, der undefinierte Wünsche erfüllt
BERUF: Sehnsucht nach undefinierter Tätigkeit
FINANZEN: Hoffen und Bangen um ungeklärte finanzielle Aussichten
GESUNDHEIT: unbestimmte Hoffnung auf Gesundung
SPIRITUALITÄT: Spiritualität herbeisehnen
ALS PERSON / TEMPERAMENT: passiv, verträumt, unrealistisch
ALS EREIGNIS: ein Wunsch wird ausgelöst
ALS GEFÜHL: »das kann doch nicht alles sein«
ZEITQUALITÄT: Stagnation
ASTROLOGISCHE KORRESPONDENZ: Mond

---

Diese gefühlsschwangere Karte hat eine besondere Verbindung zu *Geistlicher, Hoffnung, Traurigkeit* und kann mit der Kipperkarte *Erwartung* und den Lenormandkarten *Mond* und *Fische* verglichen werden.

DEINE EIGENEN SCHLÜSSELWORTE: _____

KNOBELFRAGE: Mit welchen Karten steht die *Sehnsucht* für sexuelle Wünsche?

# Tod

**Tod death**
**mort morte**
smrt halál

**DER TOD** in den Karten repräsentiert nicht automatisch körperliches Dahinscheiden, auch wenn er darauf hinweisen kann, sich mit Tod und Sterblichkeit auseinanderzusetzen. Doch wesentlicher ist jetzt ein tiefgreifender Umwandlungsprozess, der mit Abschied, Trauern und Loslassen verbunden ist. Diese Transformation kann viele Bereiche unseres Lebens betreffen: abgestorbene Gewohnheiten, Gedanken- und Gefühlsmuster, Tätigkeiten, Menschen und Orte, die wir hinter uns lassen müssen, um uns weiterzuentwickeln und Neues zu erleben.

**WIR SEHEN:** Der Tod herrscht hier ganz klassisch als *Knochenmann,* ein verhülltes Skelett mit Stundenglas, über eine verdorrte, winterliche oder sumpfige Nachtlandschaft. Ein kahler Baum ist links hinter ihm zu sehen. Alles in allem ein recht apokalyptisches Szenario.

**SYMBOLISCHES:** Das Skelett weist darauf hin, dass zwar alle Äußerlichkeiten vergänglich sind, aber die Struktur des Körpers, also unsere Essenz, bleibt. Der leere Blick des Totenkopfes wendet sich ab vom noch vollen Stundenglas und geht nach rechts: Das Unbewusste, das reichlich Zeit hat an die Oberfläche zu dringen, fixiert das Bewusste. Die rechte Hand ist im schmutzigweißen Leichenkleid verfangen und somit bewegungsunfähig: Gegen die natürlichen Stirb- und Werdeprozesse sind wir machtlos. Derzeit liegt die Landschaft brach und der Baum hat seine Blätter verloren. Doch diese Zeiten der Kompostierung und Kahlheit sind absolut notwendig, damit Fruchtbarkeit immer wieder entstehen kann.

Vertrauen darauf, dass der Tod nur in unser Leben tritt, wenn eine Veränderung notwendig ist, kann in den oft als radikal empfundenen Zeiten des Sterbens weiterhelfen. Je bewusster wir uns auf diesen Prozess einlassen, umso leichter werden wir die Notwendigkeit ständigen inneren und äußeren Wandels, des Sterbens um zu leben, zulassen können.

**Mythologie und Legende:** Der Tod als Gevatter Tod oder Bruder Hein ist besonders im Mittelalter ein wichtiges Motiv, uns geläufig aus dem *Totentanz* und dem *Jedermann*. Auch im Volksmärchen begegnen wir ihm. Eine der eindrücklichsten Erzählungen um ihn lautet *Gevatter Tod*. In ihm sucht ein armer Mann für sein 13. Kind einen Paten. Doch schlägt er sowohl das Angebot Gottes, der den Reichen gibt und die Armen hungern lässt, als auch das des Teufels, der uns betrügt und verführt, aus. Auf den Tod, der alle gleich macht, fällt seine Wahl. Der macht sein Patenkind zu einem berühmten und reichen Arzt, der jeden heilen kann, wenn er seinen Paten beim Kopf, nicht aber bei den Füßen des Patienten sieht. Als die Königstochter schwer erkrankt und dem Retter zur Frau versprochen wird, betrügt dieser seinen Wohltäter. Der Tod sieht es ihm einmal nach, beim zweiten Mal aber holt er ihn und zeigt ihm in einer Höhle die Lebenslichter der Menschen. Seines ist gerade am Erlöschen. Auf sein Bitten holt der Tod zum Schein ein neues Lebenslicht, aber lässt vor dem Anzünden das Reststück umfallen und der Arzt stirbt: Für die Erhaltung des Lebens muss dem Tod Tribut gezollt werden.

---

**Partnerschaft:** alte Partnerschaften werden weniger wichtig
**Beruf:** alte unwichtige Arbeiten enden, Platz für neue aufregende Aufgaben
**Finanzen:** Schaden durch unvorsichtige Transaktionen und Spekulationen
**Gesundheit:** innerliches Loslassen von Krankheit führt zu Gesundung
**Spiritualität:** Zuwendung zur Spiritualität lässt alte Ansichten sterben
**Als Person / Temperament:** ernsthaft, pessimistisch, leidend
**Als Ereignis:** Veränderung, Umwandlung
**Als Gefühl:** Loslassen, Abschied nehmen
**Zeitqualität:** immer im Wandel
**Astrologische Korrespondenz:** Pluto

---

Diese Karte hat eine besondere Verbindung zu den Karten *Geistlicher, Kind, Krankheit, Unglück, Witwe, Witwer* und kann mit der Kipperkarte *Ein Todesfall* und den Lenormandkarten *Sarg* und *Sense* verglichen werden.

**Deine eigenen Schlüsselworte:** _____

---

**Knobelfrage:** In Verbindung mit welchen Karten ist der *Tod* angenehm?

# Traurigkeit

Traurigkeit sadness
tristesse tristezza
tuga szomorúság

DIE MELANCHOLISCHE FRAU symbolisiert Enttäuschung und düstere Seelenstimmung. Kummer, Zweifel oder Verlustängste müssen verarbeitet werden, bevor es mit Optimismus weiter gehen kann. Den Kopf zu heben und unangenehme Gefühle zuzulassen und zu verarbeiten, ist dabei der erste Schritt. Wer es schafft, über die Mauer der Terrasse zu blicken, hat rosige Aussichten.

WIR SEHEN: Auf einer ummauerten, das Dach von Säulen gestützten Steinterrasse mit auffälligem Schachbrettboden sitzt eine junge Dame auf einer Steinbank und stützt sich mit der linken Hand. Sie scheint romantischen Gedanken nachzuhängen, denn sie hält eine Rose in der Rechten und den Kopf gesenkt, anstatt auf die Landschaft hinter sich zu blicken. Doch trotz aller Melancholie ist der Himmel klar.

SYMBOLIK: Die zwei Säulen im Hintergrund wirken wie ein Fenster- oder Bilderrahmen, der die Büste der Dame einrahmt. Wie der schachbrettartige Boden weisen sie in ihrer Zweiheit auf die Polarität des Denkens und der Gefühle hin, andererseits lässt ihr Grau auf gedankliche Neutralität schließen. Jedem Argument, das wir entwickeln, stellt sich automatisch ein Gegengedanke oder -gefühl entgegen. Dabei ist die personifizierte Traurigkeit mit einem einzigen starken Ast im Hintergrund auf eine Gedankenlinie und auf Geradlinigkeit konzentriert. Auch ihre zurückgelehnte Pose und das Festhalten der linken Hand am Stein zeugen von wenig Flexibilität und Aktivität. Hier sind innere Prozesse am Wirken, die zur Heilung der traurigen Stimmung führen können. Dies lässt sich aus dem rosigen Horizont und dem goldenen Kleid schließen, Farben, die für bedingungslose Liebe, Zugang zum Höheren Selbst, für Treue, aber auch für Verblendung stehen können.

**Mythologie und Legende:** Traurigkeit kann ein äußerst kraftvoller Katalysator für Bewegung und Veränderung sein. So schaffte es die ägyptische Göttin Isis trotz ihrer Trauer um ihren geliebten Gatten Osiris, der von seinem eigenen Bruder ermordet und zerstückelt worden war, seine entlang des Nils verstreuten Glieder wieder einzusammeln und zusammenzusetzen, um ihren gemeinsamen Sohn Horus zu zeugen, der seinen Vater rächen konnte. Oder die griechische Fruchtbarkeitsgöttin Demeter machte die Trauer über die Entführung ihrer jungfräulichen Tochter Persephone durch den Todesgott Hades so kreativ, dass sie die Jahreszeiten erfand, um die Freigabe ihrer Tochter erfolgreich zu erzwingen.

---

**Partnerschaft:** kleine Enttäuschungen hinterfragen Sinn der Beziehung
**Beruf:** geringe Motivation, Gespräche mit Fachleuten können helfen
**Finanzen:** ein schlechter Ratgeber, der zu Verlusten führt
**Gesundheit:** Hinweis auf Depression möglich
**Spiritualität:** Basis für erfüllte Spiritualität ist nicht gegeben
**Als Person / Temperament:** melancholisch, lethargisch, dünnhäutig
**Als Ereignis:** Enttäuschung, Desillusionierung, seelische Belastung
**Als Gefühl:** apathisch, passiv, unmotiviert
**Zeitqualität:** Stagnation
**Astrologische Korrespondenz:** 12. Haus, regiert von Fische

---

Diese trübsinnige Karte hat eine besondere Verbindung zu *Fröhlichkeit, Gedanken, Geliebte, Sehnsucht, Witwe* und kann mit den Kipperkarten *Trübe Gedanken, Traurige Nachricht, Gefängnis* und der Lenormandkarte *Berg* verglichen werden.

**Deine eigenen Schlüsselworte:** _____

---

**Knobelfrage:** Welche Karten motivieren die *Traurigkeit* zu neuer Tatkraft? _____

# Treue

**Treue**
**fidélité**
vjernost

**fidelity**
**fedeltà**
hüség

**DER HUND STEHT NEBEN TREUE** für feste Grundsätze, Glaubensstärke und Zuverlässigkeit. Dabei kann er eine Person, aber auch einen Zustand bezeichnen, der uns »treu« bleibt. Egal, ob dies nun positiv oder negativ scheint oder ist: So freut uns die Treue einer Krankheit oder eines lästigen Liebhabers, von negativen Einstellungen uns selbst oder Vorurteilen anderen gegenüber wenig. Die Karte ist auch Hinweis auf einen sicheren Arbeitsplatz oder eine gesicherte Existenz.

**WIR SEHEN:** Ein sanftmütiger rotbrauner Hund – wohl der als besonders zuverlässig geltende Bernhardiner – hält Wache an einem Grab. Dies scheint er schon längere Zeit zu tun, denn das Eisenkreuz ist von Rankpflanzen überwuchert. Die Stimmung ist zwielichtig und teilt das Bild in zwei Hälften: einen grauen vergeistigten Himmel und einen grünen Boden aus Gras.

**SYMBOLIK:** Das Bild illustriert die Volksweisheit, die den Hund als besten Freund des Menschen und Inbegriff der Treue über den Tod hinaus sieht. Steinsockel und kunstvoll verziertes Eisenkreuz – weitere Zeichen der Beständigkeit – unterstreichen diese Symbolik. Allerdings zeigt das Bild ebenso, dass Treue auch ein Nichtloslassen bedeuten kann – selbst von jemandem oder etwas, der oder das schon lange tot und begraben ist. Vielleicht aus Furcht vor einer unbekannten Zukunft? Das ist jedenfalls vorstellbar, berücksichtigen wir das graurosa Zwielicht, das die Karte bestimmt. Das Grün der Wiese und der zahlreichen Efeublätter spricht von Hoffnung und Vertrauen auf bessere Zeiten, schließlich herrscht kein Winter. Die Aufteilung des Motivs in eine geistige obere und eine irdische untere Hälfte betont das Thema des Glaubens an eine mögliche Verbindung zwischen diesen beiden Welten und an den Wunsch, mit unseren Toten Kontakt aufnehmen zu können.

MYTHOLOGIE UND LEGENDE: Der Hund gilt traditionell als sehr positives Symbol für die Jagd, für Schutz und Heilung. Besonders mit Jagdgöttinnen wie Artemis, Diana oder Epona war er immer eng verbunden. Gleichzeitig spielt die hier vorliegende Darstellung des Hundes als Grabwächter auf den mythologischen Cerberus, Hüter an der Schwelle zur Unterwelt, an. Den Treuegedanken verkörpert besonders Argos, der Hund des Odysseus. Als sein Herr inkognito nach 20-jähriger Abwesenheit heimkehrt, erkennt ihn nur dieser von ihm selbst aufgezogene Jagdhund, der alt und vernachlässigt auf einem Misthaufen dahinvegetiert und nicht mehr die Kraft hat, zu Odysseus zu kriechen. Doch erst die Wiederkunft seines Herrn ermöglicht es dem Tier in Frieden zu sterben. Verbunden mit dem Thema der Treue ist auch das der Zielstrebigkeit: Diese symbolisiert der Hund beispielsweise als Totemtier des berühmten irischen Helden Cuchulainn.

PARTNERSCHAFT: Partnerschaft ist auf den soliden Pfeiler der Treue gestellt
BERUF: Berufsehre, Ethik, loyal dem Beruf gegenüber
FINANZEN: nicht über die eigenen Verhältnisse leben
GESUNDHEIT: Gesundheit nicht überstrapazieren, ihr treu sein
SPIRITUALITÄT: Spiritualität oder Glauben nicht verleugnen
ALS PERSON / TEMPERAMENT: sich selbst treu, zuverlässig, loyal
ALS EREIGNIS: Routine, Beständigkeit wird getestet
ALS GEFÜHL: treu, nicht loslassen können,
ZEITQUALITÄT: festhaltend, unbeweglich
ASTROLOGISCHE KORRESPONDENZ: 2. Haus, regiert von Stier

Diese loyale Karte hat eine besondere Verbindung zu *Falschheit, Offizier, Richter, Witwe, Witwer* und kann mit der Lenormandkarte *Hund* verglichen werden.

DEINE EIGENEN SCHLÜSSELWORTE: _____

KNOBELFRAGE: Was ist der *Geliebten* treu? _____

# Unglück

Unglück  misfortune
malheur  disgrazia
nesreća  szerencsétlenség

**DAS BRENNENDE HAUS** kündet größere unerwartete Unannehmlichkeiten an. Ruhe bewahren! Vielleicht lässt sich der Ärger ja auch noch abwenden. Ist er allerdings nicht mehr vermeidbar, sollten wir uns ein Beispiel an den tapferen Feuerwehrleuten nehmen und uns den lodernden Flammen mutig entgegenstellen. Vielleicht ist mehr zu retten als auf den ersten Blick anzunehmen ist. Außerdem: Auf Katastrophen folgen auch wieder bessere Zeiten – das Rad des Lebens dreht sich beständig – und oft entpuppt sich ein Unglück im Nachhinein als Segen.

**WIR SEHEN:** Unglück wird hier durch ein brennendes, von dichtem Qualm umgebenes Haus versinnbildlicht. Der Brand hat die Bewohner im Schlaf überrascht. Es ist Nacht. Das Kind, das gerade von einer Zivilperson – vielleicht der Mutter – geborgen wird, trägt eine Schlafmütze und macht einen müden Eindruck. Zwei Feuerwehrmänner stürmen das Haus, bemüht den Brand zu löschen. Einer von ihnen trägt eine auffällige Feuerhacke.

**SYMBOLIK:** Zur Entstehungszeit der Zigeuner-Wahrsagekarten konnte ein Hausbrand ganze Viertel, ja sogar Städte ins Elend reißen. Auch wenn dies zumindest in Europa heute höchst selten passiert, zerstören beispielsweise plötzlich ausbrechende Waldbrände zahlreiche Existenzen auch auf unserem Wohlstandskontinent. Doch – Retten, Löschen, Bergen, Schützen – diese Hauptaufgaben der Feuerwehr, die bei dem Unglück alle Hände voll zu tun hat, zeigen uns, dass wir den Kampf gegen Unvorhersehbares auch bei hochschlagenden Flammen nicht aufgeben sollen. Allerdings lässt uns der Titel *Unglück,* also »ohne Glück«, vielleicht in Fatalismus verfallen. Schließlich ist das hier dargestellte Haus aus solidem Stein – offensichtlich mit Bedacht gebaut. Muss da nicht das Schicksal seine Hand im Spiel haben, wenn es dennoch zerstört wird? Keineswegs, denn Brände werden – anders als Naturkatastrophen – meist fahrlässig oder durch gezielte Brandstiftung herbeigeführt.

Haben wir selbst etwas zur Situation beigetragen – bewusst oder unbewusst? So wird das *Unglück* zur Karte der Eigenverantwortung und der Achtsamkeit unserem Umfeld und der Umwelt gegenüber. Auch betont das gerettete Kind, dass sich hinter jedem vermeintlichen Unglück auch ein Glück verbergen kann und etwas Neues aus der Zerstörung geboren wird.

MYTHOLOGIE UND LEGENDE: »Wen das Unglück aufsucht, der mag sich aus einer Ecke in die andere verkriechen oder ins weite Feld fliehen, es weiß ihn dennoch zu finden.«, beginnt das recht makabre Märchen *Unglück* aus der Sammlung der Brüder Grimm. Abgesehen von solchen Geschichten über wirkliche Pechvögel, sind auch tatsächliche und mythische Brände zur Legende geworden: Denken wir an die flammende Götterdämmerung der nordischen *Edda* oder an Troja, aus dem sich nur Aeneas mit seiner Familie retten konnte, um Rom zu gründen – die ewige Stadt, die einige Jahrhunderte später ebenfalls in Flammen aufging. Aber auch an den großen Brand von London, der 1666 vier Fünftel der englischen Hauptstadt zerstörte. So furchtbar all diese Brände auch waren – sie setzten oft einer im Verfall befindlichen Zivilisation ein Ende und schufen Raum für Neues auf vielen Ebenen.

PARTNERSCHAFT: ein Unglück kann sich in Glück wandeln
BERUF: Arbeitsunfall, Hinweis auf Berufsunfähigkeit
FINANZEN: momentane Anlagen überdenken
GESUNDHEIT: Gesundheit ist nicht der richtige Stellenwert zugewiesen
SPIRITUALITÄT: Glaube sollte hinterfragt und Neues zugelassen werden
ALS PERSON / TEMPERAMENT: aufbrausend, aggressiv, unberechenbar
ALS EREIGNIS: unerwartete, plötzliche Probleme mit Eigendynamik
ALS GEFÜHL: panisch, ängstlich, verzagt
ZEITQUALITÄT: sehr schnell, plötzlich
ASTROLOGISCHE KORRESPONDENZ: Uranus

Diese Karte hat eine besondere Verbindung zu *Dieb, Feind, Glück, Tod* und kann mit den Lenormandkarten *Wolken* und *Sarg* verglichen werden.

DEINE EIGENEN SCHLÜSSELWORTE: _____
_____

KNOBELFRAGE: Welche Karte verstärkt das *Unglück?* _____

# Unverhoffte Freude

Unverhoffte Freude
unexpected joy
joie imprévue    gioia inattesa
iznenadna sreća
váratlan öröm

»Unverhofft kommt oft!«, sagt der Volksmund. Und so sollten wir unbedarfter und neugieriger durchs Leben schreiten und zukünftigen Ereignissen und unserem Umfeld mit mehr Unbekümmertheit begegnen. Dann werden uns Freude und Geschenke in Aussicht gestellt. Die Karte ist ein sehr positives Omen, wenn wir immer offen für neue Chancen bleiben.

Wir sehen: Der junge Mann, dessen Zylinder nicht wirklich zu seinem restlichen Aufzug passt, hat gerade das große Los gezogen und ist auf einen Schatz gestoßen. Er befindet sich in freier Wildbahn, vielleicht unterwegs, denn der blaue, wolkenlose Himmel und die grünen Wiesen erinnern an die Karte *Reise*. Was für ein Glück, denn so hat er seine Satteltasche dabei, in der er die gefundenen Schätze mit Leichtigkeit fortschaffen kann.

Symbolik: Die gespreizten Beine fest auf dem Boden und in erdige Farben gekleidet – auch wenn Zylinder und lila Schleife unseren Glückspilz ein wenig zum Joker oder Narren der Zigeuner-Wahrsagekarten machen, scheint er dennoch eine gute Portion praktischen Lebenssinn, Selbstbewusstsein und Bodenständigkeit zu haben. Vielleicht ist die *Unverhoffte Freude* doch ein Resultat von Handlungen. Schließlich hat sich der Mann aktiv auf Reisen begeben, sogar in abgelegenen Winkeln gesucht, und nicht im stillen Kämmerlein darauf gehofft, dass ihm irgendwann ein Quäntchen Glück beschieden sei. Nicht Rang und Status – dies macht sein Aufzug deutlich –, sondern Pioniergeist und Flexibilität schaffen Glück und Lebensfreude. Darauf weisen auch Schloss und Dorf im Hintergrund hin.

Der Geldsack und die Schatztruhe können für vieles stehen, was sich auf einmal in unserem Leben materialisiert: eine gelungene Überraschung, ein

Karrieresprung oder eine spontane Liebesbekundung. Offensichtlich reicht es, mit offenen Augen, sensibel und aufmerksam, durchs Leben zu gehen, um eine günstige Gelegenheiten beim Schopf packen zu können.

**MYTHOLOGIE UND LEGENDE:** Das Bild erinnert an das Märchen von *Hans im Glück.* Aber auch *Die goldene Gans* und das rührselige *Die Sterntaler* kommen uns vielleicht in den Sinn. Gemein ist den Figuren aus allen drei Erzählungen, dass sie dem Leben und besonders dem Besitz mit Naivität oder gar Einfalt und Offenheit begegnen – und gerade dadurch ihr Glück finden. Auch der biblische Hiob wurde dafür belächelt, dass er an seinem Gottesglauben festhielt, obwohl der einst reiche und gesunde Geschäftsmann mit allen erdenklichen Schicksalsschlägen geplagt wurde. Seine Fähigkeit, seinen Glauben in allen Lebenslagen zu erhalten, wurde am Ende reichlich belohnt.

**PARTNERSCHAFT:** Vertrauen, Offenheit, das Zulassen von Glück und Liebe
**BERUF:** erfolgreicher Beruf wird durch unsere Talente zur Berufung
**FINANZEN:** Mut zum Risiko wird belohnt
**GESUNDHEIT:** beständige gute Gesundheit
**SPIRITUALITÄT:** schnelle Verbindung mit Höherem Selbst ist jetzt möglich
**ALS PERSON / TEMPERAMENT:** spontan, abenteuerlich, naiv
**ALS EREIGNIS: ÜBERRASCHUNG,** Erfüllung eines Wunsches
**ALS GEFÜHL:** voll Lebensfreude, optimistisch, unbeschwert
**ZEITQUALITÄT:** plötzlich und unerwartet
**ASTROLOGISCHE KORRESPONDENZ:** 1. Haus, regiert von Widder

Diese lebenslustige Karte hat eine besondere Verbindung zu *Etwas Geld, Geld, Glück, Reise* und kann mit den Kipperkarten *Unverhofftes Geld, Eine Veränderung, Zu hohen Ehren kommen* sowie der Lenormandkarte *Sonne* verglichen werden.

**DEINE EIGENEN SCHLÜSSELWORTE:**

**KNOBELFRAGE:** Was könnte dem *Richter* eine unverhoffte Freude bereiten?

# Verdruss

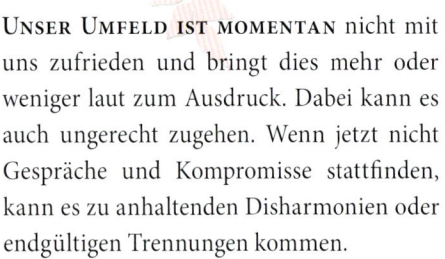

UNSER UMFELD IST MOMENTAN nicht mit uns zufrieden und bringt dies mehr oder weniger laut zum Ausdruck. Dabei kann es auch ungerecht zugehen. Wenn jetzt nicht Gespräche und Kompromisse stattfinden, kann es zu anhaltenden Disharmonien oder endgültigen Trennungen kommen.

WIR SEHEN: Eine in der heutigen Zeit fast normale Situation: Streit zwischen Arbeitgeber und Arbeitnehmer, schlechte Stimmung am Arbeitsplatz – auch wenn hier eine recht ungastliche Wohnstube dargestellt sein könnte. Ein Hinweis darauf, dass auch auf der Arbeit Privates stets Thema ist. Auffällig ist die offene Tür im Hintergrund, die den Blick auf raumgreifende schwarze Dunkelheit freigibt. Ein Bild an der Wand zeigt einen ausladenden Baum.

SYMBOLIK: Verdruss ist ein altes Wort für Ärger und beschreibt eine spontane innere und unangenehme Gefühlsreaktion. Die Karte beschreibt Gefühle des Ausgeliefertseins und der Entladung von Wut. Empört sich der beschürzte Handwerker gerade über Verfehlungen seines Lehrlings? Oder lässt er seine Aggressionen an einem hierarchisch und körperlich Unterlegenen aus? Anders als sein Chef, von dem er abhängig ist, muss der Lehrling seinen »Frust« unterdrücken. Selbst, wenn der raue Plankenboden das raue Arbeitsklima reflektiert und das Bild über seinem Kopf Ausdruck seiner Hoffnungen nach Freiheit, Wachstum und Sicherheit spiegelt. Die Geste des Arbeitgebers Richtung offene, düstere Tür sagt allerdings: »Was Freiheit und Abenteuer? Geh doch, wenn's dir nicht passt – ab in die ungewisse, unheimliche Zukunft!« Die Karte stellt die Frage nach unserer eigenen Kritikfähigkeit. Sie fordert uns auf, die Schuld nicht gleich bei anderen Menschen zu suchen. Anstatt zu projizieren, sollten wir uns eigene Fehler eingestehen und daraus Konsequenzen ziehen– im wahrsten Sinne des Wortes uns selbst zu meistern. Wie auch die anderen Karten, auf denen zwei Menschen abgebildet sind, können die beiden Männer natürlich auch zwei streitende Anteile unserer Persönlichkeit beschreiben.

MYTHOLOGIE UND LEGENDE: Vielleicht hat der Künstler beim Ausarbeiten des Motivs an den Koch in *Dornröschen* gedacht. Als der Prinz seine Prinzessin küsst, erwacht der mit dem gesamten Hofstaat aus dem Schlaf, nur um seinem Lehrling eine schallende Ohrfeige zu verabreichen, zu der er hundert Jahre zuvor ausgeholt hatte. Auch das Märchen vom *Tischlein deck dich,* in dem der jähzornige Vater seine drei Söhne aufgrund von Lügengeschichten der Ziege aus dem Haus treibt, findet sich hier wieder. Im *Verdruss* sind weniger Helden des Altertums versinnbildlicht als Geschichten vom Verhältnis zwischen Diener und Herrn. In der Literatur hat sich dieses Spannungsfeld, das zwischen Zuneigung und hilfloser Wut pendelt, unter anderem in Gestalten wie Robinson Crusoe und Freitag oder Don Quichote und Sancho Pansa niedergeschlagen.

PARTNERSCHAFT: Arbeit an der Beziehung ist notwendig
BERUF: mehr Engagement ist nötig oder Neuorientierung
FINANZEN: über eigene Verhältnisse und Möglichkeiten leben
GESUNDHEIT: Stress sollte dringend abgebaut werden
SPIRITUALITÄT: Glaube muss hinterfragt werden
ALS PERSON / TEMPERAMENT: kritisch, aggressiv, gestresst
ALS EREIGNIS: Streit, Kampf, Wutanfall
ALS GEFÜHL: unterdrückte Wut, Wunsch, sich auszudrücken
ZEITQUALITÄT: plötzlich
ASTROLOGISCHE KORRESPONDENZ: 6. Haus, regiert von Jungfrau,

Diese Karte der Irritation hat eine besondere Verbindung zu *Falschheit, Glück, Traurigkeit, Unglück, Verlust* und kann mit der Kipperkarte *Kummer und Widerwärtigkeiten* sowie der Lenormandkarte *Eulen* verglichen werden.

DEINE EIGENEN SCHLÜSSELWORTE: _____

KNOBELFRAGE: Welche Karten machen den *Verdruss* konstruktiv? _____

# Verlust

**Verlust**     **loss**
**perte**     **perdita**
gubitak     veszteség

VOM WORTSTAMM HER HAT VERLUST weniger mit VER als mit LUST zu tun. Wenn wir das Verlieren zulassen, lassen wir oft los, was nicht mehr wirklich zu uns gehört. Dennoch stehen die zwei Spieler für Unachtsamkeit und nachlässiges Handeln. Jetzt ist besonnenes Vorgehen und Überprüfung der eigenen Maßstäbe wichtig.

WIR SEHEN: Zwei bürgerlich gekleidete Herren vertreiben sich die Zeit am Spieltisch in einem eng wirkenden Raum. Der Herr in Weiß legt gerade sehr selbstsicher ein Ass auf den Tisch, was seinen Pfeife rauchenden Gegenspieler nachdenklich zu stimmen scheint. Vielleicht ahnt er das Ende einer Glückssträhne. Ironisch, dass gerade in einem Kartenspiel der *Verlust* mit dem Karten-Glücksspiel in Verbindung gebracht wird.

SYMBOLIK: Die Szene spricht mehrere Suchtthemen an: Alkohol, Tabak, Glücksspiel – damals wie heute gesellschaftlich akzeptierte Wege der Problemverdrängung. Die rosarote Tischplatte unterstreicht die Realitätsflucht. Beide Protagonisten bewegen sich nicht nur auf gleichem Niveau, das ganze Bild ist auf Spiegelung und Polarität angelegt: Zwei Gläser, zwei aufgedeckte Karten, ein heller und ein dunkler Mantel an der Garderobe, ein blonder und ein schwarzhaariger Spieler, fünf Karten in der jeweils entgegengesetzten Hand, wobei der Gewinner in spe mit der rechten, selbstbewussten Hand ausspielt. Hier wird mit der Figur des Doppelgängers gespielt; wir alle tragen Erfolg und Verlust gleichermaßen in uns. Warum betont der Kartentitel überhaupt das »Verlieren« und nicht das »Gewinnen«? Es ist doch noch gar nicht gesagt, wer hier der Verlierer ist. Dass beide erdfarbenen Mäntel hinter dem Mann in Weiß hängen, betont nämlich seine Bodenständigkeit und weniger seine Spiritualität. Der andere hingegen wird vom Grün der Tapete, Farbe der Hoffnung, aber auch des Neides, bestimmt. Der dreiarmige goldene Leuchter über ihm zeigt: gerade materieller Verlust kann erleuchtende Einsichten bringen.

MYTHOLOGIE UND LEGENDE: Das Motiv des Glücksspiels in Kombination mit dem des Doppelgängers, das eng mit dem Realitätsverlust und dem daraus resultierenden materiellen oder psychischen Ruin verbunden ist, war besonders im 19. Jahrhundert sehr beliebt. So zum Beispiel im *Spieler* von Fjodor Dostojewski, in *Pique Dame* von Alexander Puschkin, in diversen Geschichten von E. T. A. Hoffmann. In unseren Zeiten des Cyberspace, des Second Life und der Computerwelt der Avatare gewinnt dieses Thema wieder zunehmend an Aktualität – diesmal nicht für romantische Randgruppen, sondern für alle Schichten der Gesellschaft. Auch das Glückspiel findet sich in zahlreichen Legenden und Mythen thematisiert. Wotan erhält beispielsweise seinen Ring dadurch, dass sein listiger Helfer Loki den Nibelungen Alberich in eine Wette verstrickt. Und mit der gleichen Wette erringt auch der gestiefelte Kater für seinen Müllersohn die wertvollen Schätze eines Zauberers.

PARTNERSCHAFT: Spannungen und Verletzungen werden sichtbar
BERUF: bessere Entwicklungschancen durch Neuorientierung
FINANZEN: Geldverlust nach unangemessenem Gewinn
GESUNDHEIT: Krise ermöglicht langfristig höheren Lebensgenuss
SPIRITUALITÄT: alter Glaube weicht neuen, erfüllenden spirituellen Wegen
ALS PERSON / TEMPERAMENT: genusssüchtig, unvorsichtig, risikofreudig
ALS EREIGNIS: Fehlschlag, Verlust, Krise
ALS GEFÜHL: furchtsam, Kontrollverlust
ZEITQUALITÄT: plötzlich
ASTROLOGISCHE KORRESPONDENZ: Neptun

Diese instabile Karte hat eine besondere Verbindung zu *Besuch, Haus, Unglück, Verdruss* und kann mit der Lenormandkarte *Mäuse* verglichen werden.

DEINE EIGENEN SCHLÜSSELWORTE: _____

KNOBELFRAGE: Welchen *Verlust* erleidet der Kartenspieler auf der Karte?

# Witwe

**Witwe** widow
veuve vedova
udova özvegyasszony

TRADITIONELL STEHT DIE WITWE für eine reifere, einsame, allein erziehende, geschiedene oder verwitwete Frau. Sie kann auch eine Mutter, Tante, Schwiegermutter oder eine Dame mit Lebenserfahrungen sein. In Dreiecksbeziehungen ist sie »die andere«. Auf einer anderen Ebene symbolisiert sie die (gemeinsame) Einsamkeit und das Allein-sein.

WIR SEHEN: Eine Frau durchstreift einen einsamen Friedhof. Ihr schwarzes Trauergewand, das nur ihr Gesicht und die rechte Hand freilässt, erinnert an das einer Nonne. Zu ihrer Linken befindet sich eine hohe Säule, an der unten eine leuchtende Laterne angebracht ist. Im gold-grünen Hintergrund sind verschiedene Grabsteine zu erkennen. Auf einem davon – an einer Weggabelung befindlich – steht eine betende Heiligenfigur, den Kopf gen Himmel gerichtet. Dahinter ein gebeugter, fein verästelter Baum.

SYMBOLIK: Früher verloren Frauen durch den Tod des Gatten ihren Ernährer. Hatte er nicht vorgesorgt, blieb ihnen nur, sich in die Abhängigkeit von Verwandten oder eines neuen Partners zu geben. Auch wenn heute in unseren Breitengraden einer Witwe kein soziales Elend mehr drohen muss, fällt es Frauen weiterhin ungleich schwerer als Männern, von einer toten Liebe loszulassen und das Ende einer Beziehung anzuerkennen. Dies wird dadurch symbolisiert, dass die Witwe ohne Fokus – wie in ihrer Trauer gefangen – umherirrt. Dennoch unterstreicht das Bild die Kraft des Trauerns: Der gold-grüne Hintergrund und der fein verästelte, gesunde Baum weisen auf Spiritualität, Erfahrungsschatz und hoffnungsvollen Neuanfang hin. Die Heiligenfigur deutet geistigen Beistand an und die brennende Laterne im Vordergrund verdeutlicht, dass die Frau gerade in der Einsamkeit tiefe Erkenntnisse erfahren kann.

**MYTHOLOGIE UND LEGENDE:** Zwei sehr gegensätzliche Witwen-Typen werden in der Literatur beschrieben. So erzählt Euripides (und später Jean-Paul Sartre) in seiner erschütternden Tragödie *Die Troerinnen* äußerst eindrücklich davon, wie es den edlen gefangenen Frauen Trojas, Hekabe, Andromache und Kassandra, nach dem Fall ihrer Stadt und dem Tod ihrer Männer ergeht. Ihre Kinder werden vor ihren Augen getötet, sie selbst vergewaltigt und in die Sklaverei verschleppt – stellvertretend für so viele Kriegerwitwen in Legende, Geschichte und leider auch in der Realität. Kein Wunder, dass viele Witwen lieber – wie Brünnhilde nach Siegfrieds Tod – den Freitod wählten oder sich – wie in Indien auch heute noch üblich – mit ihrem toten Mann bei lebendigem Leib verbrennen ließen. Dies steht in scharfem Kontrast zur viel zitierten »Lustigen Witwe«, in Anlehnung an eine Operette von Franz Lehár, die stellvertretend für Frauen steht, die lieber auf dem Grab ihres Gatten tanzen. Ein weiterer Mythos rankt sich um die so genannte »Schwarze Witwe« – besonders in Kriminalromanen und -filmen (Theresa Russel und Isabel Adjani waren hier großartig) –, der spannende Charakter einer Ehemänner mordenden *Femme fatale.*

---

**PARTNERSCHAFT:** Sinn der Beziehung muss überdacht werden
**BERUF:** weibliche Vorgesetzte / Kollegin, oft feindlich gesonnen
**FINANZEN:** weibliche Intuition hilft bei finanziellen Geschäften
**GESUNDHEIT:** erfahrene Frau unterstützt Genesung
**SPIRITUALITÄT:** Kontakt mit weiblicher Seite führt zu Glauben
**ALS PERSON / TEMPERAMENT:** ruhig, besonnen, erfahren
**ALS EREIGNIS:** Trauer, Lernerfahrung, Isolation
**ALS GEFÜHL:** traurig, einsam, rückzugsbedürftig
**ZEITQUALITÄT:** langfristig
**ASTROLOGISCHE KORRESPONDENZ:** Venus

---

Diese nachdenklich stimmende Karte hat eine besondere Verbindung zu *Geistlicher, Geliebte, Sehnsucht, Tod, Traurigkeit,* und kann mit der Kipperkarte *Gute Dame* verglichen werden.

**DEINE EIGENEN SCHLÜSSELWORTE:**

**KNOBELFRAGE:** Von welchen Karten nehmen wir gern Abschied?

# Witwer

**Witwer**     **widower**
**veuf**       **vedovo**
udovac       özvegy férfi

DER TRAUERNDE, WEISSHAARIGE HERR symbolisiert reifere, einsame, allein erziehende, geschiedene oder verwitwete Männer. Dies kann auch ein Vater, Onkel, Schwiegervater – oder der Liebhaber einer gebundenen Fragenden sein. Auf einer anderen Ebene ist es ein Hinweis auf die bereits erreichte Lebenserfahrung und das Wissen in unserem Leben.

WIR SEHEN: Auch wenn die Grabinschrift auf der goldenen Plakette nicht zu erkennen ist: Das Bild suggeriert, dass der in schwarz gekleidete Bürgersmann vor dem mit Efeu umrankten Grabstein, einer länger verstorbenen Liebe einen Besuch abstattet. Nachdenklich und in sich gekehrt wirkt er, wie er mit gesenktem Haupt, Zylinder in den gekreuzten Händen, am Gedenkstein steht.

SYMBOLIK: Der Grabstein symbolisiert hier ein Objekt, Projekt oder eine Person, von der Abschied genommen wird. Etwas oder jemand ist unter die Erde gebracht und kann nun losgelassen werden. So wirkt die Trauer des *Witwers* aktiver und effizienter als die seines weiblichen Gegenstücks: Er hält vor einem Grab reflektierend und andächtig inne und kann sich danach wieder seinen Geschäften und dem Leben widmen. Wie bei der *Witwe* weisen aber auch hier das Gold und Grün des Hintergrunds auf spirituelle und hoffnungsvolle Möglichkeiten der Trauerarbeit hin – es ist eine Karte der Transformation, der Abschiednahme und des Neuanfangs. Das Alter des Grabsteins lässt darauf schließen, dass er dem Witwer als Ort der Besinnung dient, um über die Vergänglichkeit allen Seins zu sinnieren, was nicht zu Lethargie und Angst, sondern zur letztendlichen Bejahung des Lebens führt.

**Mythologie und Legende:** »Da der König nun ein Witwer geworden war und kein Witwer bleiben wollte, so nahm er sich eine andre Gemahlin.« – ein Zitat, das sich in vielen Märchen findet: Ob *Aschenbrödel, Schneewittchen, Allerleirau, Brüderchen und Schwesterchen* oder *Hänsel und Gretel* – Männer trösten sich hier immer recht schnell über den Tod ihrer Gattin mit einem neuen Weib hinweg – der oft bösen Stiefmutter. Dass es jedoch auch treue Witwer gibt, beweist die Legende vom »König in Thule« – der treu war, »bis an sein Grab«. Und nicht alle Stiefmütter sind bös – dies zeigt das wahre Märchen der berühmten Trapp-Familie, in der ein Witwer mit sieben Kindern das gemeinsame Glück in der Eheschließung mit dem jungen Kindermädchen findet.

**Partnerschaft:** gereifte und daher erfüllende Partnerschaft
**Beruf:** Erfahrungen helfen beruflich weiter
**Finanzen:** guter finanzieller Ratgeber
**Gesundheit:** erfahrener Mann unterstützt Genesung
**Spiritualität:** Kontakt mit männlicher Seite führt zu Glauben
**Als Person / Temperament:** selbstsicher, erfahren, beherrscht
**Als Ereignis:** Abgrenzung, Besinnung, Neuorientierung
**Als Gefühl:** kontrolliert, trauernd, besinnlich
**Zeitqualität:** beständig
**Astrologische Korrespondenz:** Mars

Diese selbstbeherrschte Karte hat eine besondere Verbindung zu *Gedanken, Offizier, Richter, Tod* und kann mit der Kipperkarte *Guter Herr* und der Lenormandkarte *Bär* verglichen werden.

**Deine eigenen Schlüsselworte:** _____

**Knobelfrage:** Welche Karten trifft der *Witwer* auf dem Friedhof an?

*Karteninterpretation …*

*vertieft sich durch die Praxisarbeit*

*W*enn du
beim Deuten
in die Tiefe
gehen willst,
musst du üben,
üben, üben.

Am besten
lernt es sich
gemeinsam mit
anderen.

# Einstieg in die Legepraxis

JETZT HAST DU ALSO DIE BEDEUTUNG EINER JEDEN KARTE ausführlich betrachtet und bist bereit, mit ersten kleinen eigenen Deutungen zu beginnen. Keine Angst, wenn dir noch nicht alle Einzelaussagen völlig geläufig sind. Übung macht schließlich den Meister! Als leichten Einstieg in die Legepraxis empfiehlt sich das Ziehen von so genannten »Tageskarten«. Parallel dazu solltest du immer wieder zu den »Bedeutungen der Karten« zurückkommen und einzelne Aspekte nachlesen.

Besonders wichtig ist dabei, dass du dir dort eigene Schlüsselworte zur Deutung notierst und sie nach und nach verinnerlichst. So machst du dir die Karten besonders schnell zu eigen. Spätestens jetzt sollte auch dein Kartentagebuch regelmäßig zum Einsatz kommen. Es wäre gut, wenn du hier deine gezogenen Tageskarten und deine Gedanken dazu protokollierst, damit du bei Bedarf auf sie zurückgreifen, über die Stimmigkeit gemachter Deutungen nachdenken und dein Deutungsvokabular allmählich ausbauen kannst. Ein interessanter Nebeneffekt: Wenn du rückblickend überprüfst, wie oft du die gleiche oder ähnliche Karten innerhalb eines Zyklus ziehst, wirst du feststellen, dass deine Aufzeichnungen alle Wahrscheinlichkeitsrechnungen Lügen strafen. Es ist nämlich nicht so, dass du irgendwann einmal alle Karten gleich oft gezogen haben wirst. Vielmehr ziehen wir sehr oft die gleiche oder sehr ähnlich gelagerte Themenkarten, bis wir das sie verbindende Thema bearbeitet haben. Wir Autoren ziehen regelmäßig seit vielen Jahren Tageskarten und haben manche Motive dabei noch nie in Händen gehalten.

## Tageskarten ziehen

Wie gesagt: Leichter kann der Einstieg in die Legepraxis kaum sein! Es reicht, täglich eine Karte zu ziehen und über ihre Bedeutung für dich an diesem Tag nachzudenken. So findest du spielerischen Zugang zu den verschiedenen Bedeutungsebenen. Voraussetzung dafür ist, dass du die Karten regelmäßig, möglichst eben täglich ziehst. Aber es ist auch durchaus denkbar, nur Wochen-, Monats-, oder gar Jahreskarten zu ziehen.

**ZWEI VERSCHIEDENE VORGEHENSWEISEN HABEN SICH BEI DIESER PRAXIS DURCHGESETZT:**

1. Plane jeden Morgen eine Viertelstunde für diese Übung ein, am besten, bevor du deine tägliche Routine beginnst. Setze dich an einen ruhigen Ort und mische die Karten nach deinem System (siehe FAQs zum richtigen Kartenmischen). Wenn du soweit bist, ziehe eine Karte auf die dir gewohnte Weise. Normalerweise wird beim Ziehen der Tageskarte keine Frage gestellt, aber es spricht nichts dagegen, wenn du eine formulierst, die dich bezüglich des bevorstehenden Tages beschäftigt. Betrachte die gezogene Karte und nimm dir Zeit, sie auf dich wirken zu lassen. Vielleicht möchtest du auch über sie meditieren. Notiere deine Eindrücke in deinem Kartentagebuch, bevor du dich wieder dem Alltag zuwendest. Versuche dabei möglichst viele Bedeutungsebenen zu berücksichtigen. Idealerweise nimmst du dir dann abends (oder am nächsten Morgen, bevor du deine neue Tageskarte ziehst) noch einmal einige Minuten Zeit, die Ereignisse und Eindrücke des Tages Revue passieren zu lassen und zu überprüfen, ob du mit deiner Intuition betreffs der Bedeutung richtig gelegen hast oder eine andere Ebene eher den Tag bestimmt hat.

2. Auch hier ziehst du eine Karte in einer ruhigen Minute am Morgen. Allerdings betrachtest du sie nicht, sondern lässt sie einfach außerhalb des Stapels umgedreht liegen. Durchlebe deinen Tag ganz normal und drehe die Karte erst abends um. Notiere dann deine Gedanken dazu wie oben beschrieben. Diese Variante ist eher für Menschen mit Geduld geeignet. Sie hat allerdings den großen Vorteil, dass du dich nicht von einer Karte im Alltag beeinflussen lässt. Oder dir gar von einem als negativ empfundenen Bild oder Schlüsselwort den Tag verderben lässt. Sie ist daher besonders dann zu empfehlen, wenn ein wichtiges Ereignis geplant ist: beispielsweise ein Bewerbungsgespräch, ein Blind Date oder der Besuch der Schwiegermutter. Es ist natürlich etwas ganz anderes, ob du in einen solchen Tag mit dem Wissen startest, die Karte *Unglück* gezogen zu haben, oder ob du dich, nachdem der Tag hinter dir liegt, entspannt mit den verschiedenen Deutungsebenen – den positiven wie auch den negativen – dieser Karte auseinandersetzen kannst. Der Nachteil dabei ist, dass diese Vorgehensweise das Aufstellen von Prognosen weniger fördert als die erste Methode.

UND WIE SIEHT DAS NUN IN DER PRAXIS AUS?

### Deutungsbeispiel 1

Die Karte *Gedanken,* gezogen von Kirsten

GENERELL STEHT DIE KARTE FÜR MICH FÜR:
- ✧ Brainstorming, Konzepte erstellen
- ✧ sich gedanklich im Kreise drehen
- ✧ zweifeln, sich Gedanken machen
- ✧ etwas ist noch nicht spruchreif

KONKRET FÄLLT MIR HEUTE DAZU EIN:
- ✧ reorganisiere gerade das Konzept für das Zigeuner-Kursusbuch
- ✧ grüble sehr, ob das alles so machbar ist

DIE KARTE KÖNNTE MICH AUFFORDERN:
- ✧ dringend die Gedanken zur Ruhe kommen zu lassen, zu meditieren
- ✧ spazieren zu gehen

### Deutungsbeispiel 2

Die Karte *Hoffnung,* gezogen von ROE

GENERELL STEHT DIE KARTE FÜR MICH FÜR:
- ✧ Vorstellungen und Wünsche konkretisieren sich hoffentlich
- ✧ Sehnsüchte und Visionen, die ich in die Welt sende

KONKRET FÄLLT MIR HEUTE DAZU EIN:
- ✧ beginne gerade wieder mit regelmäßigen Meditationen, um mich auf bestimmte Themen zu fokussieren

DIE KARTE KÖNNTE MICH AUFFORDERN:
- ✧ vertrauensvoller zu werden
- ✧ positiver zu denken

### Deine Deutung ist gefragt

Auch unseren Sohn Curt haben wir eine Karte ziehen lassen. Der Bube hat den *Offizier* als Tageskarte gezogen – wie würdest du das interpretieren?

GENERELL STEHT DIE KARTE FÜR MICH FÜR: _____

KONKRET FÄLLT MIR HEUTE DAZU EIN: _____

DIE KARTE KÖNNTE CURT AUFFORDERN: _____

Unsere Interpretation findest du im Lösungsteil.

# Karteninterpretation …

## verlangt Unvoreingenommenheit

*B*etrachte jede Auslage, als würdest du zum ersten Mal die Karten befragen.

Welches Detail zieht dich diesmal besonders an und was könnte das bedeuten?

# Kombinieren wie Nick Knatterton

ELEGANZ, SPÜRSINN UND ERFINDUNGSGEIST – das waren die Markenzeichen des legendären Meisterdetektivs Nick Knatterton, der zu Zeiten des Wirtschaftswunders die deutschen Lande unterhaltsam in Atem hielt. Die gleichen Schlagworte ermöglichen auch dir den schnellen Einstieg in die Kunst des Kombinierens – das A und O der Wahrsagekarten-Interpretation.

WARUM? Nun, für viele Ereignisse, Eigenschaften, Aktivitäten und Gefühle gibt es keine Karten bei den »Zigeunern«. So enthält das Deck zwar die Karte *Reise,* aber nicht die Bildungsreise, die *Krankheit,* aber nicht das Burnout, die *Eifersucht,* aber nicht den Stalker – solche exakteren Aussagen wie auch zeitliche Abläufe werden erst in der Zusammenschau von zwei oder mehreren Karten ersichtlich. Aus welchen sich die hier genannten Beispiele zusammensetzen, kannst du weiter hinten im Kapitel »Kombinationen zu Schwerpunktthemen« lesen.

NACHDEM DU DICH auf den vorherigen Seiten mit den Grundbedeutungen und Einzelaussagen aller 36 Karten in Theorie und Praxis vertraut gemacht hast, lernst du daher im Folgenden, wie sich Bedeutungen aus der Verbindung zweier Karten ergeben. Das Kombinieren mehrerer Karten – vor-, hinter-, neben- und übereinander – wird dir später im Legepraxis-Teil bei der Interpretation des Großen Blatts vermittelt. Zuvor wird das Training mit zwei Karten deinen Interpretations-»Vokabelschatz« sehr schnell erweitern, vorausgesetzt, du beherzigst einige einfache Regeln und bleibst flexibel genug, auch deine eigenen Deutungsideen einzubringen. Dadurch – und durch das weiterhin regelmäßige Ziehen der Tageskarte – werden sich dir die vielen verschiedenen Schichten und Nuancen der Kartenbedeutungen immer mehr erschließen. Und so – immer bezogen auf die Fragestellung – wirst du allmählich lernen, diese verschiedenen Ebenen voneinander zu trennen. Genau diese Hohe Kunst ist es, die Laien von Profis unterscheidet und dich zu einem Nick Knatterton des Kartenlegens macht.

# Kombiniere! Die Position entscheidet

ZWEI HERANGEHENSWEISEN AN DAS KOMBINIEREN SIND
ZU UNTERSCHEIDEN:
1. ZUR ANALYSE ZEITLICHER ABLÄUFE werden die Karten prinzipiell von
   links nach rechts gelesen. Dabei wird die linke Karte – die Vergangenheit oder der Ist-Zustand – von der darauf folgenden Karte – der Zukunft
   – verändert. Folgt beispielsweise der Karte *Liebe* die Karte *Verlust,* so wird
   die derzeitig gefühlte Liebe wohl verloren gehen. Kommt allerdings nach
   dem *Verlust* die *Liebe* rechterhand zu liegen, so scheint genau das Gegen-
   teil zu passieren: Aus etwas, das verloren geht, entwickeln sich romantische Gefühle.

  EIN SCHWIERIGERES BEISPIEL: Der *Dieb* kommt links
von der *Beständigkeit* zu liegen. Heißt das etwa, dass je-
mand beständig stiehlt? Mitnichten! Hier wird vielmehr
eine Situation geschildert, in der ein Verlust dadurch unwichtig wird, dass Ideale gelebt werden können. Allerdings legen die auf den
Karten genannten Worte die Gefahr nahe, ersteres zu kombinieren. Deshalb
ist es besonders wichtig, sich die Grundbedeutungen einer jeden Karte immer
wieder wachzurufen und notfalls diese noch einmal im Kapitel »Bedeutungen
der Karten« nachzuschlagen. Erst dann sollten die Bilder und Schlüsselworte
der Karte zusätzliche Assoziationen liefern.

  Und was könnte es nun heißen, wenn der *Beständigkeit*
der *Dieb* folgt? Richtig, in diesem Falle wird etwas Wert-
volles entwendet, was auch so schnell nicht wiederer-
langt werden wird.

  Was, meinst du, bedeutet somit die
Kombination von *Reise* und *Fröh-
lichkeit,* respektive *Fröhlichkeit* und
*Reise?*

Die Auflösung findet sich im Lösungsteil.

2. **Neben der Information über chronologische Abläufe** enthalten die Kartenverbindungen auch nuancierte **Hinweise auf Aktivitäten, Eigenschaften oder Gefühle.** Aber Vorsicht! Diese herauszuarbeiten ist komplizierter als die zeitlichen Abläufe abzulesen. Denn hierbei ist das Lesen der Kombinationen in beide Richtungen aussagekräftig. So können die Kartenkombinationen *Reise* und *Fröhlichkeit* oder *Fröhlichkeit* und *Reise* beide gleichermaßen eine Vergnügungsreise darstellen. Die Karten *Liebe* und *Verlust* – egal in welcher Reihenfolge – würden hier einen Menschen beschreiben, der nicht wirklich an die Liebe glaubt.

  Was, meinst du, könnte die Kombination *Beständigkeit* und *Dieb* für ein Gefühl charakterisieren?

_____

_____

Die Auslösung kannst du ebenfalls im Lösungsteil einsehen.

**Knobelfrage:** Was ist deine Lieblingskarte und welche magst du am wenigsten? Was bedeuten sie in Kombination?

_____

_____

# 36 x 35 Kombinationsanregungen

Nachfolgend finden sich nun 35 Kombinationsvorschläge für jede Zigeuner-Wahrsagekarte. Sie beruhen auf unseren Erfahrungen aus Unterricht und Legepraxis, doch sind sie nicht als allgemeingültig verpflichtend oder gar vollständig zu verstehen. Dies ist bei der unglaublichen Bedeutungsvielfalt und -vielschichtigkeit überhaupt nicht möglich. Keinesfalls solltest du unsere Anregungen einfach auswendig lernen, sondern sie vielmehr als Ausgangspunkt für eigene gedankliche Experimente und Kombinationsideen nehmen. So wird die Entwicklung deiner Intuition und deiner Kreativität besonders unterstützt. Wieder ist es eine gute Idee, dir zu den einzelnen Verbindungen Notizen in deinem Tagebuch zu machen.

Beständigkeit constancy
stabilité constance
stalnost állandóság

# Beständigkeit
## in Verbindung mit:

### *Besuch*

❖ wertvoller Austausch,
Vernetzung

### *Botschaft*

❖ fruchtbare und nützliche
Gespräche

### *Brief*

❖ konstruktive schriftliche
Kommunikation
❖ nutzbringende Dokumente

### *Dieb*

❖ nicht zu unterschätzender
Verlust

### *Eifersucht*

❖ tiefgreifende negative
Gefühle, meist wegen der Liebe

### *Etwas Geld*

❖ kleiner Gewinn durch
ehrenhaft gelebte Motive

### *Falschheit*

❖ tiefgreifende negative
Gefühle, meist aus Konkurrenz-
gründen

### *Feind*

❖ Höheres Selbst wird
angefeindet

### *Fröhlichkeit*

❖ ehrliche und aufrichtige
Freude

### *Gedanken*

❖ altruistisch motivierte
Gedanken

### *Geistlicher*

❖ gelebte Spiritualität

### *Geld*

❖ aussichtsreiche
Investitionen
❖ Erfolg versprechende
Talente

# Beständigkeit
## in Verbindung mit:

### Geliebte

✧ positive Gefühle
bezüglich weiblicher Anteile

### Geliebter
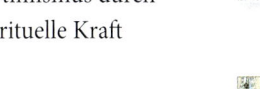

✧ positive Gefühle
bezüglich männlicher Anteile

### Geschenk

✧ altruistische Geschenke

### Glück

✧ vertiefte Glücksgefühle

### Haus

✧ gesichertes Heim
✧ gefundene Heimat
✧ sicherer Arbeitsplatz
✧ sichere Berufung

### Heirat

✧ spirituelle Partnerschaft
✧ gleich hohe, ebenbürtige
Verbindung

### Hoffnung

✧ Optimismus durch
spirituelle Kraft

### Kind

✧ gemeinnützige Visionen /
Projekte

### Krankheit

✧ körperliche / seelische
Mattheit, nicht gefährlich /
chronisch

### Liebe

✧ tiefgreifende Liebe
✧ Seelenverwandtschaft

### Offizier

✧ verlässlicher Fels in der
Brandung

### Reise
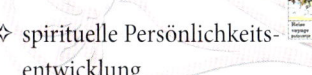

✧ spirituelle Persönlichkeits-
entwicklung
✧ geistige Fortbildung

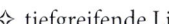
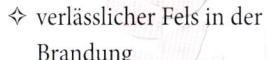

# Beständigkeit
## in Verbindung mit:

### Richter

- ✧ wohlwollende Recht-
  sprechung
- ✧ mitfühlender Rechtskundiger

### Sehnsucht

- ✧ Träume / Visionen
  werden greifbarer

### Tod

- ✧ Abschied für spirituelle
  Entwicklung notwendig

### Traurigkeit

- ✧ Höheres Selbst stimmt
  melancholisch

### Treue

- ✧ absolute Verlässlichkeit

### Unglück

- ✧ Höheres Selbst macht
  unglücklich

### Unverhoffte Freude

- ✧ langgehegte Träume
  werden wahr

### Verdruss

- ✧ Höheres Selbst schafft
  Ärger

### Verlust

- ✧ spiritueller Verlust
- ✧ neue Zielsetzungen
  empfohlen

### Witwe

- ✧ Höheres Selbst führt zu
  Isolation

### Witwer

- ✧ Höheres Selbst macht
  erfahren

# Besuch
## in Verbindung mit:

### Beständigkeit

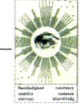

✧ Austausch wird wertvoll und wichtig

### Botschaft

✧ Austausch bringt wichtige Informationen und Erfahrungen

### Brief

✧ informativer Schriftverkehr
✧ Vertragsverhandlungen

### Dieb

✧ Netzwerk löst sich auf

### Eifersucht

✧ unehrlicher Austausch
✧ Wissen wird missgönnt

### Etwas Geld

✧ Zusammenkünfte sind ein kleiner Gewinn

### Falschheit

✧ Austausch wird falsch wiedergegeben / verdreht

### Feind

✧ Austausch / Netzwerk schafft Feinde

### Fröhlichkeit

✧ Netzwerk schafft Freude
✧ Netzwerk schafft feierliche Anlässe

### Gedanken

✧ Austausch wirkt intellektuell
✧ Austausch bewirkt innerlich viel

### Geistlicher

✧ Netzwerke führen zur Einweihung

### Geld

✧ Gewinn durch Austausch / Netzwerke
✧ Talent durch Austausch / Netzwerke

# Besuch
## in Verbindung mit:

### Geliebte

✧ Austausch führt zu
liebevoller Integration der
weiblichen Seite

### Geliebter

✧ Austausch führt zu
liebevoller Integration der
männlichen Seite

### Geschenk

✧ Austausch erweist sich
im Nachhinein als gehaltvoll

### Glück

✧ fruchtbarer gegenseitiger
Austausch
✧ Glücksfall

### Haus

✧ Austausch über
Immobilien / ein bestimmtes
Haus
✧ Austausch über Beruf(ung) /
Spiritualität

### Heirat

✧ Austausch mündet in
verbindliche Partnerschaft

### Hoffnung

✧ Netzwerke nähren
Hoffnungen und Wünsche

### Kind

✧ Vernetzung führt zu
Projekten
✧ Austausch über Projekte

### Krankheit

✧ Austausch / Vernetzung
macht krank

### Liebe

✧ liebevoller (platonischer)
Austausch

### Offizier

✧ Austausch / Vernetzung
mündet in geradlinigen Kontakt

# Besuch
## in Verbindung mit:

### Reise
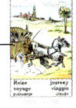
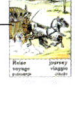

✧ Erfahrungsaustausch
  über Reisen
✧ schnelle Vernetzung

### Richter

✧ Kontakt zu / Austausch
  mit rechtskundiger Person

### Sehnsucht

✧ Austausch wird ersehnt
✧ unrealistische Kontaktwünsche

### Tod

✧ sich über Sterblichkeit
  informieren
✧ Netzwerk stirbt

### Traurigkeit

✧ Austausch macht traurig

### Treue

✧ Austausch mit integeren
  Menschen
✧ Austausch mit Vertrauenspersonen

### Unglück

✧ Austausch macht
  unglücklich

### Unverhoffte Freude

✧ Vernetzung bringt
  unerwartet weiter

### Verdruss

✧ Vernetzung / Austausch
  wird destruktiv

### Verlust

✧ Austausch / Vernetzung
  endet in Verlust

### Witwe

✧ Austausch / Vernetzung
  mit einsamem Menschen

### Witwer

✧ Austausch / Vernetzung
  mit einsamem Menschen
✧ Austausch / Vernetzung macht
  erfahren

# Botschaft
## in Verbindung mit:

### Beständigkeit

✧ befruchtende Gespräche
mit nachhaltigem Wert

### Besuch

✧ Gespräche sind für
Netzwerk wertvoll

### Brief

✧ Gespräche werden
schriftlich fixiert (Bücher,
Verträge )

### Dieb

✧ Informationen werden
entwendet

### Eifersucht

✧ Gespräche machen
eifersüchtig

### Etwas Geld

✧ Gespräche bringen etwas
finanzielle Unterstützung

### Falschheit

✧ Gespräche schaffen
Missverständnisse

### Feind

✧ Gespräche werden
bewusst falsch interpretiert

### Fröhlichkeit

✧ Gespräche stimmen
fröhlich

### Gedanken

✧ Gespräche regen zum
Nachdenken an

### Geistlicher

✧ Gespräche über
spirituelle Themen
✧ Meinungsaustausch mit einer
spirituellen Person

### Geld

✧ lukrative Gespräche
✧ Gespräche fördern Talent

# Botschaft
## in Verbindung mit:

### Geliebte

⋄ Gespräche über Frau
⋄ Gespräche über etwas, das die weibliche Seite fördert

### Geliebter

⋄ Gespräche über Mann
⋄ Gespräche über etwas, das die männliche Seite fördert

### Geschenk

⋄ Gespräche entpuppen sich als Geschenk

### Glück

⋄ Gespräche bringen Freude

### Haus

⋄ Gespräche über Immobilien / ein bestimmtes Haus
⋄ Gespräche über Beruf(ung) / Spiritualität

### Heirat

⋄ Gespräche über partnerschaftliche Verbindungen

### Hoffnung

⋄ Gespräche stimmen hoffnungsvoll

### Kind

⋄ Gespräche führen zu Projekten
⋄ Gespräche über Projekte

### Krankheit

⋄ Gespräche beeinflussen Gesundheitszustand

### Liebe

⋄ Gespräche stimmen liebevoll
⋄ Gespräche handeln von Liebe

### Offizier

⋄ Gespräche mit / über eine öffentliche Person

# Botschaft
## in Verbindung mit:

### Reise

- ◇ Gespräche über Reisen
- ◇ schnelle Verbreitung von Informationen

### Richter

- ◇ Gespräche über rechtskundige Personen
- ◇ Gespräche mit rechtskundigen Personen

### Sehnsucht

- ◇ Gespräche über unklare, unreife Ideen

### Tod

- ◇ Gespräche enden
- ◇ Gespräche über Verstorbene

### Traurigkeit

- ◇ Gespräche stimmen traurig

### Treue

- ◇ Gespräche über die Treue
- ◇ Gespräche über loyale Personen

### Unglück

- ◇ Gespräche machen unglücklich

### Unverhoffte Freude

- ◇ Gespräche bringen unerwartete Freude

### Verdruss

- ◇ Gespräche bringen Ärger
- ◇ Gespräche sind nicht konstruktiv

### Verlust

- ◇ Gespräche über Verlust
- ◇ Informationen bringen Verlust

### Witwe

- ◇ Gespräche mit alleinstehender Person
- ◇ einsam machende Gespräche

### Witwer

- ◇ Gespräche mit alleinstehender Person
- ◇ Erfahrung bringende Gespräche

# Brief
## in Verbindung mit:

### Beständigkeit

✧ schriftliche Nachrichten
mit nachhaltigem Wert

### Besuch

✧ Schriftstücke sind für
Netzwerk wertvoll

### Botschaft

✧ Schriftstücke werden
vorgelesen / verbreitet

### Dieb

✧ Schriftstücke oder deren
Inhalte werden entwendet

### Eifersucht

✧ Schriftstücke machen
eifersüchtig

### Etwas Geld

✧ Schriftstücke bringen
etwas Geld ein

### Falschheit

✧ Schriftstücke schaffen
Missverständnisse

### Feind

✧ Schriftstücke werden
gegen jemanden ausgespielt

### Fröhlichkeit

✧ Schriftstücke stimmen
fröhlich

### Gedanken

✧ Schriftstücke regen zum
Nachdenken an

### Geistlicher

✧ schriftliche Kommuni-
kation über Spiritualität
✧ schriftliche Kommunikation mit
einem Geistlichen

### Geld

✧ lukrative Schriftstücke
✧ Dokumente fördern Talent

# Brief
## in Verbindung mit:

### Geliebte

◇ Korrespondenz über /
   mit Frau
◇ Korrespondenz über liebevollen
   Umgang mit Weiblichkeit

### Geliebter

◇ Korrespondenz über /
   mit Mann
◇ Korrespondenz über liebevollen
   Umgang mit Männlichkeit

### Geschenk

◇ Schriftstücke entpuppen
   sich als Geschenk

### Glück

◇ Schriftstücke bringen
   Glück

### Haus

◇ Schriftstücke / Verträge /
   Pläne über ein Haus
◇ Schriftstücke / Verträge / Pläne zu
   Beruf oder Berufung

### Heirat

◇ Schriftstücke über
   verbindliche Partnerschaft

### Hoffnung

◇ Schriftstücke stimmen
   hoffnungsvoll

### Kind

◇ Schriftstücke, Verträge
   über Kinder
◇ Schriftstücke, Verträge über
   Projekte

### Krankheit

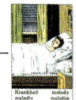

◇ Dokumente machen krank

### Liebe

◇ Schriftstücke stimmen
   liebevoll
◇ Schriftstücke handeln von Liebe

### Offizier

◇ Schriftstücke über
   öffentliche Person / Organisa-
   tionen

# Brief
## in Verbindung mit:

### Reise

- ✧ Schriftstücke über Reise
- ✧ Telegramme, E-Mails, SMS über Reise

### Richter

- ✧ Schriftstücke über rechtliche Themen / rechtskundige Person

### Sehnsucht

- ✧ Schriftstücke schaffen Sehnsucht

### Tod

- ✧ Schriftstücke über Verstorbene
- ✧ Korrespondenz endet

### Traurigkeit

- ✧ Schriftstücke stimmen traurig

### Treue

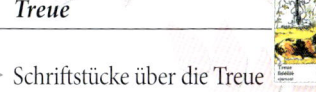

- ✧ Schriftstücke über die Treue
- ✧ Schriftstücke über loyale Personen

### Unglück

- ✧ Schriftstücke bringen Unglück

### Unverhoffte Freude

- ✧ Schriftstücke bringen unverhoffte Freude

### Verdruss

- ✧ Schriftstücke beschwören Streit herauf

### Verlust

- ✧ Schriftstücke führen zu Verlust

### Witwe

- ✧ Schriftstücke über / mit alleinstehende/r Person
- ✧ Dokumente isolieren

### Witwer

- ✧ Schriftstücke über / mit alleinstehende/r Person
- ✧ Dokumente bringen Erfahrung

# Dieb
## in Verbindung mit:

### Beständigkeit

✧ Ideale lassen Verlust
  unwichtig werden

### Besuch

✧ Verlust wird durch
  Netzwerk kompensiert

### Botschaft

✧ über Diebstahl /
  Wegschleichen wird geredet

### Brief

✧ über Diebstahl /
  Wegschleichen wird geschrieben

### Eifersucht

✧ Diebstahl / Wegschlei-
  chen macht eifersüchtig

### Etwas Geld

✧ Diebstahl / Wegschlei-
  chen bringt etwas Geld

### Falschheit

✧ Diebstahl / Wegschleichen
  schafft Falschheit

### Feind

✧ Diebstahl / Wegschleichen
  schafft Feinde

### Fröhlichkeit

✧ Diebstahl / Wegschleichen
  wandelt sich in Fröhlichkeit

### Gedanken

✧ Diebstahl / Wegschleichen
  bestimmt die Gedanken

### Geistlicher

✧ Diebstahl / Wegschleichen
  führt zur spirituellen Heimat

### Geld

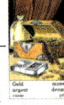

✧ Diebstahl / Wegschleichen
  bringt Geld
✧ Diebstahl / Wegschleichen
  fördert Talent

# Dieb
## in Verbindung mit:

### Geliebte

✧ Diebstahl / Wegschleichen stärkt Weiblichkeit

### Geliebter

✧ Diebstahl / Wegschleichen stärkt Männlichkeit

### Geschenk

✧ Diebstahl / Wegschleichen entpuppt sich als Geschenk

### Glück

✧ Diebstahl / Wegschleichen macht glücklich

### Haus

✧ Diebstahl / Wegschleichen führt zur Basis
✧ Diebstahl / Wegschleichen führt zu Beruf(ung)

### Heirat

✧ Diebstahl / Wegschleichen führt zu partnerschaftlicher Verbindung

### Hoffnung

✧ Diebstahl / Wegschleichen schafft Hoffnung

### Kind

✧ Diebstahl / Wegschleichen schafft Projekte

### Krankheit

✧ Diebstahl / Wegschleichen beeinflusst den Gesundheitszustand

### Liebe

✧ Diebstahl / Wegschleichen führt zur Liebe

### Offizier

✧ Diebstahl / Wegschleichen führt zu Stabilität

### Reise

✧ Diebstahl / Wegschleichen führt zum Aufbruch
✧ Diebstahl / Wegschleichen verselbständigt sich

# Dieb
## in Verbindung mit:

### Richter

✧ Diebstahl / Wegschleichen führt zu Gerechtigkeit
✧ Diebstahl / Wegschleichen führt vor den Kadi

### Sehnsucht

✧ Diebstahl / Wegschleichen schafft Verlangen

### Tod

✧ Diebstahl / Wegschleichen hört auf

### Traurigkeit

✧ Diebstahl / Wegschleichen schafft Traurigkeit

### Treue

✧ Diebstahl / Wegschleichen bleibt treu

### Unglück

✧ Diebstahl / Wegschleichen schafft Unglück

### Unverhoffte Freude

✧ Diebstahl / Wegschleichen bringt unerwartete Gefühle

### Verdruss

✧ Diebstahl / Wegschleichen schafft Ärger

### Verlust

✧ Diebstahl / Wegschleichen ist unwiderruflich

### Witwe

✧ Diebstahl / Wegschleichen macht einsam

### Witwer

✧ Diebstahl / Wegschleichen bringt Lebenserfahrung

# Eifersucht
## in Verbindung mit:

### Beständigkeit

✧ destruktive Gefühle
   wandeln sich ins Positive

### Besuch

✧ Eifersucht wird durch
   Austausch bestätigt
✧ Eifersucht wird durch Austausch
   entkräftet

### Botschaft

✧ Eifersucht und eigene
   Opferrolle überall und jedem
   mitteilen

### Brief

✧ Eifersuchtsgedanken
   werden schriftlich vermittelt

### Dieb

✧ Eifersucht verringert sich

### Etwas Geld

✧ Neid schafft geringes
   Einkommen

### Falschheit

✧ Eifersucht ist unbegründet

### Feind

✧ Eifersucht schafft
   Feindschaft

### Fröhlichkeit

✧ Eifersucht schafft
   Vergnügen

### Gedanken

✧ Eifersucht stimmt
   nachdenklich

### Geistlicher

✧ Neid führt zu spiritueller
   Person / Spiritualität

### Geld

✧ Neid führt zu Geld
✧ Neid führt zu Talent

# Eifersucht
## in Verbindung mit:

**Geliebte**

✧ Eifersucht führt zu
Weiblichkeit

**Geliebter**

✧ Eifersucht führt zu
Männlichkeit

**Geschenk**

✧ Neid entpuppt sich als
Geschenk

**Glück**

✧ Eifersucht führt zu
Zufriedenheit

**Haus**

✧ Eifersucht führt zu Basis /
Beruf(ung)

**Heirat**

✧ Neid schafft partner-
schaftliche Verbindungen

**Hoffnung**

✧ Neid stimmt hoffnungs-
voll

**Kind**

✧ aus Neid entstehen
Projekte / Kinder

**Krankheit**

✧ Eifersucht macht krank

**Liebe**

✧ Eifersucht schafft Liebe

**Offizier**

✧ Neid führt zu Stabilität

**Reise**

✧ Eifersucht führt zum
Aufbruch
✧ Eifersucht verselbständigt sich

**Richter**

✧ Neid führt zu
Gerechtigkeit

# Eifersucht
## in Verbindung mit:

### Sehnsucht

✧ Eifersucht schafft unklare Sehnsucht

### Tod

✧ Eifersucht stirbt

### Traurigkeit

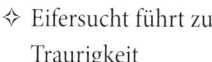

✧ Eifersucht führt zu Traurigkeit

### Treue

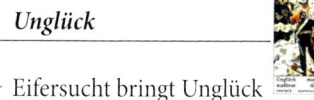

✧ Neid / Eifersucht bleibt treu

### Unglück

✧ Eifersucht bringt Unglück

### Unverhoffte Freude

✧ Eifersucht bringt unerwartete Gefühle

### Verdruss

✧ Eifersucht bringt Ärger

### Verlust

✧ Eifersucht geht verloren

### Witwe

✧ Neid schafft Einsamkeit

### Witwer

✧ Neid schafft Erfahrung

# Etwas Geld
## in Verbindung mit:

### Beständigkeit

◇ verlässliches kleines Auskommen

### Besuch

◇ kleine Investition schafft Netzwerk

### Botschaft

◇ kleines Einkommen führt zu Gesprächen

### Brief

◇ Einkommen wird vertraglich festgehalten

### Dieb

◇ kleines Einkommen wird entwendet

### Eifersucht

◇ kleines Einkommen macht eifersüchtig

### Falschheit

◇ kleines Einkommen führt zu Falschheit

### Feind

◇ kleines Einkommen schafft feindliche Gefühle

### Fröhlichkeit

◇ wenig Geld macht fröhlich
◇ wenig Geld genügt zum Vergnügen

### Gedanken

◇ Geldsituation stimmt nachdenklich

### Geistlicher

◇ kleine Investition in spirituelle Entwicklung
◇ Spende an spirituelle Einrichtung

### Geld

◇ wenig Geld / Talent vermehrt sich

# Etwas Geld
## in Verbindung mit:

### Geliebte

✧ wenig Geld / Talent
fördert Weiblichkeit

### Geliebter

✧ wenig Geld / Talent
fördert Männlichkeit

### Geschenk

✧ Einkommen wird als
Geschenk empfunden

### Glück

✧ kleiner Gewinn macht
glücklich

### Haus

✧ kleine Investition in
Immobilie
✧ kleine Investition in Beruf(ung)

### Heirat

✧ kleine Investition schafft
partnerschaftliche Verbindung

### Hoffnung

✧ kleine Investition in
Visionen oder Träume

### Kind

✧ kleine Investition in
Projekte
✧ kleine Investition in Kinder

### Krankheit

✧ Geldsorgen machen krank

### Liebe

✧ kleine Investition in
Liebe, vielleicht nicht genug

### Offizier

✧ etwas Geld schafft
Stabilität

### Reise

✧ kleiner Ausflug kommt
schnell
✧ kleines Geld kommt schnell

# Etwas Geld
## in Verbindung mit:

**Richter**

✧ etwas Geld schafft
Gerechtigkeit

**Sehnsucht**

✧ kleine Investition in
unklare Wünsche

**Tod**

✧ Geldquelle versiegt

**Traurigkeit**

✧ geringes Einkommen
stimmt melancholisch

**Treue**

✧ wenig Geld bleibt
gesichert

**Unglück**

✧ kleines Geld macht
unglücklich

**Unverhoffte Freude**

✧ Weniges macht glücklich

**Verdruss**

✧ wenig Geld schafft
Frustration

**Verlust**

✧ wenig Geld geht verloren

**Witwe**

✧ wenig Geld macht einsam

**Witwer**

✧ wenig Geld macht
erfahren

# Falschheit
## in Verbindung mit:

### Beständigkeit

✧ Unehrlichkeit verschwindet auf lange Sicht

### Besuch

✧ Falschheit schafft Verbündete
✧ falsche Netzwerke

### Botschaft

✧ falsche Informationen streuen

### Brief

✧ Unehrlichkeit in Korrespondenzen / Verträgen / Schriftstücken

### Dieb

✧ Falschheit schleicht sich fort

### Eifersucht

✧ Falschheit schafft Neid / Eifersucht

### Etwas Geld

✧ Falschheit bringt einen kleinen Gewinn

### Feind

✧ Falschheit schafft Feinde

### Fröhlichkeit

✧ Falschheit produziert unechte Fröhlichkeit

### Gedanken

✧ Falschheit stimmt nachdenklich

### Geistlicher

✧ Falschheit wird geläutert

### Geld

✧ Falschheit bringt Geld
✧ Falschheit bringt Talent

### Geliebte

✧ Unehrlichkeit führt zur Geliebten

# Falschheit
## in Verbindung mit:

### Geliebter

❖ Unehrlichkeit führt zum Geliebten

### Geschenk

❖ Falschheit wird als Geschenk gesehen

### Glück

❖ Unehrlichkeit bringt Glück
❖ Scheinglück

### Haus

❖ Falschheit führt zu Liegenschaft / Beruf(ung)

### Heirat

❖ Falschheit führt zu part-nerschaftlichen Verbindungen

### Hoffnung

❖ Falschheit führt zu Hoffnung

### Kind

❖ Falschheit führt zu neuen Projekten

### Krankheit

❖ Falschheit macht krank

### Liebe

❖ Falschheit führt zu Liebe

### Offizier

❖ Falschheit bringt trügerische Stabilität

### Reise

❖ Falschheit führt zum Aufbruch
❖ Falschheit beschleunigt die Ereignisse

### Richter

❖ Falschheit führt zu Gerechtigkeit

# Falschheit
## in Verbindung mit:

### Sehnsucht

✧ Falschheit macht
sehnsüchtig

### Tod

✧ Falschheit stirbt

### Traurigkeit

✧ geringes Einkommen
stimmt melancholisch

### Treue

✧ Falschheit schafft
Loyalität / bleibt treu

### Unglück

✧ Falschheit macht
unglücklich

### Unverhoffte Freude

✧ Falschheit schafft
unerwartete Freude

### Verdruss

✧ Falschheit schafft Ärger

### Verlust

✧ Falschheit schafft Verlust

### Witwe

✧ Falschheit macht einsam

### Witwer

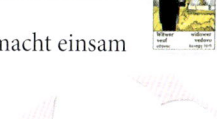

✧ Falschheit macht einsam

# Feind
## in Verbindung mit:

### Beständigkeit

✧ Feindschaft wandelt sich zum Positiven

### Besuch

✧ Spionage, Feindschaft führt zu Vernetzung

### Botschaft

✧ schadende Informationen

### Brief

✧ schadende Schriftstücke

### Dieb

✧ Feindschaft wird genommen

### Eifersucht

✧ sehr starke Eifersucht
✧ Eifersucht wird geschürt

### Etwas Geld

✧ Feindschaft bringt geringes Einkommen

### Falschheit

✧ starke Feinde
✧ Feindschaft führt zu Unehrlichkeit

### Fröhlichkeit

✧ Feindschaft amüsiert

### Gedanken

✧ Feindschaft bestimmt die Gedanken

### Geistlicher

✧ Feindschaft wird geläutert

### Geld

✧ Feindschaft führt zu Geld / Talent

### Geliebte

✧ Feindschaft führt zur Geliebten

# Feind
## in Verbindung mit:

### Geliebter

✧ Feindschaft führt zum
Geliebten

### Geschenk

✧ Feindschaft bringt
Geschenke
✧ Trojanisches Pferd

### Glück

✧ Feind hat Glück
✧ Glück muss vor Feind geschützt
werden

### Haus

✧ ungutes Arbeitsverhältnis
✧ Basis / Berufung stimmt nicht

### Heirat

✧ Feindschaft führt zu part-
nerschaftlichen Verbindungen
✧ feindliche Partnerschaft

### Hoffnung

✧ Feindschaft schafft Hoffnung

### Kind

✧ Feindschaft bringt
Projekte / Kinder

### Krankheit

✧ Feindschaft macht krank

### Liebe

✧ Feindschaft bringt Liebe
✧ destruktive Liebe

### Offizier

✧ feindliche Staatsgewalt
✧ Amtsmissbrauch

### Reise

✧ Feindschaft führt zum
Aufbruch
✧ Feind reist

### Richter

✧ nicht wohlgesonnene
juristische Person

# Feind
## in Verbindung mit:

### Sehnsucht

✧ gefährliche Sehnsucht

### Tod

✧ Feindschaft stirbt

### Traurigkeit

✧ Feindschaft macht traurig

### Treue

✧ Feindschaft bleibt treu

### Unglück

✧ Feind schafft Unglück

### Unverhoffte Freude

✧ Feind ist machtlos

### Verdruss

✧ Feindschaft schafft Ärger

### Verlust

✧ Feindschaft schafft Verlust

### Witwe

✧ feindliche alleinstehende Person
✧ Feindschaft vereinsamt

### Witwer

✧ feindliche alleinstehende Person
✧ Feindschaft bringt Erfahrungen

# Fröhlichkeit
## in Verbindung mit:

### Beständigkeit

✧ langanhaltende Freude

### Besuch

✧ lustiger, angenehmer
Austausch

### Botschaft

✧ fröhlich stimmende
Gespräche

### Brief

✧ fröhlich stimmende
Schriftstücke

### Dieb

✧ Fröhlichkeit wird geraubt

### Eifersucht

✧ Fröhlichkeit schafft
Eifersucht

### Etwas Geld

✧ leicht verdientes Geld

### Falschheit

✧ Fröhlichkeit schafft
Falschheit

### Feind

✧ Fröhlichkeit schafft
Feinde

### Gedanken

✧ fröhliche Gedanken

### Geistlicher

✧ erfüllende Spiritualität

### Geld

✧ mit Freude verdientes
Geld
✧ Fröhlichkeit bringt Talent

### Geliebte

✧ fröhliche Geliebte

### Geliebter

✧ fröhlicher Geliebter

# Fröhlichkeit
## in Verbindung mit:

### Geschenk

✧ fröhlich stimmendes
Geschenk

### Glück

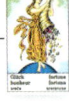

✧ Fröhlichkeit macht
glücklich

### Haus

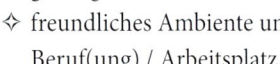

✧ freundliche Wohnum-
gebung
✧ freundliches Ambiente um
Beruf(ung) / Arbeitsplatz

### Heirat

✧ fröhlich stimmende
Partnerschaft

### Hoffnung

✧ Fröhlichkeit bringt
Hoffnung

### Kind

✧ fröhliches Kind
✧ Fröhlichkeit resultiert in
Projekten

### Krankheit

✧ Fröhlichkeit macht krank

### Liebe

✧ heitere Liebe

### Offizier

✧ Fröhlichkeit schafft
Stabilität

### Reise

✧ heitere Reise
✧ Vergnügungsfahrt

### Richter

✧ Fröhlichkeit stärkt
Gerechtigkeitsgefühl

### Sehnsucht

✧ Fröhlichkeit stimmt
sehnsüchtig

### Tod

✧ Fröhlichkeit erlahmt

# Fröhlichkeit
## in Verbindung mit:

### Traurigkeit

✧ Fröhlichkeit macht
traurig

### Treue

✧ Fröhlichkeit bleibt
erhalten

### Unglück

✧ Fröhlichkeit macht
unglücklich

### Unverhoffte Freude

✧ Fröhlichkeit wird
unerwartet gesteigert

### Verdruss

✧ Fröhlichkeit bringt Ärger

### Verlust

✧ Fröhlichkeit geht verloren

### Witwe

✧ fröhliche alleinstehende
Frau
✧ Fröhlichkeit macht einsam

### Witwer

✧ fröhlicher alleinstehender
Mann
✧ Fröhlichkeit macht erfahren

# Gedanken
## in Verbindung mit:

---

### Beständigkeit

✧ Nachdenken führt zum Höheren Selbst

### Besuch

✧ Gedanken zu Allianzen / Vernetzung
✧ Gedanken zu Freundschaften

### Botschaft

✧ Nachdenken führt zu Gesprächen

### Brief

✧ Nachdenken führt zu Schriftverkehr

### Dieb

✧ Gedanken / Ideen werden gestohlen

### Eifersucht

✧ Nachdenken über Eifersucht

---

### Etwas Geld

✧ Nachdenken bringt etwas Geld

### Falschheit

✧ Gedanken stellen sich als falsch heraus
✧ Gedanken stellen sich als manipulierend heraus

### Feind

✧ Gedanken sind Feinde

### Fröhlichkeit

✧ Gedanken stimmen fröhlich

### Geistlicher

✧ Gedanken über spirituelle Themen / Menschen

### Geld

✧ Nachdenken über Geld / Talent
✧ Vermehren von Geld / Anlage / Investitionen

142

# Gedanken
## in Verbindung mit:

### Geliebte

- ✧ Nachdenken über die Geliebte
- ✧ Nachdenken über die weibliche Seite

### Geliebter

- ✧ Nachdenken über den Geliebten
- ✧ Nachdenken über die männliche Seite

### Geschenk

- ✧ Nachdenken führt zu Geschenken

### Glück

- ✧ Gedanken machen glücklich

### Haus

- ✧ Gedanken über Immobilien / Einrichtung
- ✧ Gedanken über Arbeitsplatz / Berufung

### Heirat

- ✧ Gedanken über verbindliche Partnerschaften
- ✧ Gedanken führen zu verbindlicher Partnerschaft

### Hoffnung

- ✧ Nachdenken bringt Zuversicht

### Kind

- ✧ Gedanken über Familienplanung / Projekte

### Krankheit

- ✧ Gedanken machen krank

### Liebe

- ✧ Nachdenken über die Liebe

### Offizier

- ✧ Gedanken über Amtspersonen, ihre Handlungen und Arbeitsmethoden

# Gedanken
## in Verbindung mit:

**Reise**

◇ Gedanken treiben lassen
◇ Schnelldenker

**Richter**

◇ Gedanken über Rechts-
person, ihre Handlungen und
Arbeitsmethoden

**Sehnsucht**

◇ Gedanken machen
sehnsüchtig

**Tod**

◇ Gedanken über Tod

**Traurigkeit**

◇ Gedanken stimmen
traurig

**Treue**

◇ Gedanken bleiben treu

**Unglück**

◇ Gedanken treiben ins
Unglück

**Unverhoffte Freude**

◇ Gedanken stimmen
unverhofft froh

**Verdruss**

◇ Gedanken bringen Ärger
und Stress

**Verlust**

◇ gedankenverloren sein
◇ Gedanken führen zu Verlusten

**Witwe**

◇ Gedanken über Älter-
werden / Einsamkeit
◇ Gedanken über alleinstehende
Frau

**Witwer**

◇ Gedanken über allein-
stehenden Mann
◇ Gedanken über Lebenserfahrung

144

Geistlicher ecclesiastic
pretre          sacerdote
svecenk          letkész

# Geistlicher
## in Verbindung mit:

### Beständigkeit

✧ vertiefte Spiritualität ist
ständiger Bestandteil des Lebens

### Besuch

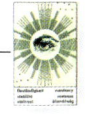

✧ spiritueller Austausch
✧ ideelle Netzwerke

### Botschaft

✧ spirituelle Gespräche

### Brief

✧ spirituelle Dokumente

### Dieb

✧ Spiritualität wird
gestohlen
✧ sich vor spirituellen Themen
drücken

### Eifersucht

✧ Spiritualität schafft
Eifersucht

### Etwas Geld

✧ Spiritualität schafft ein
Auskommen
✧ Spiritualität bringt etwas Geld

### Falschheit

✧ Spiritualität entwickelt
sich falsch
✧ Irrglaube

### Feind

✧ Spiritualität wird zum
Feind

### Fröhlichkeit

✧ Glaube macht fröhlich

### Gedanken

✧ spirituelle Gedanken
✧ Geistliche regen zum
Nachdenken an

### Geld

✧ Glaube macht reich
✧ Glaube fördert Talent

# Geistlicher
## in Verbindung mit:

### Geliebte

✧ spirituelle Weiblichkeit /
  Göttin / Muse

### Geliebter

✧ spirituelle Männlichkeit /
  Gott / Inspiration

### Geschenk

✧ geistlichen Beistand als
  Geschenk annehmen

### Glück

✧ Spiritualität macht
  glücklich

### Haus

✧ spirituelle Heimat
✧ spiritueller Rückzugs- oder
  Arbeitsort

### Heirat

✧ spirituelle Verbindungen
✧ platonische Partnerschaften

### Hoffnung

✧ Glaube gibt Hoffnung

### Kind

✧ spirituelles Kind
✧ spirituelle Projekte

### Krankheit

✧ Glaube hat Einfluss auf
  Gesundheitszustand
✧ spiritueller Fanatismus

### Liebe

✧ Glaube schafft Liebe
✧ altruistische Liebe

### Offizier

✧ Glaube an die Staats-
  gewalt
✧ Glaube an spirituelle Staatsdiener

### Reise

✧ Glaube missioniert
✧ Glaube beflügelt

# Geistlicher
## in Verbindung mit:

### Richter

- ✧ Glaube an Gerechtigkeit
- ✧ Glaube an unabhängige Richter

### Sehnsucht

- ✧ Spiritualität macht sehnsüchtig

### Tod

- ✧ Glaube hilft bei Verarbeitung von Tod
- ✧ Glaube stirbt

### Traurigkeit

- ✧ Spiritualität tröstet bei Traurigkeit
- ✧ Spiritualität macht traurig

### Treue

- ✧ Spiritualität bleibt erhalten

### Unglück

- ✧ Spiritualität macht unglücklich

### Unverhoffte Freude

- ✧ Glaube bringt unverhofft Freude

### Verdruss

- ✧ Glaube bringt Konfrontation und Ärger

### Verlust

- ✧ Spiritualität bedeutet / schafft Verlust

### Witwe

- ✧ spirituelle alleinstehende / ältere Frau
- ✧ Spiritualität macht einsam

### Witwer

- ✧ spiritueller alleinstehender / älterer Mann
- ✧ Spiritualität macht erfahren

# Geld
## in Verbindung mit:

### Beständigkeit

✧ Geld ermöglicht Weg
  zum Höheren Selbst
✧ Talent führt zum Höheren Selbst

### Besuch

✧ Geld / Talent vernetzt
✧ Geld / Talent durch Netzwerk

### Botschaft

✧ Talent zum Gespräch

### Brief

✧ Talent zum Schreiben

### Dieb

✧ Entwendung materiellen
  oder geistigen Eigentums

### Eifersucht

✧ Geld schafft Eifersucht
✧ Talent schafft Eifersucht

### Etwas Geld

✧ Geld bringt Zinsen
✧ Vermögen wird gestärkt

### Falschheit

✧ Geld / Talent schafft
  Falschheit

### Feind

✧ Geld / Talent schafft
  Feinde

### Fröhlichkeit

✧ Geld / Talent macht
  sorglos

### Gedanken

✧ Geld / Talent stimmt
  nachdenklich

### Geistlicher

✧ Geld / Talent erlaubt
  spirituelle Freiräume
✧ spirituelles Talent

# Geld
## in Verbindung mit:

### Geliebte

✧ reiche / talentierte
  Geliebte

### Geliebter

✧ reicher / talentierter
  Geliebter

### Geschenk

✧ Geldgeschenke
✧ Talent ist ein Geschenk

### Glück

✧ Geld / Talent macht
  glücklich

### Haus

✧ reiches Heim
✧ Investition in Immobilien
✧ Investition in Beruf(ung)

### Heirat

✧ Geld / Talent führt zu
  Partnerschaft

### Hoffnung

✧ Geld / Talent schafft
  Zuversicht

### Kind

✧ Geld / Talent in Kind
  investieren
✧ Geld / Talent in Projekt
  investieren

### Krankheit

✧ Investition in Gesund-
  heit / Heilung
✧ Geld / Talent macht krank

### Liebe

✧ Geld / Talent bringt Liebe

### Offizier

✧ reiche Staatsdiener
✧ Steuern / Abgaben an den Staat
✧ Geld / Talent schafft Stabilität

### Reise

✧ Reisebudget
✧ wegen Geld / Talent reisen

149

# Geld
## in Verbindung mit:

### Richter

- ◇ Geldstrafe
- ◇ Reichtum / Talent ist gerechtfertigt

### Sehnsucht

- ◇ Geld / Talent macht
  sehnsüchtig

### Tod

- ◇ Geld / Talent verhindert
  Tod nicht
- ◇ Geld / Talent endet

### Traurigkeit

- ◇ Geld / Talent macht nicht
  glücklich

### Treue

- ◇ Geld / Talent bleibt treu

### Unglück

- ◇ Geld / Talent macht
  unglücklich

### Unverhoffte Freude

- ◇ Geld / Talent bringt
  unverhofft Freude

### Verdruss

- ◇ Geld / Talent schafft Ärger

### Verlust

- ◇ Geld / Talent geht
  verloren

### Witwe

- ◇ reiche alleinstehende
  Person
- ◇ Reichtum macht einsam

### Witwer

- ◇ reiche alleinstehende
  Person
- ◇ Reichtum macht erfahren

# Geliebte
## in Verbindung mit:

### Beständigkeit

✧ Frau ist zuverlässig
✧ Intuition ist verlässlich

### Besuch

✧ weibliche (Berufs-)Netz-
  werke
✧ Frauentreffs

### Botschaft

✧ gefühlvolle Gespräche
✧ Informationen von Frau

### Brief

✧ gefühlvolle Dokumente
✧ Schriftverkehr mit Frau

### Dieb

✧ Frau schleicht sich aus
  Partnerschaft
✧ Frau will sich emanzipieren

### Eifersucht

✧ Intuition führt zu
  Eifersucht
✧ Frau macht eifersüchtig

### Etwas Geld

✧ Intuition führt zu etwas
  Geld

### Falschheit

✧ Intuition / Frau entpuppt
  sich als falsch
✧ Intuition / Frau führt zu
  Falschheit

### Feind

✧ Geliebte wird zum Feind
✧ innere Weiblichkeit wird zum
  Feind

### Fröhlichkeit

✧ Geliebte schafft freudige
  Momente
✧ innere Weiblichkeit schafft
  freudige Momente

### Gedanken

✧ friedvolle, in sich ruhende
  Gedanken

# Geliebte
## in Verbindung mit:

### Geistlicher

❖ weibliche Seelsorgerin
❖ Intuition bringt Geld / Talent

### Geld

❖ Intuition bringt Geld / Talent
❖ Frau bringt Geld / Talent

### Geliebter

❖ Ganzwerdung durch männliche Aspekte

### Geschenk

❖ Frau als Geschenk / Überraschung
❖ Intuition als Geschenk / Überraschung

### Glück

❖ Frau macht glücklich
❖ Intuition macht glücklich

### Haus

❖ gute Hausfrau
❖ Seele der geistigen Heimat

### Heirat

❖ gefühlvoller spiritueller Zusammenschluss

### Hoffnung

❖ Weiblichkeit / Intuition schafft hoffnungsvolle Visionen

### Kind

❖ Frau erhält jung
❖ Intuition fördert Neubeginn

### Krankheit

❖ Weiblichkeit / Intuition beeinflusst Gesundheitszustand

### Liebe

❖ weibliche, gefühlvolle Liebe

### Offizier

❖ weibliche Herangehensweise / Intuition bringt Stabilität

# Geliebte
## in Verbindung mit:

### Reise

✧ Frau geht auf Reisen
✧ Intuition / Weiblichkeit geht auf Reisen

### Richter

✧ weibliche, intuitive Recht-sprechung

### Sehnsucht

✧ Weiblichkeit / Intuition stimmt sehnsüchtig

### Tod

✧ Weiblichkeit / Intuition transformiert sich

### Traurigkeit

✧ weibliche Melancholie
✧ Intuition schafft Traurigkeit

### Treue

✧ Intuition / Weiblichkeit bleibt treu
✧ Frau bleibt treu

### Unglück

✧ Intuition / Weiblichkeit verursacht Unglück
✧ Frau verursacht Unglück

### Unverhoffte Freude

✧ Intuition / Weiblichkeit schafft unverhoffte Freude
✧ Frau schafft unverhoffte Freude

### Verdruss

✧ Intuition erzeugt Ärger

### Verlust

✧ Intuition schafft Verlust
✧ Frau verliert ihre Weiblichkeit

### Witwe

✧ Intuition macht einsam
✧ Verständnis / Mitleid mit allein-stehender Person

### Witwer

✧ Intuition bringt Erfahrung
✧ Frau verführt alleinstehenden Mann

# Geliebter
## in Verbindung mit:

### Beständigkeit

✧ aktives Höheres Selbst

### Besuch

✧ Stammtische
✧ männliches (berufliches) Netzwerk

### Botschaft

✧ klare Aussagen
✧ Informationsfluss

### Brief

✧ klarer Schriftverkehr
✧ rationale Vereinbarungen

### Dieb

✧ Mann schleicht sich aus der Partnerschaft
✧ Mann will sich befreien

### Eifersucht

✧ Ratio führt zu Eifersucht

### Etwas Geld

✧ Ratio führt zu etwas Geld

### Falschheit

✧ Verstand / Mann entpuppt sich als falsch
✧ Verstand / Mann führt zu Falschheit

### Feind

✧ Mann / Verstand wird zum Feind

### Fröhlichkeit

✧ Geliebter schafft freudige Momente
✧ innere Männlichkeit schafft freudige Momente

### Gedanken

✧ rationale, klar strukturierte Gedanken

### Geistlicher

✧ männlicher Seelsorger
✧ männliche Spiritualität

# Geliebter
## in Verbindung mit:

### Geld

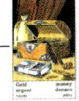

✧ Mann / Ratio führt zu
Geld / Talent

### Geliebte

✧ Ganzwerdung durch
weibliche Aspekte

### Geschenk

✧ Mann als Geschenk
✧ Verstand als Überraschung

### Glück

✧ Mann macht glücklich
✧ Verstand macht glücklich

### Haus

✧ Herr des Hauses
✧ guter Hausmann
✧ Verstand führt zur geistigen
Heimat

### Heirat

✧ Pakt, Vereinbarungen
✧ verstandesgemäßer Zusammenschluss

### Hoffnung

✧ Mann schafft hoffnungs-
frohe Visionen
✧ Verstand schafft hoffnungsfrohe
Visionen

### Kind

✧ Mann erhält jung
✧ Verstand schafft Projekte

### Krankheit

✧ Mann beeinflusst
Gesundheitszustand
✧ Logik beeinflusst Gesundheits-
zustand

### Liebe

✧ männliche, »rationale«
Liebe

### Offizier

✧ Rationalität schafft
Stabilität

# Geliebter
## in Verbindung mit:

### Reise

✧ Mann geht auf Reisen
✧ Verstand geht auf Reisen

### Richter

✧ rationale Rechtsprechung

### Sehnsucht

✧ Mann macht sehnsüchtig
✧ Verstand macht sehnsüchtig

### Tod

✧ Verstand / Männlichkeit erlahmt

### Traurigkeit

✧ Mann erlebt Depression
✧ Mann / Verstand schafft Traurigkeit

### Treue

✧ Verstand / Männlichkeit bleibt treu

### Unglück

✧ Mann verursacht Unglück
✧ Verstand verursacht Unglück

### Unverhoffte Freude

✧ Mann schafft unverhoffte Freude
✧ Verstand schafft unverhoffte Freude

### Verdruss

✧ Verstand schafft Ärger

### Verlust

✧ Mann schafft Verlust
✧ Verstand schafft Verlust

### Witwe

✧ Ratio macht einsam
✧ Mann verführt alleinstehende Frau

### Witwer

✧ Ratio schafft Einsamkeit
✧ Ratio schafft Erfahrungen

# Geschenk
## in Verbindung mit:

### Beständigkeit

✧ Geschenk führt zum
  Höheren Selbst

### Besuch

✧ Geschenk verbreitet /
  vermehrt sich durch Netzwerk

### Botschaft

✧ über Geschenk wird
  gesprochen

### Brief

✧ über Geschenk wird
  geschrieben

### Dieb

✧ Geschenk wird gestohlen /
  schleicht sich davon

### Eifersucht

✧ Geschenk macht
  eifersüchtig

### Etwas Geld

✧ Geschenk bringt einen
  kleinen Gewinn

### Falschheit

✧ unerwünschtes / falsches
  Geschenk

### Feind

✧ Geschenk bringt wenig
  Freude

### Fröhlichkeit

✧ Geschenk bringt Freude

### Gedanken

✧ Geschenk stimmt
  nachdenklich

### Geistlicher

✧ Geschenk entpuppt sich
  als spirituell
✧ esoterische Kraft

157

# Geschenk
## in Verbindung mit:

### Geld

✧ hinter Geschenk verbirgt
   sich Geld / Talent

### Geliebte

✧ Geschenk hat mit Weib-
   lichkeit zu tun
✧ Geschenk für eine Frau

### Geliebter

✧ Geschenk hat mit
   Männlichkeit zu tun
✧ Geschenk für einen Mann

### Glück

✧ Geschenk ist ein Glücksfall

### Haus

✧ Geschenk für Arbeit
✧ aus Geschenk wird häusliche
   Basis / spirituelle Heimat

### Heirat

✧ Geschenk bringt gewinn-
   bringende Verbindung

### Hoffnung

✧ Geschenk entwickelt sich
   viel verspechend

### Kind

✧ Geschenk ist Projekt mit
   Zukunft

### Krankheit

✧ Geschenk gefährdet
   Gesundheit

### Liebe

✧ Geschenk ist liebevoller
   Zustand

### Offizier

✧ Geschenk an eine gerad-
   linige Person

### Reise

✧ Geschenk entwickelt sich
   schnell
✧ Geschenk geht auf Reisen

# Geschenk
## in Verbindung mit:

### Richter

✧ Geschenk an eine rechtskundige Person

### Sehnsucht

✧ Geschenk wird sehn-
süchtig erwartet
✧ Geschenk macht sehnsüchtig

### Tod

✧ Geschenk sorgt für
Transformation

### Traurigkeit

✧ Geschenk macht traurig
✧ Geschenk entwickelt sich zu
etwas Traurigem

### Treue

✧ Geschenk bleibt treu

### Unglück

✧ Geschenk bringt Unglück

### Unverhoffte Freude

✧ hinter dem Geschenk
steckt überraschend viel mehr

### Verdruss

✧ Geschenk bringt Verdruss

### Verlust

✧ Geschenk bringt Verlust
✧ Geschenk erzeugt negative
Emotionen

### Witwe

✧ Geschenk macht einsam
✧ Geschenk für alleinstehende Frau

### Witwer

✧ Geschenk macht erfahren
✧ Geschenk für alleinstehenden
Mann

# Glück

## in Verbindung mit:

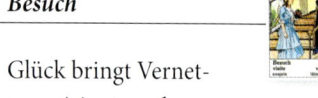

### Beständigkeit

✧ Glück führt zum Höheren Selbst

### Besuch

✧ Glück bringt Vernetzung / Austausch

### Botschaft

✧ Glück wird durch Gespräche verbreitet

### Brief

✧ Glück wird durch Schriftverkehr verbreitet

### Dieb

✧ Glück wird gestohlen
✧ Glück stiehlt sich davon

### Eifersucht

✧ Glück macht neidisch

### Etwas Geld

✧ Glück bringt etwas Geld

### Falschheit

✧ Glück ist nicht echt

### Feind

✧ Glück wendet sich ins Negative

### Fröhlichkeit

✧ Glück wird verstärkt

### Gedanken

✧ Glück stimmt nachdenklich

### Geistlicher

✧ Glück erhält eine spirituelle Dimension

### Geld

✧ Glück bringt Geld
✧ Glück beschleunigt Talent

### Geliebte

✧ Glück durch Frau
✧ Glück durch die weibliche Seite

# Glück
## in Verbindung mit:

### Geliebter

✧ Glück durch Mann
✧ Glück durch die männliche Seite

### Geschenk

✧ Glück wird als Geschenk gesehen

### Haus

✧ Glück mit Haus / Beruf
✧ Glück, weil Basis gefunden ist

### Heirat

✧ eine glückliche Verbindung

### Hoffnung

✧ Glück bringt Hoffnung

### Kind

✧ Glück mit Kindern / neuem Projekt

### Krankheit

✧ Glück wird durch Krankheit blockiert

### Liebe

✧ Glück bringt Liebe

### Offizier

✧ Glück führt zu Stabilität

### Reise

✧ Glück geht auf Reisen
✧ Glück beschleunigt sich

### Richter

✧ Glück ist gerechtfertigt
✧ Glück mit rechtskundiger Person

### Sehnsucht

✧ Glück macht sehnsüchtig

### Tod

✧ Glück endet

# Glück
## in Verbindung mit:

**Traurigkeit**

✧ Glück stimmt traurig

**Treue**

✧ Glück bleibt treu

**Unglück**

✧ Glück schafft Unglück

**Unverhoffte Freude**

✧ Glück wird unverhofft
   noch verstärkt

**Verdruss**

✧ destruktive Diskussionen
   zerstören Glück

**Verlust**

✧ Glück geht verloren

**Witwe**

✧ Glück ist alleinstehender
   Frau hold
✧ Glück macht einsam

**Witwer**

✧ Glück ist alleinstehendem
   Mann hold
✧ Glück macht erfahren

162

Haus
maison
kuča
house
casa
ház

# Haus
## in Verbindung mit:

### Beständigkeit

- Aufwertung von Heim / Immobilie
- Aufwertung von geistiger Heimat

### Besuch

- Heim wird gern besucht
- spirituelles Netzwerk
- Arbeit profitiert von Netzwerk

### Botschaft

- über Haus / spirituelle Heimat wird geredet
- Arbeit durch Kommunikation

### Brief

- Schriftstücke über Immobilien / Arbeit
- Schriftstücke bezüglich spiritueller Heimat

### Dieb

- Diebe auf Arbeit
- Diebstahl des Hauses / der geistigen Heimat
- Ideenraub

### Eifersucht

- Intrigen am Arbeitsplatz
- Haus / Heimat durch »falsche Gefühle« gefährdet

### Etwas Geld

- geringes Arbeitseinkommen
- Heim kann eben gehalten werden

### Falschheit

- Neid am Arbeitsplatz
- Gefahr für (geistiges) Heim durch Unehrlichkeit

### Feind

- Mobbing bei der Arbeit
- Neid auf Heim / geistige Heimat

### Fröhlichkeit

- glückliches Heim
- positives Arbeitsklima

### Gedanken

- Gedanken über Arbeit
- Gedanken über Heim / spirituelle Heimat

# Haus
## in Verbindung mit:

### Geistlicher

✧ seelsorgerische Arbeit
✧ spirituelle Heimat / Wurzeln

### Geld

✧ reiches Heim
✧ fruchtbare geistige Heimat
✧ materieller Erfolg auf der Arbeit

### Geliebte

✧ typisch feminine Arbeit
✧ weibliche Themen beim Job

### Geliebter

✧ typisch maskuline Arbeit
✧ männliche Themen beim Job

### Geschenk

✧ Arbeit ist ein Segen
✧ Heim / spirituelle Heimat als
  Geschenk

### Glück

✧ glückliches Heim
✧ Freude über spirituelle Heimat
✧ freudvolle Arbeit

### Heirat

✧ enge Partnerschaft
✧ Heimat als Verbindung zur Seele
✧ dem Heim verbunden

### Hoffnung

✧ Sehnsüchte wegen Heim /
  Heimat
✧ in Arbeit gesetzte Hoffnung

### Kind

✧ neue Ideen fürs Heim
✧ Visionen für Heimat
✧ neue Arbeitsstrukturen

### Krankheit

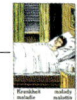

✧ stressige Arbeitssituation
✧ ungesundes Heim / Heimat

### Liebe

✧ Liebe am Arbeitsplatz
✧ liebevolles Arbeiten / Heim

### Offizier

✧ geordnetes Heim
✧ klare Arbeitsstrukturen

# Haus
## in Verbindung mit:

### Reise

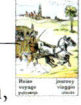

- ✧ Renovierung, Umräumen, Auszug, Umzug
- ✧ hektische Arbeit

### Richter

- ✧ Klärung von Streitigkeiten um Heim / gerechte Arbeit

### Sehnsucht

- ✧ Heim / Arbeit stimmt sehnsüchtig

### Tod

- ✧ Heim geht verloren
- ✧ Kündigung

### Traurigkeit

- ✧ Arbeit stimmt traurig
- ✧ Heim / Heimat stimmt traurig

### Treue

- ✧ Wohnung bleibt erhalten
- ✧ Arbeitsverhältnis bleibt treu

### Unglück

- ✧ katastrophale Wohnverhältnisse
- ✧ heftige Probleme bei der Arbeit

### Unverhoffte Freude

- ✧ unerwartete positive Veränderung bezüglich Heim / Arbeit

### Verdruss

- ✧ destruktive Diskussionen daheim / bei der Arbeit

### Verlust

- ✧ Verlust des Heims / der spirituellen Heimat
- ✧ Verlust der Arbeit

### Witwe

- ✧ Arbeit vereinsamt
- ✧ Heim als persönlicher Rückzugsort

### Witwer

- ✧ Heim als eigenes Reich
- ✧ Erfahrungen in Arbeit einbringen

# Heirat
## in Verbindung mit:

| | |
|---|---|
| **Beständigkeit**  | **Etwas Geld**  |
| ✧ Verbindung mit Höherem Selbst | ✧ Partnerschaft bringt kleinen Erfolg |
| **Besuch**  | **Falschheit**  |
| ✧ Partnerschaft lässt Vernetzung / Austausch entstehen | ✧ Partnerschaft führt zu Unehrlichkeit |
| **Botschaft**  | **Feind**  |
| ✧ Partnerschaft führt zu Gesprächen | ✧ Partnerschaft führt zu Feindschaft |
| **Brief**  | **Fröhlichkeit**  |
| ✧ Partnerschaft führt zu Schriftverkehr und -stücken | ✧ Partnerschaft stimmt fröhlich |
| **Dieb** | **Gedanken**  |
| ✧ Partnerschaft wird gestohlen | ✧ Partnerschaft stimmt nachdenklich |
| **Eifersucht**  | **Geistlicher**  |
| ✧ Partnerschaft schafft Neid | ✧ Partnerschaft führt zu Spiritualität / spiritueller Person |

# Heirat
## in Verbindung mit:

### Geld

✧ Partnerschaft bringt
   Gewinn

### Geliebte

✧ Partnerschaft fördert
   Weiblichkeit

### Geliebter

✧ Partnerschaft fördert
   Männlichkeit

### Geschenk

✧ Partnerschaft ist ein
   Geschenk

### Glück

✧ Partnerschaft macht
   glücklich

### Haus

✧ Partnerschaft bringt
   Heim
✧ Partnerschaft bringt spirituelle
   Heimat / Beruf(ung)

### Hoffnung

✧ Partnerschaft schafft
   Hoffnung

### Kind

✧ Partnerschaft bringt
   Kinder / neue Projekte

### Krankheit

✧ Partnerschaft ist belas-
   tend und macht krank

### Liebe

✧ Partnerschaft ist liebevoll
   und bereichernd

### Offizier

✧ Partnerschaft mündet
   in geradlinigen Kontakt

### Reise

✧ Partnerschaft entwickelt
   schnelle Eigendynamik

# Heirat
## in Verbindung mit:

### Richter

- ❖ Partnerschaft mit rechtskundiger Person
- ❖ Verbindung bringt Gerechtigkeit

### Sehnsucht

- ❖ Partnerschaft stimmt
  sehnsüchtig

### Tod

- ❖ Partnerschaft endet

### Traurigkeit

- ❖ Partnerschaft macht
  traurig

### Treue

- ❖ Partnerschaft ist beständig und positiv

### Unglück

- ❖ Partnerschaft entwickelt
  sich negativ
- ❖ Partnerschaft macht unglücklich

### Unverhoffte Freude

- ❖ Partnerschaft bringt
  unverhofft positive Momente

### Verdruss

- ❖ Partnerschaft ist anstren-
  gend
- ❖ Partnerschaft ist destruktiv

### Verlust

- ❖ Partnerschaft wird als
  Verlust empfunden

### Witwe

- ❖ Partnerschaft mit
  alleinstehender Frau
- ❖ Partnerschaft macht einsam

### Witwer

- ❖ Partnerschaft mit
  alleinstehendem Mann
- ❖ Vernetzung macht erfahren

Hoffnung
espérance    hope
nada    speranza
remény

# Hoffnung
## in Verbindung mit:

### Beständigkeit

◇ Hoffnungen auf lange
Frist realisierbar

### Besuch

◇ Hoffnungen durch Aus-
tausch / Vernetzung realisierbar

### Botschaft

◇ Hoffnungen durch
Gespräche realisierbar

### Brief

◇ Hoffnungen durch schriftliche Formulierung realisierbar

### Dieb

◇ Hoffnung wird gestohlen

### Eifersucht

◇ Vision wird beneidet

### Etwas Geld

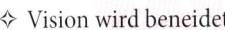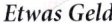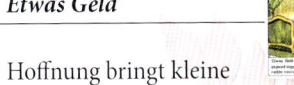

◇ Hoffnung bringt kleine
Gewinne

### Falschheit

◇ Hoffnungen und Visionen
sind unrealistisch

### Feind

◇ Hoffnung schafft Feinde

### Fröhlichkeit

◇ Hoffnungen werden durch
Frohsinn gefördert

### Gedanken

◇ Hoffnungen stimmen
nachdenklich

### Geistlicher

◇ Hoffnungen haben mit
spirituellen Menschen zu tun

### Geld

◇ Hoffnungen fördern
Gewinn
◇ Hoffnungen fördern Talent

169

# Hoffnung
## in Verbindung mit:

### Geliebte

❖ Hoffnungen werden
durch Frau gefördert
❖ Hoffnungen werden durch innere
Weiblichkeit gefördert

### Geliebter

❖ Hoffnungen werden
durch Mann gefördert
❖ Hoffnungen werden durch innere
Männlichkeit gefördert

### Geschenk

❖ Hoffnungen werden als
Geschenk empfunden

### Glück

❖ Hoffnungen werden als
Glück empfunden

### Haus

❖ begründete Hoffnungen
bezüglich Heim
❖ begründete Hoffnungen bezüglich spiritueller Heimat
❖ begründete Hoffnungen bezüglich Arbeit

### Heirat

❖ Visionen führen zu
verbindlicher Partnerschaft

### Kind

❖ Hoffnungen durch neue
Visionen abgelöst
❖ Hoffnungen durch neue Visionen
unterstützt

### Krankheit

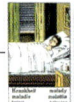

❖ Hoffnungen machen
krank

### Liebe

❖ Hoffnungen entwickeln
sich liebevoll

### Offizier

❖ Hoffnungen durch struk-
turierte (Amts-)Person / Behörde

### Reise

❖ Hoffnungen reisen
❖ Hoffnungen verselbständigen sich
schnell

# Hoffnung
## in Verbindung mit:

**Richter**

✧ Hoffnungen sind gerechtfertigt
✧ Unterstützung durch rechtskundige Person

**Sehnsucht**

✧ Visionen werden ver-
wässert

**Tod**

✧ Hoffnung stirbt

**Traurigkeit**

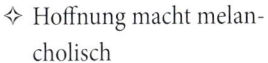

✧ Hoffnung macht melan-
cholisch

**Treue**

✧ Hoffnung bleibt treu

**Unglück**

✧ Hoffnungen werden
vernichtet

**Unverhoffte Freude**

✧ Hoffnungen bringen
unerwartete Gefühle

**Verdruss**

✧ Hoffnungen bringen
Ärger

**Verlust**

✧ Hoffnung bringt Verlust

**Witwe**

✧ Hoffnungen machen
einsam
✧ Hoffnung auf alleinstehende Frau

**Witwer**

✧ Hoffnungen machen
erfahren
✧ Hoffnung auf alleinstehenden
Mann

# Kind
## in Verbindung mit:

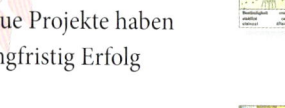

### Beständigkeit

◇ neue Projekte haben langfristig Erfolg

### Besuch

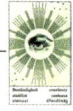

◇ naiver Austausch, kindliche Lernstrukturen

### Botschaft

◇ kindliche Kommunikationsstrukturen

### Brief

◇ kindlicher Schreibstil
◇ naiver Umgang mit Schriftverkehr

### Dieb

◇ Kindheit stiehlt sich davon
◇ Projekte werden gestohlen

### Eifersucht

◇ beginnende Eifersucht
◇ Projekte schaffen Neid

### Etwas Geld

◇ Projekte bringen etwas Geld

### Falschheit

◇ Beginn von Falschheit
◇ Beginn von jugendlicher Rebellion / Pubertät

### Feind

◇ Zunahme von Feindseligkeiten

### Fröhlichkeit

◇ kindliche Fröhlichkeit
◇ beginnende Freundschaft

### Gedanken

◇ Beginn philosophischer Arbeit
◇ naive Gedanken

### Geistlicher

◇ aufblühende Spiritualität
◇ junge spirituelle Person

# Kind
## in Verbindung mit:

### Geld

◇ naiver Umgang mit Geld
◇ naiver Umgang mit Talent

### Geliebte

◇ jugendliche Frau
◇ wachsende weibliche Seite

### Geliebter

◇ jugendlicher Mann
◇ wachsende männliche Seite

### Geschenk

◇ kindliche Geschenke
◇ Projekt / Kind ist Geschenk

### Glück

◇ zunehmendes Glück
◇ kindliches oder unbedarftes
  Glück

### Haus

◇ neue spirituelle Heimat /
  Wohnung
◇ neue spirituelle Arbeit

### Heirat

◇ junge Verbindung
◇ wachsende Partnerschaft

### Hoffnung

◇ wachsende Hoffnung
  mit guten Aussichten

### Krankheit

◇ sich zuspitzende
  Krankheit

### Liebe

◇ wachsende Liebe mit
  viel Potential

### Offizier

◇ wachsende Strukturen

### Reise

◇ beginnende Reisen im
  Außen und Innen

# Kind
## in Verbindung mit:

### Richter

✧ zunehmendes Rechts-
empfinden

### Sehnsucht

✧ reifende Sehnsucht mit
guten Aussichten

### Tod

✧ Projekt stirbt
✧ Kind verändert sich

### Traurigkeit

✧ beginnende Traurigkeit

### Treue

✧ Kind / Projekt bleibt
erhalten

### Unglück

✧ Projekte verlaufen
unglücklich

### Unverhoffte Freude

✧ kindliche / wachsende
Freude, die völlig unerwartet ist

### Verdruss

✧ jugendlicher Trotz bringt
Verdruss
✧ Sturheit bringt Verdruss

### Verlust

✧ wachsender Verlust
✧ Projekt / Kind geht verloren

### Witwe

✧ jugendliche Einsamkeit
✧ junge alleinstehende Frau

### Witwer

✧ jugendliche Einsamkeit
✧ wachsende Erfahrung

174

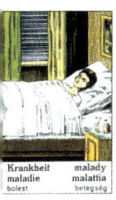

# Krankheit
## in Verbindung mit:

### Beständigkeit

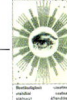

✧ körperlicher Zustand
verbessert sich
✧ geistiger Zustand verbessert sich

### Besuch

✧ Krise schafft Netzwerke /
Austausch

### Botschaft

✧ labiler Gesundheits-
zustand führt zu Gesprächen

### Brief

✧ labiler Gesundheits-
zustand führt zu schriftlicher
Kommunikation

### Dieb

✧ krankheitbedingtes
Davonstehlen
✧ Krankheit stiehlt sich davon

### Eifersucht

✧ krankhafte Eifersucht
✧ Stalking

### Etwas Geld

✧ Krankheit führt zu
Geldsorgen

### Falschheit

✧ Krankheit macht
unaufrichtig
✧ Hypochondrie

### Feind

✧ krankhafte verbohrte
Feindschaft

### Fröhlichkeit

✧ Krankheit schafft Froh-
sinn

### Gedanken

✧ Krankheit stimmt
nachdenklich
✧ Krankheit fördert Gedanken

### Geistlicher

✧ Krankheit führt zu
Spiritualität / spiritueller Person

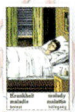

# Krankheit
## in Verbindung mit:

### Geld

- ◇ Krankheit fördert Talent
- ◇ Krankheit bringt Geld

### Geliebte

- ◇ Krankheit führt zur Weiblichkeit

### Geliebter

- ◇ Krankheit führt zur Männlichkeit

### Geschenk

- ◇ ungesunde Geschenke
- ◇ Krankheit wird als Geschenk gesehen

### Glück

- ◇ trügerisches Glück, Scheinidylle

### Haus

- ◇ Krankheit führt zu Heim / spiritueller Heimat
- ◇ Krankheit führt zu Arbeit / Berufung

### Heirat

- ◇ kranke Beziehungen
- ◇ Krankheit führt zu Partnerschaft

### Hoffnung

- ◇ ungesunde Hoffnungen
- ◇ Fanatismus

### Kind

- ◇ krankes Kind / Projekt
- ◇ Krankheit führt zu Kind / Projekt

### Liebe

- ◇ Krankheit schafft Liebe

### Offizier

- ◇ Krankheit führt zu Strukturen

### Reise

- ◇ Krankheit führt zum Aufbruch
- ◇ Krankheit verselbständigt sich

# Krankheit
## in Verbindung mit:

### Richter

✧ Krankheit lässt gerecht
  werden

### Sehnsucht

✧ Krankheit führt zu
  Sehnsucht

### Tod

✧ Krankheit stirbt

### Traurigkeit

✧ Krankheit stimmt
  melancholisch

### Treue

✧ Krankheit bleibt erhalten

### Unglück

✧ Krankheit macht
  unglücklich

### Unverhoffte Freude

✧ Masochismus
✧ Krankheit wandelt sich in Freude

### Verdruss

✧ Krankheit führt zu
  Konflikten

### Verlust

✧ Krankheit löst sich auf

### Witwe

✧ kranke alleinstehende
  Frau
✧ Krankheit macht einsam

### Witwer

✧ kranker alleinstehender
  Mann
✧ Krankheit macht erfahren

# Liebe
## in Verbindung mit:

### Beständigkeit

- ✧ liebevoller Umgang mit der Seele
- ✧ liebevoller Umgang mit Höherem Selbst

### Besuch

- ✧ liebevoller Austausch / Vernetzung

### Botschaft

- ✧ liebevolle Gespräche

### Brief

- ✧ liebevolle Korrespondenz

### Dieb

- ✧ Liebe stiehlt sich davon

### Eifersucht

- ✧ Liebe macht eifersüchtig

### Etwas Geld

- ✧ Liebe bringt ein kleines Einkommen

### Falschheit

- ✧ Liebe auf Abwegen
- ✧ Betrug

### Feind

- ✧ Liebe schafft Feinde

### Fröhlichkeit

- ✧ ausgelassene Liebe

### Gedanken

- ✧ Liebe bestimmt Gedanken

### Geistlicher

- ✧ Liebe schafft Spiritualität
- ✧ Liebe zu spiritueller Person

### Geld

- ✧ Liebe verhilft zu Wohlstand
- ✧ Liebe verhilft zu Talent

# Liebe
## in Verbindung mit:

### Geliebte

- liebevoller Umgang mit Frau
- liebevoller Umgang mit innerer Frau

### Geliebter

- liebevoller Umgang mit Mann
- liebevoller Umgang mit innerem Mann

### Geschenk

- Liebe ist ein Geschenk
- liebevolle Geschenke

### Glück

- erfüllte Liebe, großes Glück

### Haus

- liebevolles Heim / spirituelle Heimat
- erfüllende Arbeit

### Heirat

- Liebesheirat
- liebevolle Verbindlichkeit

### Hoffnung

- Liebe schafft Visionen

### Kind

- Liebe schafft Nachwuchs
- Liebe schafft Aufgaben / Projekte

### Krankheit

- Liebe macht krank
- Liebeskummer

### Offizier

- Liebe zu einer Amtsperson
- Liebe zum Amt / zu Aufgaben

### Reise

- Reiseleidenschaft
- Liebe führt zum Aufbruch

# Liebe
## in Verbindung mit:

### Richter

- ◇ Liebe zu einer juristischen Person
- ◇ Liebe zur Gerechtigkeit

### Sehnsucht

- ◇ Liebe macht sehnsüchtig

### Tod

- ◇ Liebe endet

### Traurigkeit

- ◇ Liebe schafft Traurigkeit

### Treue

- ◇ Liebe bleibt erhalten

### Unglück

- ◇ Liebe macht unglücklich

### Unverhoffte Freude

- ◇ Liebe bringt unverhoffte Glücksmomente

### Verdruss

- ◇ Liebe schafft Verdruss

### Verlust

- ◇ Liebe schafft Verlust

### Witwe

- ◇ Liebe zu einsamer / alleinstehender Frau
- ◇ Liebe macht einsam

### Witwer

- ◇ Liebe zu erfahrenem / alleinstehendem Mann
- ◇ Liebe macht erfahren

# Offizier
## in Verbindung mit:

### Beständigkeit

✧ Klarheit / Direktheit
schafft beständige Strukturen

### Besuch

✧ klare, zielgerichtete
Vernetzung

### Botschaft

✧ klare / aussagekräftige
mündliche Kommunikationen

### Brief

✧ klare / aussagekräftige
schriftliche Kommunikation
✧ klare / aussagekräftige Verträge

### Dieb

✧ Struktur / Stabilität stiehlt
sich davon

### Eifersucht

✧ Klarheit / Direktheit /
Struktur macht neidisch

### Etwas Geld

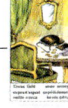

✧ Klarheit / Direktheit /
Struktur führt zu kleinem
Gewinn

### Falschheit

✧ Klarheit / Direktheit /
Struktur macht falsch
✧ üble Nachrede

### Feind

✧ aufrechte Person hat
Feinde

### Fröhlichkeit

✧ förmliche Feiern
✧ Stabilität bringt Freude

### Gedanken

✧ klares, strukturiertes,
fundiertes, nachvollziehbares
Denken

### Geistlicher

✧ prinzipientreuer geist-
licher Führer

# Offizier
## in Verbindung mit:

### Geld

◇ Solidität bringt Geld / Talente
◇ konservatives Handeln bringt Geld / Talente

### Geliebte

◇ beständige treue konsequente Frau

### Geliebter

◇ beständiger treuer konsequenter Mann

### Geschenk

◇ Struktur / Stabilität wird als Geschenk empfunden

### Glück

◇ beständiges solides Glück

### Haus

◇ solides, stabiles, friedliches Heim / spirtuelle Heimat
◇ solides, stabiles, friedliches Berufsleben

### Heirat

◇ beständige, solide, verlässliche Partnerschaft / Verbindung

### Hoffnung

◇ realistische Visionen
◇ Stabilität führt zu Hoffnungen

### Kind

◇ realisierbare Projeke
◇ klar strukturierte Neuanfänge

### Krankheit

◇ durch Pflichten und Verantwortung überlastet
◇ gestresst

### Liebe

◇ solide, bodenständige, beständige Liebe

### Reise

◇ schnelle stabile Entwicklung
◇ gut geplante Reise

# Offizier
## in Verbindung mit:

### Richter

◇ unabhängige / aufrechte / verlässliche Rechtsperson
◇ unabhängige / verlässliche Rechtsprechung

### Sehnsucht

◇ realistische Sehnsüchte

### Tod

◇ althergebrachte Strukturen sterben

### Traurigkeit

◇ Struktur / Direktheit macht traurig

### Treue

◇ Struktur / Stabilität / Klarheit bleibt erhalten

### Unglück

◇ Staatsgewalt / Amtsperson schafft Unglück

### Unverhoffte Freude

◇ Struktur / Stabilität / Klarheit führt zu unerwarteter Freude

### Verdruss

◇ Staatsgewalt / Amtsperson bringt Frustration

### Verlust

◇ Staatsgewalt / Amtsperson verliert an Einfluss

### Witwe

◇ geradlinige, aufrechte alleinstehende Frau
◇ Aufrichtigkeit macht einsam

### Witwer

◇ geradliniger, aufrechter alleinstehender Mann
◇ Aufrichtigkeit macht erfahren

# Reise
## in Verbindung mit:

### Beständigkeit

- ✧ spiritueller Aufbruch
- ✧ Reise steht unter gutem Stern

### Besuch

- ✧ auf Menschen zugehen
- ✧ Besuch von Menschen mit gleichen Zielen

### Botschaft

- ✧ Telefonat
- ✧ schnelle mündliche Kommunikation

### Brief

- ✧ schnelle schriftliche Kommunikation
- ✧ Brief / E-Mail / SMS / Fax

### Dieb

- ✧ schneller unerwünschter Verlust

### Eifersucht

- ✧ Zuspitzung von Eifersucht / Besitzansprüchen

### Etwas Geld

- ✧ Glücksspielgewinn
- ✧ schneller unwesentlicher Zugewinn

### Falschheit

- ✧ Zunahme von Gerüchten
- ✧ Tratsch im Arbeits- / Freundes- / Lebensumfeld

### Feind

- ✧ Zunahme von Intrigen im Arbeits- / Lebensumfeld
- ✧ Zunahme von Intrigen im Freundeskreis

### Fröhlichkeit

- ✧ Fröhlichkeit entwickelt sich schnell
- ✧ Reise hat erfreuliche Auswirkung

### Gedanken

- ✧ Blitzdenker
- ✧ Brainstorming

# Reise
## in Verbindung mit:

### Geistlicher

✧ schnelle spirituelle
   Entwicklung
✧ Reise zu einem spirituellen
   Menschen

### Geld

✧ schnelles Geld
✧ Entdeckung eigener Talente

### Geliebte

✧ zur Geliebten / inneren
   Frau eilen

### Geliebter

✧ zum Geliebten / inneren
   Mann eilen

### Geschenk

✧ schnelles Geschenk
✧ Reise ist ein Geschenk

### Glück

✧ Reise macht glücklich

### Haus

✧ Reise zu sich selbst
✧ schnelle Veränderung der
   Wohnungs- / Arbeitssituation

### Heirat

✧ schnelle Veränderung in
   in beruflicher / privater Partnerschaft

### Hoffnung

✧ Hoffnungen verändern
   sich schnell

### Kind

✧ schnelles Wachsen von
   Kindern / Projekten

### Krankheit

✧ Gesundheitszustand
   verändert sich schnell

### Liebe

✧ Selbstliebe
✧ schnelle Entwicklungen in der
   Liebe

# Reise
## in Verbindung mit:

### Offizier

- ✧ schnelle Staatsgewalt
- ✧ schnelle Entwicklung in büro-
  kratischer Angelegenheit

### Richter

- ✧ schnelle Rechtsprechung
- ✧ schnelle Entwicklung in Rechts-
  angelegenheit

### Sehnsucht

- ✧ Sehnsucht verändert sich
  schnell

### Tod

- ✧ Reise wird abgebrochen
- ✧ Reise findet nicht statt

### Traurigkeit

- ✧ Melancholie verändert
  sich schnell
- ✧ Reise mit traurigen Folgen

### Treue

- ✧ schnell eintreffende Ereignisse, an die fest geglaubt wurde

### Unglück

- ✧ schnelles Eintreffen
  unerfreulicher Ereignisse

### Unverhoffte Freude

- ✧ schnelles unerwartetes
  Eintreffen freudiger Ereignisse

### Verdruss

- ✧ schneller destruktiver
  Schlagabtausch

### Verlust

- ✧ schnelle Verluste

### Witwe

- ✧ Reise zu einer alleinstehenden Frau
- ✧ Reisen macht einsam

### Witwer

- ✧ Reise zu einem alleinstehenden Mann
- ✧ Reisen macht erfahren

# Richter
## in Verbindung mit:

### Beständigkeit

✧ übergeordnete kosmische
  Gerechtigkeit

### Besuch

✧ fairer Austausch
✧ Vernetzung auf Augenhöhe

### Botschaft

✧ wahre aufrichtige Worte

### Brief

✧ wahre aufrichtige Schriftstücke

### Dieb

✧ Gerechtigkeit wird ent-
  wendet oder verschwindet
✧ juristische Person verschwindet

### Eifersucht

✧ Neid korrumpiert
  Gerechtigkeit
✧ Neid korrumpiert juristische
  Person

### Etwas Geld

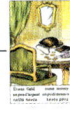

✧ Gerechtigkeit wird mit
  kleinem Gewinn belohnt
✧ juristische Person wird mit
  kleinem Gewinn belohnt

### Falschheit

✧ Gerechtigkeit wird falsch
  ausgelegt
✧ Rechtsperson spielt falsch

### Feind

✧ Gerechtigkeit / juristische
  Person wird zum Feind

### Fröhlichkeit

✧ Gerechtigkeit / juristische
  Person bringt Freude

### Gedanken

✧ wahre ethische Gedanken

### Geistlicher

✧ wahre aufrichtige Spiritualität / spirituelle Person

# Richter
## in Verbindung mit:

### Geld

- ✧ Gerechtigkeit / juristische Person wird belohnt
- ✧ gerechter Umgang mit Talent

### Geliebte

- ✧ gerechter, aufrichtiger Umgang mit Frau
- ✧ gerechter, aufrichtiger Umgang mit der weiblichen Seite

### Geliebter

- ✧ gerechter, aufrichtiger Umgang mit Mann
- ✧ gerechter, aufrichtiger Umgang mit der männlicher Seite

### Geschenk

- ✧ Gerechtigkeit / juristische Person wird als Geschenk gesehen

### Glück

- ✧ Gerechtigkeit / juristische Person wird als Glück erkannt

### Haus

- ✧ gerechte Arbeit
- ✧ ethische Basis / spirituelle Heimat

### Heirat

- ✧ gerechte, ehrliche Verbindung / Partnerschaft

### Hoffnung

- ✧ auf Gerechtigkeit / juristischer Person liegt Hoffnung

### Kind

- ✧ Gerechtigkeit ermöglicht Projekte / Kinder
- ✧ Aufrichtigkeit ermöglicht Projekte / Kinder

### Krankheit

- ✧ Gerechtigkeit / Aufrichtigkeit kränkelt

### Liebe

- ✧ Gerechtigkeit / juristische Person bringt Liebe

# Richter
## in Verbindung mit:

### Offizier

✧ geradlinige Recht-
sprechung / juristische Person

### Reise

✧ Gerechtigkeit / juristische
Person in schneller Bewegung

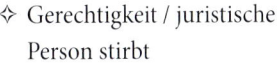

### Sehnsucht

✧ Gerechtigkeit / juristische
Person schafft Sehnsucht

### Tod

✧ Gerechtigkeit / juristische
Person stirbt

### Traurigkeit

✧ Gerechtigkeit / juristische
Person schafft Traurigkeit

### Treue

✧ Gerechtigkeit / juristische
Person bleibt treu

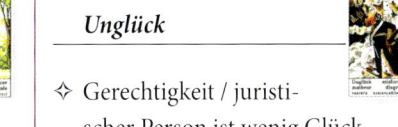

### Unglück

✧ Gerechtigkeit / juristischer Person ist wenig Glück
beschieden

### Unverhoffte Freude

✧ Gerechtigkeit / juristische
Person entwickelt sich positiv

### Verdruss

✧ destruktive Auseinandersetzung mit juristischer Person /
Gesetz

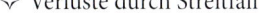

### Verlust

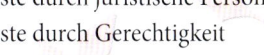

✧ Verluste durch Streitfall
✧ Verluste durch juristische Person
✧ Verluste durch Gerechtigkeit

### Witwe

✧ Jurist vereinsamt
✧ einsam durch Gerechtigkeit

### Witwer

✧ Jurist wird erfahren
✧ einsam durch Gerechtigkeit

# Sehnsucht
## in Verbindung mit:

### Beständigkeit

◇ Sehnsucht nach der Seele
◇ Sehnsucht nach Höherem Selbst

### Besuch

◇ Sehnsucht nach Vernet-
zung mit Gleichgesinnten
◇ Sehnsucht nach dem Lernen von
Gleichgesinnten

### Botschaft

◇ Sehnsucht nach spirituell
tiefgehenden Diskussionen

### Brief

◇ Sehnsucht nach spirituell
tiefgehenden Korrespondenzen

### Dieb

◇ Sehnsucht, etwas zu
stehlen
◇ Sehnsucht, sich davonzustehlen

### Eifersucht

◇ Sehnsucht führt zu Eifersucht

### Etwas Geld

◇ Sehnsucht führt zu etwas
Geld

### Falschheit

◇ Sehnsucht führt zu
Unaufrichtigkeit

### Feind

◇ Sehnsucht schafft Feindschaft

### Fröhlichkeit

◇ Sehnsucht nach Frohsinn

### Gedanken

◇ Sehnsucht nach klaren
Gedanken

### Geistlicher

◇ Sehnsucht nach Spiritualität
◇ Sehnsucht nach geistiger Führung

# Sehnsucht
## in Verbindung mit:

### Geld

✧ auf den großen Gewinn
  hoffen

### Geliebte

✧ Sehnsucht nach Frau
✧ Sehnsucht nach der weiblichen
  Seite

### Geliebter

✧ Sehnsucht nach Mann
✧ Sehnsucht nach Macht
✧ Sehnsucht nach der männlichen
  Seite

### Geschenk

✧ Sehnsucht nach
  Geschenken

### Glück

✧ Sehnsucht nach dem ganz
  großen Glück

### Haus

✧ Sehnsucht nach der
  Traumwohnung / spirituellem
  Heim
✧ Sehnsucht nach der Berufung

### Heirat

✧ Sehnsucht nach der per-
  fekten Beziehung / Partnerschaft

### Hoffnung

✧ Sehnsucht verstärkt
  Hoffnung

### Kind

✧ Kinderwunsch
✧ Sehnsucht nach Herzensprojekt

### Krankheit

✧ Schwermut
✧ aufgesetzte Melancholie

### Liebe

✧ Sehnsucht nach der
  großen Liebe

# Sehnsucht
## in Verbindung mit:

### Offizier

◇ Sehnsucht nach Gerad-
linigkeit / Direktheit
◇ Sehnsucht nach Staatsautorität

### Reise

◇ Fernweh
◇ Sehnsucht nach Aufbruch /
Veränderung

### Richter

◇ Sehnsucht nach
Gerechtigkeit

### Tod

◇ Sehnsucht stirbt
◇ Todessehnsucht

### Traurigkeit

◇ Sehnsucht nach Zulassen
von Traurigkeit

### Treue

◇ Sehnsucht bleibt treu

### Unglück

◇ sich nach Bestätigung
erahnter Katastrophen sehnen

### Unverhoffte Freude

◇ Sehnsucht nach einem
Wunder

### Verdruss

◇ Sehnsucht nach sinn-
losem Streit

### Verlust

◇ Sehnsucht nach Verlust

### Witwe

◇ Sehnsucht nach Einsam-
keit
◇ Sehnsucht nach alleinstehender
Frau

### Witwer

◇ Sehnsucht nach aktiv
umgesetzter Lebenserfahrung
◇ Sehnsucht nach alleinstehendem
Mann

Tod
mort
smrt
death
morte
halál

# Tod
## in Verbindung mit:

### Beständigkeit

✧ durch Wandel zum
  Höheren Selbst geführt werden

### Besuch

✧ Veränderungen des
  Bekannten- und Freundeskreises

### Botschaft

✧ unter Gespräche Schluss-
  strich ziehen
✧ neue Ansätze / Kommunikations-
  formen

### Brief

✧ alten Korrespondenzstil
  abschließen
✧ neue Ansätze / Kommunikations-
  formen

### Dieb

✧ Genesung
✧ etwas scheinbar Abgeschlossenes
  geht weiter

### Eifersucht

✧ Abschluss schafft Eifersucht

### Etwas Geld

✧ Loslassen bringt kleine
  finanzielle Zuwendung

### Falschheit

✧ Veränderung zu
  Unehrlichkeit

### Feind

✧ Veränderung zu Feind-
  schaft

### Fröhlichkeit

✧ Veränderung zu Freude
  und Spaß

### Gedanken

✧ Abschluss stimmt
  nachdenklich

193

# Tod
## in Verbindung mit:

### Geistlicher

✧ Veränderung bringt Öffnung zu Spiritualität / zu spiritueller Person

### Geld

✧ Loslassen von alten Themen bringt Gewinn und Erfolg

### Geliebte

✧ Veränderung alter Strukturen ermöglicht weibliche Seite

### Geliebter

✧ Veränderung alter Strukturen ermöglicht männliche Seite

### Geschenk

✧ Abschluss ist ein Geschenk

### Glück

✧ Abschluss ist ein Glück

### Haus

✧ Abschluss bringt neue Wohnsituation
✧ Abschluss bringt neue spirituelle Heimat
✧ Abschluss bringt neue Arbeitssituation

### Heirat

✧ Abschluss bringt neue Partnerschaften

### Hoffnung

✧ Abschluss schürt Hoffnungen

### Kind

✧ Abschluss bringt neues Leben und Projekte

### Krankheit

✧ Abschluss macht krank

### Liebe

✧ Abschluss bringt (Selbst-) Liebe

# Tod
## in Verbindung mit:

### Offizier

- ✧ Abschluss bringt Strukturen / Klarheit / Geradlinigkeit

### Reise

- ✧ Abschluss bringt Reisen und Abenteuer
- ✧ Veränderung bringt Reisen und Abenteuer zu sich selbst

### Richter

- ✧ Abschluss bringt Gerechtigkeit

### Sehnsucht

- ✧ Abschluss bringt unklare Wünsche und Vorstellungen

### Traurigkeit

- ✧ Abschluss macht melancholisch

### Treue

- ✧ Abschluss ist definitiv

### Unglück

- ✧ Abschluss bringt Unglück

### Unverhoffte Freude

- ✧ Abschluss bringt unverhoffte Freude

### Verdruss

- ✧ Abschluss bringt unerfreuliche Diskussionen

### Verlust

- ✧ Abschluss bringt Verluste

### Witwe

- ✧ Abschluss bringt Einsamkeit
- ✧ Abschluss bringt alleinstehende Frau

### Witwer

- ✧ veränderte Verhaltensmuster bringen Erfahrungen
- ✧ veränderte Verhaltensmuster bringen alleinstehenden Mann

# Traurigkeit
## in Verbindung mit:

### Beständigkeit

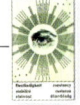

✧ Traurigkeit / Melancholie
wird abgemildert

### Besuch

✧ Traurigkeit / Melancholie
schafft Netzwerke

### Botschaft

✧ Trauriges wird mündlich
übermittelt

### Brief

✧ Trauriges wird schriftlich
übermittelt

### Dieb

✧ Traurigkeit / Melancholie
stiehlt sich davon

### Eifersucht

✧ Traurigkeit / Melancholie
schafft Eifersucht

### Etwas Geld

✧ aus Schwermut lässt sich
etwas Kapital schlagen

### Falschheit

✧ Traurigkeit / Melancholie
macht falsch, unehrlich
✧ Traurigkeit / Melancholie ist
unbegründet

### Feind

✧ Traurigkeit / Melancholie
schafft Feinde / Selbsthass

### Fröhlichkeit

✧ Traurigkeit / Melancholie
führt zu Freude

### Gedanken

✧ Traurigkeit / Melancholie
stimmt nachdenklich

### Geistlicher

✧ Traurigkeit / Melancholie
führt zu Spiritualität / zu spiritueller Person

# Traurigkeit
## in Verbindung mit:

### Geld

◇ Traurigkeit / Melancholie
schafft Gewinn / Talent

### Geliebte

◇ Traurigkeit / Melancholie
macht passiv

### Geliebter

◇ Traurigkeit / Melancholie
macht aktiv

### Geschenk

◇ Traurigkeit / Melancholie
wird als Geschenk erkannt

### Glück

◇ Traurigkeit / Melancholie
wandelt sich zu Glück

### Haus

◇ Übergriff von Traurigkeit
auf (spirituelles) Heim
◇ Traurigkeit / Melancholie greift
über auf Arbeitssituation

### Heirat

◇ Traurigkeit / Melancholie
führt zu Partnerschaft

### Hoffnung

◇ Traurigkeit / Melancholie
führt zu Visionen

### Kind

◇ Traurigkeit / Melancholie
schafft neues Leben / neue Projekte

### Krankheit

◇ Traurigkeit / Melancholie
wird chronisch
◇ Traurigkeit / Melancholie schafft
körperliche Symptome

### Liebe

◇ Traurigkeit / Melancholie
führt zu Liebe / Selbstliebe

### Offizier

◇ Traurigkeit / Melancholie
führt zu neuen Strukturen

# Traurigkeit
## in Verbindung mit:

### Reise

✧ Traurigkeit / Melancholie führt zum Aufbruch / verselbständigt sich

### Richter

✧ Traurigkeit / Melancholie führt zu Gerechtigkeit

### Sehnsucht

✧ Traurigkeit / Melancholie führt zu unklaren Wünschen
✧ Traurigkeit / Melancholie führt zu Sehnsüchten

### Tod

✧ Traurigkeit / Melancholie endet

### Treue

✧ an der Traurigkeit / Melancholie festhalten

### Unglück

✧ Traurigkeit / Melancholie resultiert in Unglück

### Unverhoffte Freude

✧ Traurigkeit / Melancholie wandelt sich in unverhoffte Freude

### Verdruss

✧ Traurigkeit / Melancholie mündet in unerfreuliche Diskussionen

### Verlust

✧ Traurigkeit / Melancholie schafft Verluste
✧ Traurigkeit / Melancholie geht verloren

### Witwe

✧ Traurigkeit / Melancholie macht einsam

### Witwer

✧ Traurigkeit / Melancholie bringt wertvolle Erfahrungen

# Treue
## in Verbindung mit:

### Beständigkeit

◇ Treue führt zum
  Höheren Selbst

### Besuch

◇ Treue breitet sich durch
  Vernetzung aus

### Botschaft

◇ Treue wird kommuniziert

### Brief

◇ über Treue wird
  geschrieben

### Dieb

◇ Treue wird genommen

### Eifersucht

◇ Eifersucht und Neid
  lösen gute Gefühle ab

### Etwas Geld

◇ Treue wir nur geringfügig
  belohnt

### Falschheit

◇ Treue stellt sich als falsch
  heraus

### Feind

◇ Treue schafft Feinde

### Fröhlichkeit

◇ Treue macht fröhlich

### Gedanken

◇ Gedanken beruhen auf
  Grundsätzen der Ethik und Treue

### Geistlicher

◇ Treue führt zu Ent-
  deckung der Spiritualität
◇ Treue führt zu spiritueller Person

### Geld

◇ Treue ist die Grundlage
  der Talente
◇ Treue ist die Grundlage für
  Finanzen

# Treue
## in Verbindung mit:

### Geliebte

✧ Treue zu Partnerin /
der weiblichen Seite

### Geliebter

✧ Treue zu Partner /
der männlichen Seite

### Geschenk

✧ Treue wird als Geschenk
wahrgenommen und angenom-
men

### Glück

✧ Treue wird als Glück
wahrgenommen und angenom-
men

### Haus

✧ Treue führt zu Wohnort /
spirituellem Heim
✧ Treue führt zu Arbeit / Aufgabe

### Heirat

✧ Treue führt zu Partner-
schaften

### Hoffnung

✧ den eigenen Visionen
treu bleiben

### Kind

✧ Treue führt zu neuen
Aufgaben / Projekten

### Krankheit
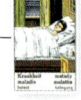

✧ Treue schafft Krankheit

### Liebe

✧ aus Treue resultiert Liebe

### Offizier

✧ Treue ist Grundlage der
Geradlinigkeit
✧ Treue ist Grundlage ethischer
Staatsgewalt

### Reise

✧ Treue bewegt zum
Aufbruch
✧ Treue begibt sich auf Reisen

# Treue
## in Verbindung mit:

### Richter

✧ ethische Rechtsprechung ohne Machtmissbrauch

### Sehnsucht

✧ Treue schafft Sehnsucht

### Tod

✧ Treue bringt Veränderung

### Traurigkeit

✧ Treue schafft Traurigkeit

### Unglück

✧ Treue entwickelt sich unglücklich

### Unverhoffte Freude

✧ Treue bringt unverhofft Lebensfreude

### Verdruss

✧ Treue bringt Ärger

### Verlust

✧ Treue führt zu einem Verlust

### Witwe

✧ Einsamkeit als Resultat von Treue
✧ Treue führt zu alleinstehender Frau

### Witwer

✧ der eigenen Lebenserfahrung treu sein
✧ Treue führt zu alleinstehendem Mann

# Unglück
## in Verbindung mit:

### Beständigkeit

✧ Glück im Unglück
✧ Unglück führt zum Höheren Selbst

### Besuch

✧ Unglück führt zu Vernetzung / Austausch

### Botschaft

✧ mündliche Nachricht informiert über Unglück

### Brief

✧ Schriftstück informiert über Unglück

### Dieb

✧ Unglück verflüchtigt sich
✧ Unglück wird gestohlen

### Eifersucht

✧ Unglück schafft Eifersucht

### Etwas Geld

✧ ein kleines Einkommen aus einem Unglück schlagen

### Falschheit

✧ Glück wird nicht anerkannt oder begriffen

### Feind

✧ Unglück schafft Feinde

### Fröhlichkeit

✧ Unglück wandelt sich in Freude

### Gedanken

✧ Nachdenken über Ursache und Lösung von Unglück / Problemen

### Geistlicher

✧ Unglück führt zu Auseinandersetzung mit Spiritualität
✧ Unglück führt zu Auseinandersetzung mit spiritueller Person

# Unglück
## in Verbindung mit:

### Geld

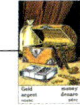

✧ Unglück führt zu
  Entdeckung von Talenten
✧ Unglück führt zu Entdeckung
  von Geldquellen

### Geliebte

✧ unglückliche Geliebte /
  innere Weiblichkeit
✧ unzufrieden in Liebesdingen

### Geliebter

✧ unglückliche/r Geliebter /
  innere Männlichkeit
✧ unzufrieden in Liebesdingen

### Geschenk

✧ Unglück wird als sinn-
  stiftendes, erkenntnisbringendes
  Geschenk erkannt

### Glück

✧ Unglück wandelt sich in
  Glück

### Haus

✧ Katastrophen wirken sich
  auf (spirituelles) Heim aus
✧ Katastrophen wirken sich auf
  Arbeitsplatz aus

### Heirat

✧ Unglück führt zu
  Partnerschaften

### Hoffnung

✧ Unglück schürt
  Hoffnungen

### Kind

✧ aus Krise entsteht neues
  Leben / neues Projekt

### Krankheit

✧ Unglück macht krank

### Liebe

✧ Unglück führt zu (Selbst-)
  Liebe

# Unglück
## in Verbindung mit:

### Offizier

- ✧ Unglück führt zu Klarheit / Struktur
- ✧ Unglück führt zu geradlinigem Ratgeber

### Reise

- ✧ Unglück begibt sich auf Reisen
- ✧ Unglück führt zum Aufbruch

### Richter

- ✧ Unglück führt zu Gerechtigkeit

### Sehnsucht

- ✧ Unglück führt zu unklaren Wünschen und Vorstellungen

### Tod

- ✧ Unglück endet

### Traurigkeit

- ✧ Unglück führt zu Traurigkeit / Schwermut

### Treue

- ✧ Unglück bleibt treu

### Unverhoffte Freude

- ✧ Unglück verdeutlicht, wie gut man es eigentlich hat

### Verdruss

- ✧ Unglück führt zu unfruchtbaren Diskussionen

### Verlust

- ✧ Unglück führt zu Verlusten

### Witwe

- ✧ Unglück resultiert in ungewollter Einsamkeit
- ✧ unglückliche alleinstehende Frau

### Witwer

- ✧ Unglück resultiert in Erfahrungen
- ✧ unglücklicher alleinstehender Mann

# Unverhoffte Freude
## in Verbindung mit:

### Beständigkeit

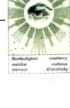

✧ plötzliche Freude führt
zum Höheren Selbst

### Besuch

✧ unverhoffte Freude schafft
Vernetzung / Austausch

### Botschaft

✧ über unerwartete Freude
wird geredet

### Brief

✧ über unerwartete Freude
wird geschrieben

### Dieb

✧ plötzliche Freude stiehlt
sich davon

### Eifersucht

✧ freudige Ereignisse
resultieren in Neid / Eifersucht

### Etwas Geld

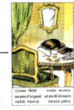

✧ unverhoffte Freude schafft
kleines Einkommen

### Falschheit

✧ unerwartete Freude
entpuppt sich als falsch
✧ zu früh gefreut

### Feind

✧ unerwartete Freude
schafft Feinde / Misstrauen

### Fröhlichkeit

✧ unverhoffte Freude bringt
Vergnügen

### Gedanken

✧ unverhoffte Freude regt
zum Denken an

### Geistlicher

✧ plötzliche Freude führt
zu Kontakt mit Spiritualität /
spiritueller Person

# Unverhoffte Freude
## in Verbindung mit:

### Geld

✧ unverhoffte Freude bringt Geld
✧ unverhoffte Freude führt zu den eigenen Talenten

### Geliebte

✧ unerwartet glückliche Geliebte / innere Weiblichkeit
✧ glückstiftende Liebe

### Geliebter

✧ unerwartet glücklicher Geliebter
✧ unerwartet glückliche innere Männlichkeit

### Geschenk

✧ unverhofftes Glück wird als Geschenk erkannt

### Glück

✧ unverhoffte Freude bringt Glück

### Haus

✧ unverhoffte Freude wirkt sich auf (spirituelles) Heim aus
✧ unverhoffte Freude wirkt sich auf Arbeitssituation aus

### Heirat

✧ unverhoffte Freude schafft private / berufliche Bindungen

### Hoffnung

✧ unverhoffte Freude führt zu realisierbaren Visionen

### Kind

✧ unverhoffte Freude führt zu neuen Projekten
✧ erfüllter Kinderwunsch

### Krankheit

✧ unverhoffte Freude wirkt sich auf Gesundheitszustand aus

### Liebe

✧ unverhoffte Freude führt zu (Selbst-)Liebe

# Unverhoffte Freude
## in Verbindung mit:

### Offizier

◇ unverhoffte Freude führt
zu Klarheit / Struktur
◇ unverhoffte Freude führt zu
geradlinigem Ratgeber

### Reise

◇ unverhoffte Freude
begibt sich auf Reisen /
führt zum Aufbruch

### Richter

◇ unverhoffte Freude
resultiert in Gerechtigkeit

### Sehnsucht

◇ unverhoffte Freude führt
zu diffusen Wünschen /
Vorstellungen

### Tod

◇ unverhoffte Freude stirbt

### Traurigkeit

◇ unverhoffte Freude
stimmt traurig

### Treue

◇ unverhoffte Freude bleibt
erhalten

### Unglück

◇ unverhoffte Freude wan-
delt sich unerwartet ins Negative

### Verdruss

◇ unverhoffte Freude bringt
unkonstruktive Gespräche

### Verlust

◇ unverhoffte Freude geht
verloren / bringt Verluste

### Witwe

◇ Freude schafft Einsamkeit
◇ unverhofft glückliche alleinstehende Frau

### Witwer

◇ Freude schafft
Erfahrungen
◇ unverhofft glücklicher alleinstehender Mann

# Verdruss
## in Verbindung mit:

### Beständigkeit

◈ Frustrationen werden
  gemildert
◈ Frustrationen führen zum
  Höheren Selbst

### Besuch

◈ Frustrationen fließen in
  Netzwerke ein
◈ Frustrationen führen zu
  Austausch

### Botschaft

◈ Frustrationen bestimmen
  mündliche Kommunikation

### Brief

◈ Frustrationen bestimmen
  schriftliche Kommunikation

### Dieb

◈ Streit löst sich auf
◈ Streit wird weggestohlen

### Eifersucht

◈ unkonstruktive Ausein-
  andersetzungen führen zu Neid /
  Eifersucht

### Etwas Geld

◈ Frustrationen bringen
  etwas Geld

### Falschheit

◈ Streit ist unbegründet
◈ Streit macht falsch / unehrlich

### Feind

◈ Verdruss schafft Feinde

### Fröhlichkeit

◈ Frustration wandelt sich
  in Freude

### Gedanken

◈ Frustrationen stimmen
  nachdenklich

# Verdruss
## in Verbindung mit:

### Geistlicher

- ✧ Verdruss führt zu Auseinandersetzung mit Spiritualität / mit spiritueller Person

### Geld

- ✧ Verdruss bringt Gewinn
- ✧ Verdruss fördert Talent

### Geliebte

- ✧ Streit führt zu Auseinandersetzung mit Geliebter / mit der weiblichen Seite

### Geliebter

- ✧ Streit führt zu Auseinandersetzung mit Geliebtem / mit der männlichen Seite

### Geschenk

- ✧ unkonstruktive Gespräche werden als Geschenk erkannt

### Glück

- ✧ Verdruss wandelt sich zu Glück

### Haus

- ✧ Streit greift über auf (spirituelles) Heim
- ✧ Streit greift über auf Arbeitssituation

### Heirat

- ✧ Frustration mündet in Partnerschaften

### Hoffnung

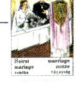

- ✧ Streit schafft Hoffnungen

### Kind

- ✧ Verdruss schafft neue Projekte
- ✧ Verdruss schafft neues Leben

### Krankheit

- ✧ Burnout-Syndrom
- ✧ Verdruss macht krank / stresst

### Liebe

- ✧ Verdruss wird zu Liebe

# Verdruss
## in Verbindung mit:

### Offizier

- ❖ Streit führt zu Klarheit / Struktur
- ❖ Streit führt zu geradlinigem Ratgeber

### Reise

- ❖ Verdruss bringt Reisen (zu sich selbst)
- ❖ Verdruss führt zum Aufbruch

### Richter

- ❖ Streit führt vor den Kadi
- ❖ Streit führt zu Gerechtigkeit

### Sehnsucht

- ❖ Verdruss führt zu unrealistischen Hoffnungen und Wünschen

### Tod

- ❖ Streit endet

### Traurigkeit

- ❖ unkonstruktiver Streit führt zu Traurigkeit

### Treue

- ❖ Verdruss bleibt treu

### Unglück

- ❖ unkonstruktiver Streit resultiert in Unglück

### Unverhoffte Freude

- ❖ Streit wandelt sich unverhofft in Freude

### Verlust

- ❖ Verdruss schafft Verluste
- ❖ Verdruss geht verloren

### Witwe

- ❖ Streit macht einsam
- ❖ destruktive Diskussion mit alleinstehender Frau

### Witwer

- ❖ Streit bringt Erfahrungen
- ❖ destruktive Diskussion mit alleinstehendem Mann

# Verlust
## in Verbindung mit:

### Beständigkeit

◇ Verlust wird abgemildert
◇ Verlust führt zum Höheren Selbst

### Besuch

◇ Verlust beeinflusst
  Netzwerke
◇ Verlust führt zu Austausch

### Botschaft

◇ Verlust wird mündlich
  übermittelt

### Brief

◇ Verlust wird schriftlich
  übermittelt

### Dieb

◇ Verlust löst sich auf
◇ Verlust wird weggestohlen

### Eifersucht

◇ Verlust führt zu Eifer-
  sucht und Neid

### Etwas Geld

◇ Verlust bringt ein kleines
  Einkommen

### Falschheit

◇ Verlust macht falsch /
  unehrlich
◇ Verlust ist unbegründet

### Feind

◇ Verlust schafft Feinde

### Fröhlichkeit

◇ Verlust wandelt sich in
  Freude

### Gedanken

◇ Verluste stimmen
  nachdenklich

### Geistlicher

◇ Verlust führt zu Auseinandersetzung mit Spiritualität
◇ Verlust führt zu Auseinandersetzung mit spiritueller Person

211

# Verlust
## in Verbindung mit:

### Geld

✧ Verlust bringt Geld
✧ Verlust fördert Talent

### Geliebte

✧ Verlust führt zu Auseinandersetzung mit Geliebter /
  mit weiblicher Seite

### Geliebter

✧ Verlust führt zu Auseinandersetzung mit Geliebtem /
  mit männlicher Seite

### Geschenk

✧ Verlust wird als Geschenk
  angesehen

### Glück

✧ Verlust wird als Glück
  erkannt

### Haus

✧ Verlust wirkt sich auf
  (spirituelles) Heim aus
✧ Verlust wirkt sich auf Arbeit aus

### Heirat

✧ Verlust führt zu Partnerschaften

### Hoffnung

✧ Verlust schafft
  Hoffnungen

### Kind

✧ Verlust schafft Raum für
  Kinder
✧ Verlust schafft Raum für Projekte

### Krankheit

✧ Verlust macht krank

### Liebe

✧ Verlust wandelt sich in
  Liebe

### Offizier

✧ Verlust führt zu Klarheit /
  Struktur
✧ Verlust führt zu geradlinigem
  Ratgeber

# Verlust
## in Verbindung mit:

### Reise

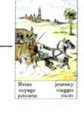

- ✧ Verlust bringt Reisen (zu sich selbst)
- ✧ Verlust führt zum Aufbruch

### Richter

- ✧ Verlust führt vor den Kadi
- ✧ Verlust führt zu Gerechtigkeit

### Sehnsucht

- ✧ Verlust führt zu unrealistischen Träumen und Wünschen

### Tod

- ✧ Verlust endet

### Traurigkeit

- ✧ Verlust macht traurig

### Treue

- ✧ Verlust bleibt treu

### Unglück

- ✧ Verlust macht unglücklich

### Unverhoffte Freude

- ✧ Verlust wandelt sich in unverhoffte Freude

### Verdruss

- ✧ Verlust frustiert
- ✧ Schuldzuweisungen

### Witwe

- ✧ Verlust macht einsam

### Witwer

- ✧ Verlust bringt wertvolle Erfahrungen

# Witwe
## in Verbindung mit:

### Beständigkeit

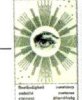

❖ Einsamkeit führt zu tieferem Verständnis
❖ Einsamkeit führt zum Höheren Selbst

### Besuch

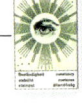

❖ aus dem Rückzug wieder ins Leben / Kontakt mit anderen

### Botschaft

❖ alleinstehende Frau sendet mündliche Nachrichten

### Brief

❖ alleinstehende Frau sendet schriftliche Nachrichten

### Dieb

❖ alleinstehende Frau schleicht sich fort

### Eifersucht

❖ alleinstehende Frau verursacht Eifersucht

### Etwas Geld

❖ alleinstehende Frau ermöglicht kleines Einkommen

### Falschheit

❖ alleinstehende Frau entpuppt sich als falsch

### Feind

❖ alleinstehende Frau entpuppt sich als Feind

### Fröhlichkeit

❖ alleinstehende Frau bringt frohe Stunden
❖ alleinstehende Frau genießt frohe Stunden selbst

### Gedanken

❖ alleinstehende Frau stimmt nachdenklich

### Geistlicher

❖ alleinstehende Frau führt zu Spiritualität / spiritueller Person

# Witwe
## in Verbindung mit:

### Geld

- ✧ alleinstehende Frau bringt Geld
- ✧ alleinstehende Frau bringt Entwicklung der Talente

### Geliebte

- ✧ alleinstehende Frau wird zur Geliebten
- ✧ alleinstehende Frau spricht weibliche Seite an

### Geliebter

- ✧ alleinstehende Frau spricht männliche Seite an

### Geschenk

- ✧ alleinstehende Frau wird als Geschenk erkannt

### Glück

- ✧ alleinstehende Frau wird als Glück gesehen

### Haus

- ✧ alleinstehende Frau führt zu (spirituellem) Heim
- ✧ alleinstehende Frau führt zu Beruf(ung)

### Heirat

- ✧ alleinstehende Frau bringt Partnerschaft

### Hoffnung

- ✧ alleinstehende Frau bringt Visionen

### Kind

- ✧ alleinstehende Frau führt zu neuen Projekten / Kindern

### Krankheit

- ✧ alleinstehende Frau macht krank

### Liebe

- ✧ alleinstehende Frau bringt Liebe

# Witwe
## in Verbindung mit:

### Offizier

✧ alleinstehende Frau
bringt Klarheit und Strukturen

### Reise

✧ alleinstehende Frau reist

### Richter

✧ alleinstehende Frau führt
zu Gerechtigkeit

### Sehnsucht

✧ alleinstehende Frau bringt
unrealisitsche Träume und
Wünsche

### Tod

✧ Einfluss der alleinstehenden Frau endet

### Traurigkeit

✧ alleinstehende Frau
macht traurig

### Treue

✧ alleinstehende Frau bleibt
treu

### Unglück

✧ alleinstehende Frau löst
Unglück aus

### Unverhoffte Freude

✧ alleinstehende Frau bringt
unerwartete Freude

### Verdruss

✧ alleinstehende Frau bringt
Verdruss

### Verlust

✧ alleinstehende Frau bringt
Verlust

### Witwer

✧ femininer erfahrener /
alleinstehender Mann

# Witwer
## in Verbindung mit:

### Beständigkeit

✧ Lebenserfahrung führt
zum Höheren Selbst

### Besuch

✧ Lebenserfahrung bringt
Vernetzung

### Botschaft

✧ Experten-Gespräche

### Brief

✧ Gutachten, Lehrbücher

### Dieb

✧ Erfahrungen hinter sich
lassen

### Eifersucht

✧ Reife führt zu Neid und
Eifersucht

### Etwas Geld

✧ alleinstehender Mann
bringt etwas Geld

### Falschheit

✧ übertriebene Lebens-
erfahrung
✧ alleinstehender Mann ist falsch

### Feind

✧ Alleinstehender wird
zum Feind

### Fröhlichkeit

✧ Alleinstehender macht
fröhlich
✧ Alleinstehender ist fröhlich

### Gedanken

✧ Erfahrungen werden
reflektiert

### Geistlicher

✧ alleinstehender Mann
führt zu Spiritualität /
spiritueller Person

# Witwer
## in Verbindung mit:

### Geld

- ✧ alleinstehender Mann führt zu Geld / bringt Geld
- ✧ alleinstehender Mann bringt Entwicklung der Talente
- ✧ Erfahrung bringt Geld
- ✧ Erfahrung bringt Entwicklung der Talente

### Geliebte

- ✧ alleinstehender Mann lebt weibliche Seite

### Geliebter

- ✧ erfahrener Liebhaber

### Geschenk

- ✧ Lebensweisheit als Geschenk annehmen

### Glück

- ✧ alleinstehender Mann bringt Glück

### Haus

- ✧ alleinstehender Mann führt zu (spirituellem) Heim
- ✧ alleinstehender Mann führt zu Beruf(ung)

### Heirat

- ✧ Erfahrungen führen zu Partnerschaft

### Hoffnung

- ✧ Erfahrung schafft Visionen

### Kind

- ✧ Erfahrung schafft neue Projekte / Kinder

### Krankheit

- ✧ alleinstehender Mann macht krank

### Liebe

- ✧ alleinstehender Mann bringt Liebe

# Witwer
## in Verbindung mit:

### Offizier

✧ Erfahrung / Weisheit
   wird klar strukturiert
✧ weise Staatsgewalt

### Reise

✧ alleinstehender Mann
   reist

### Richter

✧ Erfahrungen führen zu
   weiser Gerechtigkeit

### Sehnsucht

✧ alleinstehender Mann
   schafft Sehnsüchte
✧ Erfahrung schafft Sehnsüchte

### Tod

✧ Einfluss des alleinstehenden Mannes endet

### Traurigkeit

✧ alleinstehender Mann
   schafft Traurigkeit

### Treue

✧ alleinstehender Mann
   bleibt treu

### Unglück

✧ alleinstehender Mann
   macht unglücklich

### Unverhoffte Freude

✧ alleinstehender Mann
   bringt unerwartete Freude

### Verdruss

✧ alleinstehender Mann
   stimmt mürrisch

### Verlust

✧ alleinstehender Mann
   bringt Verluste

### Witwe

✧ harte Fakten des Lebens
   werden weicher gemacht

*Karteninterpretation …*

*kennt neben Regeln auch die Ausnahme*

*D*ie verschiedenen Kombinationen zu erlernen ist wichtig.

Lass aber auch Abweichungen von den Regeln zu, wenn deine Intuition dir das eingibt.

# Besondere Kombinationen und Schwerpunktthemen

## Warnkombinationen

Folgende Kartenkombinationen fordern dich dazu auf, die Hintergründe der Fragestellung besonders gründlich zu überprüfen, bevor du dich zu ihnen äußerst. Sie weisen oft auf problematische Themen hin, die unter einer oberflächlichen Fragestellung stehen.

Dieb + Treue     Eifersucht + Feind     Feind + Krankheit

Geschenk + Dieb     Haus + Dieb     Hoffnung + Unglück

Kind + Krankheit     Kind + Unglück     Kind + Verlust

Krankheit + Gedanken     Krankheit + Glück     Krankheit + Traurigkeit

Krankheit + Unglück     Richter + Unglück     Richter + Verdruss

*Richter + Verlust*

*Richter + Witwe*

*Tod + Krankheit*

*Traurigkeit + Unglück*

*Treue + Feind*

*Treue + Traurigkeit*

*Treue + Unglück*

*Unglück + Haus*

*Unglück + Heirat*

*Unglück + Traurigkeit*

*Unglück + Treue*

*Unverhoffte Freude
+ Verlust*

*Verdruss + Treue*

# Kombinationen zu Schwerpunktthemen

DIE BERATUNGSPRAXIS LEHRT, dass einige Fragen zu bestimmten Themen immer wieder gestellt werden. Daher haben wir für die möglichen Antworten die wichtigsten Kombinationen zusammengestellt. Ihr Auftauchen in einer Legung ist allerdings Indikator und nicht Garant für das Eintreffen einer bestimmten Prognose. Die folgenden Kombinationen müssen nicht mit denen bei »Kombinieren wir Nick Knatterton« übereinstimmen, sondern sind Anregungen aus einer Fülle von Möglichkeiten.

## Beruf
HAUPTSIGNIFIKATOR HAUS IN VERBINDUNG MIT:

  *oder*

+ *Botschaft*  + *Besuch*  = BEWERBUNGSGESPRÄCH

 *oder*

+ *Brief* und *Besuch*  + *Brief und Fröhlichkeit*

= BEWERBUNGSSCHREIBEN SINNVOLL

+ *Brief* und *Feind*  = BEWERBUNGSSCHREIBEN NICHT SINNVOLL

+ *Geld*  = ARBEITSVERTRAG

# Beruf

## Hauptsignifikator Haus in Verbindung mit:

+ Beständigkeit                     = Job bleibt

  oder   oder   oder

+ Unverhoffte      + Kind         + Geschenk       + Glück
   Freude                                      = Beförderung

+ Reise                               = Versetzung

  oder   oder

+ Dieb           + Feind          + Unglück    = Job in Gefahr

+ Botschaft und Krankheit und Feind          = Mobbing

+ Tod                                = Kündigung

# Beruf

HAUPTSIGNIFIKATOR HAUS IN VERBINDUNG MIT:

  *oder*

+ *Krankheit*       + *Unglück*              = **ARBEITSLOSIGKEIT**

---

+ *Kind* und *Geld*             = **ERFOLGREICHE SELBSTÄNDIGKEIT**

---

+ *Heirat*             = **PARTNERSCHAFT / KOOPERATION**

---

+ *Besuch*             = **NETZWERK**

---

+ *Besuch*             = **FORTBILDUNG / STUDIUM / LEHRE**

---

+ *Richter*             = **PRÜFUNG**

---

## Berufung und Spiritualität

HAUPTSIGNIFIKATOR GEISTLICHER IN VERBINDUNG MIT:

*+ Hoffnung* = POSITIVE ENTWICKLUNG DER SPIRITUALITÄT

*+ Feind* = NEGATIVE ENTWICKLUNG DER SPIRITUALITÄT

*+ Beständigkeit* = KARMISCHES THEMA

  *oder*   *oder*

*+ Haus* *+ Kind* *+ Sehnsucht* = LEBENSAUFGABE

## Erwartete mündliche Nachrichten

HAUPTSIGNIFIKATOR BOTSCHAFT IN VERBINDUNG MIT:

  *oder*    *oder*

*+ Fröhlichkeit* *+ Glück* *+ Geschenk*

= POSITIVES GESPRÄCH

# Erwartete mündliche Nachrichten

HAUPTSIGNIFIKATOR BOTSCHAFT IN VERBINDUNG MIT:

   oder

+ Geliebter          + Geliebte              = ER ODER SIE RUFT AN

   oder     oder     oder

+ Feind          + Falschheit          + Krankheit          + Unglück

= NEGATIVES GESPRÄCH

# Erwartete schriftliche Nachrichten

HAUPTSIGNIFIKATOR BRIEF IN VERBINDUNG MIT:

 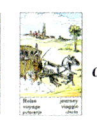  oder

+ Reise          + Kind              = BRIEF KOMMT

   oder

+ Feind          + Verdruss            = BRIEF KOMMT NICHT

   oder     oder

+ Fröhlichkeit          + Glück          + Geschenk

= POSITIVE NACHRICHT

227

# Erwartete schriftliche Nachrichten

HAUPTSIGNIFIKATOR BRIEF IN VERBINDUNG MIT:

  *oder*   *oder*

+ *Traurigkeit*  + *Krankheit*  + *Feind*

= NEGATIVE NACHRICHT

---

# Finanzen

HAUPTSIGNIFIKATOR GELD IN VERBINDUNG MIT:

  *oder*

+ *Geschenk*  + *Glück*  = ANLAGE GUT

---

  *oder*

+ *Traurigkeit*  + *Unglück*  = ANLAGE SCHLECHT

---

  *oder*

+ *Witwer*  + *Witwe*  = ERBSCHAFT

---

+ *Haus* und *Geschenk* und *Unverhoffte Freude*  = GEHALTSERHÖHUNG

# Finanzen

   oder

+ Geliebter          + Geliebte und Kind

= GELD VOM PARTNER / UNTERHALT

+ Unverhoffte Freude                    = GLÜCK IM SPIEL

+ Hoffnung und Reise                    = INVESTIEREN

+ Etwas Geld                            = GENUG GELD

+ Etwas Geld und Krankheit             = HAUSHALTEN NOTWENDIG

+ Etwas Geld und Unglück                       = SCHULDEN

229

## Finanzen
HAUPTSIGNIFIKATOR GELD IN VERBINDUNG MIT:

+ *Etwas Geld* und *Unglück* und *Traurigkeit*

= SCHULDNER ZAHLEN NICHT

## Gesundheit
HIER GIBT ES KEINEN HAUPTSIGNIFIKATOR. Prinzipiell sind Gesundheitsthemen mit großer Vorsicht zu behandeln und eine ärztliche Diagnose ist einer Kartenberatung vorzuziehen.

*Krankheit* und *Haus* und *Treue*    = BESSER AUF DEN KÖRPER ACHTEN

     *oder*

*Krankheit* und *Haus* und *Feind*    *Krankheit* und *Haus* und *Dieb*

= BURNOUT

*Krankheit* und *Traurigkeit*    = DEPRESSION

    *oder*

*Verlust* und *Dieb*    *Verlust* und *Feind*    = SUCHTTHEMATIK

# Liebe

      *oder*

+ *Fröhlichkeit* und *Witwe*         + *Fröhlichkeit* und *Witwer*

= FLIRT

   *oder*     *oder*

+ *Besuch*           + *Fröhlichkeit*      + *Gedanken*

= NEUE BEKANNTSCHAFT

+ *Fröhlichkeit*                                      = SEXUALITÄT

+ *Beständigkeit*                              = SEELENVERWANDTSCHAFT

+ *Sehnsucht*                                  = PLATONISCHE LIEBE

   *oder*

+ *Treue*          + *Offizier*                = ECHTE GEFÜHLE

# Liebe

## Hauptsignifikator Liebe in Verbinduung mit:

  *oder*

+ *Geliebte*          + *Geliebter*                    = FESTE VERBINDUHNG

+ *Heirat*                                              = EHESCHLIESSUNG

            *oder*

+ *Kind* und *Hoffnung*                    + *Kind* und *Sehnsucht*

= KINDERWUNSCH

+ *Kind* und *Reise*                                    = SCHWANGERSCHAFT

+ *Dieb*                                                = ABFLAUENDE GEFÜHLE

  *oder*

+ *Feind*             + *Falschheit*

= UNECHTE GEFÜHLE

# Liebe

## HAUPTSIGNIFIKATOR LIEBE IN VERBINDUNG MIT:

  **oder**

+ *Witwe*      + *Witwer*            = **AFFÄRE**

---

   **oder**   

+ *Witwe* und *Verdruss*      + *Witwe* und *Eifersucht*

   **oder**   

+ *Witwer* und *Verdruss*      + *Witwer* und *Eifersucht*

= **BETROGEN WERDEN**

---

   **oder**   

+ *Witwe* und *Fröhlichkeit*      + *Witwe* und *Glück*

   **oder**   

+ *Witwer* und *Fröhlichkeit*      + *Witwer* und *Glück*

= **FREMDGEHEN**

---

  **oder**

+ *Verdruss*      + *Feind*      = **GEWALTTÄTIGE PARTNERSCHAFT**

## Liebe

HAUPTSIGNIFIKATOR LIEBE IN VERBINDUNG MIT:

+ *Unglück* = TRENNUNG

+ *Feind* und *Eifersucht* = STALKING

## Reisen

HAUPTSIGNIFIKATOR REISE IN VERBINDUNG MIT:

+ *Gedanken* = BILDUNGSREISE

+ *Haus* = GESCHÄFTSREISE

+ *Fröhlichkeit* = VERGNÜGUNGSREISE

# Streitfälle

## Hauptsignifikator Richter in Verbindung mit:

+ *Reise* = es kommt zum Prozess

---

  *oder*

+ *Witwer* + *Witwe* = erfahrener Anwalt

---

+ *Offizier* = gerechter, geradliniger Richter

---

  *oder*

+ *Geschenk* + *Glück* = Prozess wird gewonnen

---

  *oder*   *oder*

+ *Unglück* + *Dieb* + *Verlust*

= Prozess wird verloren

---

  *oder*

+ *Feind* und *Kind* + *Feind* und *Krankheit*

= schwacher Gegner

---

235

## Streitfälle

HAUPTSIGNIFIKATOR RICHTER IN VERBINDUNG MIT:

+ *Feind* und *Offizier*                    = STARKER GEGNER

+ *Kind*                                    = UNERFAHRENER ANWALT

+ *Falschheit*                              = UNGERECHTER RICHTER


## Wohnung

HAUPTSIGNIFIKATOR HAUS IN VERBINDUNG MIT:

  *oder*   *oder*

+ *Glück*        + *Unverhoffte*        + *Fröhlichkeit*
                   *Freude*                              = GUTE WOHNUNG

  *oder*   *oder*

+ *Verdruss*      + *Eifersucht*        + *Feind*
                                                         = SCHLECHTE WOHNUNG

# Wohnung

HAUPTSIGNIFIKATOR HAUS IN VERBINDUNG MIT:

+ *Reise*                                                = IMMOBILIE WIRD VERKAUFT

+ *Reise*                                                = UMZUG

+ *Reise* und *Hoffnung*                                 = WOHNEN IM AUSLAND

# Karteninterpretation ...

## gleicht dem Komponieren einer Melodie

*U*nter-
suche die zu
einer Frage
gezogenen
Karten
stets auf
visuelle
Gemeinsam-
keiten.

Jede Auslage
hat ihr
ganz eigenes
Leitmotiv.

# Visuelle Leitmotive

ANDERS ALS LENORMAND- ODER KIPPERKARTEN sind die Zigeuner-Wahrsagekarten nicht nummeriert oder mit anderweitigen Kategorisierungsmerkmalen ausgestattet. Ihre Auflistung erfolgt daher stets in alphabetischer Reihenfolge. Auch wenn dadurch eine Interpretationsarbeit mit den so genannten »Häusern« nicht möglich ist, gibt es doch andere Möglichkeiten, um tiefere Bedeutungszusammenhänge herauszukristallisieren. So lassen sich zum Beispiel zahlreiche »Leitmotive« erkennen, die sich wie eine Melodie durch die Karten ziehen, und sie so verbinden. Die wichtigsten werden hier zusammengefasst und dienen als Anregungen, um das eigene Interpretationsvokabular auszubauen. Weiterführend sei noch auf Farbzusammenhänge zwischen den einzelnen Karten verwiesen, auf die wir hier aber nicht näher eingehen werden.

## Motive

**BANK:** Eine Bank dient zum Ausruhen und Innehalten auf einer Wanderung. Sie kann als Treffpunkt dienen oder als Ort für Zufallsbegegnungen und Gespräche. Sie findet sich besonders auf Karten, die Schwebezustände darstellen.

*Geliebte* – warten auf den Geliebten
*Gedanken* – warten auf Einfälle
*Traurigkeit* – vor sich hin sinnen

**BAUM:** Bäume stehen für Wachstum, Fruchtbarkeit und Gedeihen. Je vitaler und verzweigter das Grün, je stärker der Stamm, desto viel versprechender das Potential. Sie spenden Schatten und bieten Schutz vor Regen. Oft wird der Beginn eines Projekts durch das Pflanzen eines Baums gefeiert. Größe und Wachstum der Bäume lassen auf die Energien und das Potential der Themen der jeweiligen Karte schließen.

*Dieb* – Bäume durchs Fenster erkennbar

**Eifersucht** – Hecke schirmt Paar und Spion
**Fröhlichkeit** – Tanz unter Bäumen
**Gedanken** – denken unter Bäumen

**Geliebte** – warten unter Bäumen
**Geliebter** – posieren unter Bäumen
**Haus** – Villa wird von Baum geschützt

**Offizier** – posieren unter Bäumen
**Reise** – ein Baum am Wegesrand
**Sehnsucht** – Baumwipfel am Horizont

**Tod** – ein kahler Baum im Hintergrund
**Traurigkeit** – Bäume am Pavillon
**Unverhoffte Freude** – Grün im Hintergrund

**Witwe** – Baum schirmt Statue

**BILD:** Ein Bild kann den derzeitigen Lebensabschnitt thematisieren und uns bei Karten, auf denen eines dargestellt ist, zusätzliche, vertiefende Hinweise zum Thema geben.

**Kind** – Bild am rechten Kartenrand
**Krankheit** – Bild über Kopf der Kranken
**Verdruss** – Bild hinter Lehrling

**BLUME:** Die zarte und zerbrechliche Blume symbolisiert Schönheit, Ästhetik und eine Feier des Lebens. Gleichzeitig erinnert die Kürze ihrer prachtvollen Blütezeit an die Vergänglichkeit und die Notwendigkeit, das Hier und Jetzt zu genießen. Wer sich wie sie dem Licht entgegenstreckt, kann sich besonders gut entfalten. Blumen stehen außerdem für Gesundheit, Erfolg und sind bei jedem Fest ein unerlässliches Ornament. Meist tauchen Rosen als Blumenmotiv auf. Rote Rosen stehen traditionell für Liebe, Freude und Jugend. Als Zeichen der Liebesgöttin Aphrodite, des Eros und des Gottes der Ekstase spielen sie auf Sexualität und Sinnlichkeit an. Ihre Dornen schaffen die Verbindung zum Schmerz. Auch in der spirituellen Tradition steht die Rose häufig für Transformation, Vergänglichkeit und Wiederauferstehung. Weiße Blüten hingegen betonen Reinheit, Verschwiegenheit und Unschuld.

*Besuch*
*Brief*
*Geschenk*

*Glück*
*Heirat*
*Hoffnung*

*Kind*
*Liebe*
*Traurigkeit*

DOPPELGÄNGER: Auf vielen Karten sind zwei Menschen zu sehen, die sich gegenseitig spiegeln: alt und jung, Gewinner und Verlierer, zwei Männer, zwei Frauen, Mann und Frau. Sie alle lassen sich unter dem Begriff des Doppelgängers zusammenfassen. In vielen Kulturen und Religionen spielen doppelgängerartige Wesen – beispielsweise als Schutzgottheiten – eine wichtige Rolle. In Psychoanalyse und Psychologie ist der Begriff des Doppelgängers meist negativ belegt. So sieht ihn Sigmund Freud als »verdrängten Anteil im Ich«, C. G. Jung als »dunklen Doppelgänger« oder Schatten. Auch in Kunst, Literatur und Film ist er ein häufiges Motiv, besonders in der Romantik, die zeitlich nicht weit von der Entstehung der Zigeuner-Wahrsagekarten entfernt ist.

   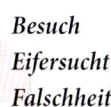

*Besuch*
*Eifersucht*
*Falschheit*

*Fröhlichkeit*
*Heirat*
*Verdruss*
*Verlust*

**GEBÄUDE:** Häuser können das Selbst repräsentieren, allerdings auf weniger intimer Ebene als Räume. Sie versinnbildlichen oft äußere Aspekte von Körper, Geist und Seele. Daneben ist das Haus ein Symbol für Ehrgeiz, berufliche Ambitionen und – als Basis der Existenz – für Sicherheit. Bei der Deutung der Zigeuner-Wahrsagekarten ist besonders das Aussehen des Hauses zu berücksichtigen: Ist es beschädigt oder frisch renoviert? Eine imposante Villa oder ein gemütliches Hexenhäuschen? Sind Türen und Fenster sichtbar?

Mehrere Häuser oder die Abbildung einer Stadt weisen auf eine ähnliche Thematik hin. Auch hier geht es um emotionale Befindlichkeiten und Seelenzustände, doch verlassen wir hier den individuellen Bereich und konzentrieren uns auf die Öffentlichkeit, den Ort unseres Broterwerbs und das gesellschaftliche Leben. Das Aussehen der Stadt – groß oder klein, hektisch oder beschaulich, nah oder fern, hell oder dunkel – lässt dabei erkennen, wie wir diesen Themen gegenüber eingestellt sind.

*Falschheit* – Rückfronten verschiedener Häuser
*Feind* – beleuchtete Häuser in einer Gasse
*Haus* – eine Landvilla, fern von der Stadt

*Reise* – Stadt mit Kirchturm in der Ferne
*Unglück* – ein brennendes Haus
*Unverhoffte Freude* – Schloss und Dorf

**GELD:** Geld ist ein Symbol der Macht, der Potenz und der materiellen Sicherheit. Es kennzeichnet auch Talente und Selbstwert. Münzen sind meist als Segen und Zeichen des Erfolgs abgebildet.

*Botschaft*
*Etwas Geld*
*Geld*

*Glück*
*Unverhoffte Freude*
*Verlust*

**GOTTHEITEN:** Auf einigen Karten finden sich Gottheiten, die unsere höheren Wesensanteile bezeichnen. Gleichzeitig dienen sie auch als Allegorien, um das jeweilige Thema umzusetzen.

*Beständigkeit* – Auge Gottes
*Botschaft* – Hermes
*Glück* – Fortuna

*Hoffnung* – Göttin Spes
*Liebe* – Amor

**FRIEDHOF:** Mit Friedhöfen wird nicht nur Trauer, sondern auch Frieden, Rückzug und die Möglichkeit zur stillen Kontemplation symbolisiert. Hier können wir die Verbindung zu unseren Toten halten und über unsere eigene Sterblichkeit sinnieren. Sie sind Zeichen einer Lebenshoffnung, die über den Tod hinausgeht, und stehen somit für Wandel und Transformation. Die Grabsteine stehen hierbei für das Andenken, manchmal aber auch für das Nichtloslassen-Wollen von Vergangenem oder für fehlenden Lebenswillen. Aber nicht nur Geliebtes, auch Verhasstes kann beerdigt werden. Somit kann ein Grab auch das Ende einer Krise symbolisieren. Oder gibt es etwas anderes, das »begraben« werden soll?

*Tod* – der helle Park wurde zum düsteren Friedhof
*Treue* – Wache an einsamem Grab

*Witwe* – Wanderung über den Friedhof
*Witwer* – Trauer an bewachsenem Grab

**PARK:** Als »grüne Lunge« repräsentiert der Park eine Oase der Ruhe in der hektischen Großstadt. Hier können wir uns erholen und die Seele baumeln lassen. Gleichzeitig sind wir im Park aber nicht allein. Selbst in den entlegensten Ecken kann uns plötzlich ein bekanntes oder (noch) unbekanntes Gesicht begegnen. Somit symbolisiert der Park, ebenso wie die Stadt, auch die Öffentlichkeit, wobei er allerdings eher die Festlichkeiten und Freizeitaktivitäten als den Arbeitsalltag betont.

*Eifersucht* – ein observiertes heimliches Stelldichein
*Fröhlichkeit* – ausgelassener Tanz unter Bäumen
*Gedanken* – kreative Ruhe auf einer Parkbank

*Geliebte* – träumen vom Geliebten auf einer Parkbank
*Geliebter* – paradieren in der Öffentlichkeit
*Haus* – umgeben von einem Park

*Offizier* – Haltung bewahren vor Publikum
*Tod* – Wüstenei, Anspielung auf zerstörten Park
*Traurigkeit* – eine Terrasse oder Pavillon

PERSONEN: Auch wenn nicht alle Karten, auf denen Personen abgebildet sind, in Auslagen Menschen symbolisieren, können sie auf symbolischer Ebene Aspekte unseres Selbst darstellen. Diese können einen verdrängten, gewünschten oder tatsächlichen Persönlichkeitsanteil bezeichnen.

*Besuch* – alte und junge Frau
*Dieb* – verschattete Person
*Eifersucht* – heimliches Liebespaar und Beobachter

*Feind* – bedrohlicher Beobachter
*Fröhlichkeit* – tanzendes Paar
*Gedanken* – junger Mann

*Geistlicher* – spiritueller Mann
*Geliebte* – junge Frau
*Geliebter* – junger Soldat

*Heirat* – junges Paar und Priester
*Hoffnung* – junge Frau
*Kind* – kleines Baby

***Krankheit*** – kranke Frau
***Offizier*** – alter Soldat
***Reise*** – passive Frau und aktiver Mann

***Richter*** – Mann des Gesetzes
***Sehnsucht*** – junge Frau
***Tod*** – Skelett, stützende Säule

***Traurigkeit*** – junge Frau
***Unglück*** – Schützer und Schutzbefohlene
***Unverhoffte Freude*** – junger Mann

***Verdruss*** – Opfer und Täter
***Verlust*** – Gewinner und Verlierer
***Witwe*** – trauernde Frau

***Witwer*** – trauernder Mann

RAUM: Als Innerstes eines Hauses repräsentieren Räume oft das eigene Ich. Somit beschreiben die Karten, die sich in geschlossenen Zimmern abspielen, immer etwas sehr Persönliches, wenn nicht sogar Intimes. Für die Deutung ist es dabei wichtig, sich zu überlegen, welches Zimmer dargestellt wird – Küche, Wohnzimmer, Keller oder Dachboden – und in welchem Zustand es sich befindet. Wirkt der Raum eng oder weiträumig, hell oder dunkel, einladend oder unfreundlich, luxuriös oder spartanisch? Sind Fenster und Türen geöffnet oder geschlossen?

   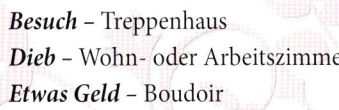

***Besuch*** – Treppenhaus
***Dieb*** – Wohn- oder Arbeitszimmer
***Etwas Geld*** – Boudoir

***Geistlicher*** – Kirche
***Geld*** – Boudoir
***Geschenk*** – Boudoir

 **Heirat** – Kirche
**Kind** – Wohnzimmer
**Krankheit** – Schlafzimmer

 **Richter** – Arbeitszimmer
**Sehnsucht** – Wohnzimmer
**Verdruss** – Wohnzimmer, Diele

 **Verlust** – Wohnzimmer, Spielraum

**SÄULEN:** Sie dienen als Symbol der Hilfe und Stütze. Säulen stellen eine tragende Kraft dar und können Macht ausstrahlen. Als Phallussymbol haben sie auch erotische Bedeutungen. Säulen sind besonders auf Karten zu sehen, die spirituelle Themen beschreiben.

   **Geistlicher**
**Heirat**
**Traurigkeit**

 **Witwe**

**TIERE:** Generell repräsentieren Tiere menschliche Triebe und Instinkte sowie unsere psychischen Bedürfnisse. Die genaue symbolische Bedeutung des jeweiligen Tiers kann in »Die Bedeutungen der Karten« nachgeschlagen werden.

   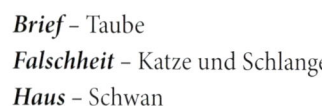 **Brief** – Taube
**Falschheit** – Katze und Schlange
**Haus** – Schwan

  **Reise** – Pferde
**Treue** – Hund

# Zustände

**ARBEIT:** Obwohl keine Karte das Thema Arbeit explizit bezeichnet, tauchen auf einigen wenigen Bildern arbeitende Menschen auf. Denn natürlich gab es zur Entstehungszeit des Orakelspiels eine hart arbeitende Bevölkerung. Im übertragenen Sinne weisen diese Karten auch auf die Notwendigkeit hin, an der eigenen Persönlichkeit zu arbeiten.

*Reise* – Kutscher
*Unglück* – Feuerwehrmänner
*Verdruss* – Arbeitgeber und Lehrling

**AUSSERHALB VON ZEIT UND RAUM:** Während die meisten Karten konkrete und alltägliche Begebenheiten beschreiben, stehen einige außerhalb von Zeit und Raum. Sie thematisieren zumeist Angelegenheiten und Situationen außerhalb des menschlichen Einflussbereichs, denen sie dennoch unterworfen sind.

*Beständigkeit*
*Botschaft*
*Brief*

*Glück*
*Hoffnung*
*Liebe*

*Tod*

**BEWEGUNG:** Sie umfasst nicht nur körperliche, sondern auch seelische, geistige oder soziale Aktivität. Einige Karten betonen Bewegung und stellen daher Wandel, Lebendigkeit und Umschwung besonders in Vordergrund.

*Besuch*
*Botschaft*

*Brief*
*Dieb*
*Falschheit*

*Fröhlichkeit*
*Glück*
*Hoffnung*

*Reise*
*Unglück*
*Unverhoffte Freude*

*Verdruss*
*Verlust*

POLARITÄT: Das Gesetz der Polarität besagt, dass alles in dieser Welt eine gegensätzliche und ebenbürtige Entsprechung hat. Ein Gut oder Schlecht gibt es bei dieser Aufteilung in Pole nicht: männlich – weiblich, oben – unten, Yin – Yang, Freude – Trauer, Tag – Nacht. Dank dieser Polaritäten wird unendliche Vielfalt in unserem Leben möglich. Im vorliegenden Spiel wird sie besonders gern durch den Kontrast von Schwarz und Weiß dargestellt.

*Dieb* – Mann / Hintergrund
*Feind* – Kleidung Mann / Häuserfront
*Geistlicher* – Säulen

  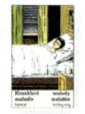

*Heirat* – Kleidung des Brautpaars
*Kind* – Vorhänge
*Krankheit* – Vorhang / Bettzeug

*Liebe* – schwarzer Kreis auf weißem Hintergrund
*Reise* – Schimmel / Rappe
*Richter* – Bücher, Robe / Tisch

***Tod*** – Hintergrund / helles Leichentuch
***Unglück*** – Flammen / Kleidung der Männer
***Verlust*** – Kleidung der Männer

RUHE: Sie dient der Entspannung, der Ausgeglichenheit oder dem Nachdenken. Ruhe ist auch nötig, um sich von Stress oder Krankheit zu erholen. Die sie thematisierenden Karten weisen auf Zeiten der Stagnation, der Introvertiertheit oder des inneren Wandels und Wachstums hin. Vielleicht gilt es auch, Gelassenheit zu entwickeln.

***Gedanken***
***Geistlicher***
***Kind***

***Krankheit***
***Traurigkeit***
***Treue***

***Witwe***
***Witwer***

# Karteninterpretation ...

## heißt Ernsthaftigkeit

*G*anz gleich, ob eine einfache Drei-Karten-Legung oder das umfassende Große Blatt: Jede Auslage geht in die Tiefe, wenn du dich ernsthaft auf sie einlässt.

# Vertiefung der Legepraxis

Du hast bereits die Einzelbedeutung einer jeden Karte kennengelernt und mit dem regelmäßigen Ziehen von Tageskarten dein Wissen vertieft. Nun, da du auch mit den Grundlagen des Kombinierens vertraut bist, kannst du endlich mit dem Deuten mehrerer Karten beginnen. Im Folgenden lernst du einige Legemuster mit wenigen Karten kennen, bevor du an die Königsdisziplin des Kartenorakelns – die Ausdeutung des Großen Blatts – herangeführt wirst. Zur Erinnerung: Fragen zur Vorbereitung auf den Deutungsprozess und eventuell unbekannte Fachbegriffe werden in den Kapiteln »FAQs des Kartenlegens« und »Kartenleger-Jargon« erläutert.

Wenn du noch kein Kartentagebuch benutzt, wäre jetzt der ideale Zeitpunkt dafür, damit zu beginnen. In ihm solltest du sämtliche Legungen aufschreiben und dir möglichst auch Notizen dazu machen. So protokollierst du am besten deine Lernerfolge und die Ausweitung deiner Intuition. Wichtig: Schreibe die Frage immer auf, bevor du die Karten ziehst. So kannst du dich nicht selbst betrügen. Die Erfahrung lehrt nämlich, dass wir sehr schnell vergessen, wie eine Frage gelautet hat, wenn uns die Antwort nicht gefällt. Auch solltest du das »Nachziehen« von Karten vermeiden, wenn dir die Karten in einer Auslage unverständlich erscheinen. Lass diese dann lieber einfach liegen und betrachte sie von Zeit zu Zeit, bis sie sich dir erschließen. Eine alte Kartenlegerweisheit besagt nämlich, dass wir Karten nicht nachziehen, weil wir sie nicht verstehen, sondern weil sie uns im Zusammenhang mit der Fragestellung nicht gefallen.

## Einfache Legungen

Laufen wir uns mit einfachen kleinen Legungen warm. Für »zwischendurch« und zur schnellen Bestandsaufnahme reicht es nämlich oft völlig aus, lediglich drei Karten zu ziehen und sie auf sich wirken zu lassen. Ganz nebenbei trainierst du so das Kombinieren in chronologischer Reihenfolge und in der zeitgleichen Zusammenschau.

## Vergangenheit – Gegenwart – Zukunft

Dieses Standard-Legemuster dient dazu, die Ursachen (Position **2**, Vergangenheit) einer gegebenen Situation (Position **1**, Gegenwart) zu beleuchten und eine mögliche Prognose über den zukünftigen Verlauf (Position **3**, Zukunft) abzugeben. Voraussetzung für diese zukünftige Entwicklung ist dabei, dass der oder die Ratsuchende seine bisherigen Einstellungen oder Aktivitäten bezüglich des Themas nicht verändert.

| Position 2 Vergangenheit | Position 1 Gegenwart | Position 3 Zukunft |
|---|---|---|

Es bieten sich natürlich noch andere Deutungsmöglichkeiten für die drei Positionen **1** – **2** – **3** an. So könntest du die bisherige Tageskarte auf drei tägliche Karten erweitern, um aussagekräftigere Legungen zu machen. Andere Varianten sind:

✧ **Kopf – Gefühl – Synthese**
✧ **Pro – Kontra – Rat der Karten**
✧ **Ich – Du – unsere Beziehung**

Probier es selbst einmal aus. Der Kreativität sind keine Grenzen gesetzt.

### Deutungsbeispiel 1

Eine Frau wartet auf den Anruf eines Mannes. Sie möchte gern wissen, was auf sie zukommt. Sie zieht folgende Karten:

**DEUTUNG:** Offensichtlich wurde der Frau in der Vergangenheit *(Liebe)* Verliebtheit signalisiert und sie wird Schmetterlinge im Bauch gehabt haben. Nun spielt sie deshalb mit dem Gedanken, sich darauf einzulassen, etwas Neues *(Kind)* zu wagen, den Gefühlen eine Chance zum Aufblühen zu geben. Sie muss aber damit rechnen, dass sie durch dieses Sich-Einlassen eher etwas verlieren wird *(Dieb)*. Vielleicht zu viel Zeit, weil sie auf einen Anruf wartet, der wohl nicht kommen wird. Denn was eben noch erblühte, scheint sich ebenso schnell auch wieder zu verflüchtigen. Oder sie selbst stiehlt sich davon.

### Deutungsbeispiel 2

Ein Mann hat Angst um seine Arbeitsstelle. Wie geht es weiter für ihn?

**DEUTUNG:** Der *Feind* bestätigt ein unfreundliches Arbeitsklima in der Vergangenheit, vielleicht sogar Mitarbeiter oder Vorgesetzte, die dem Mann nicht gut gesonnen waren. Die *Unverhoffte Freude* zeigt jedoch, dass dieser Einfluss nicht mehr besteht und er sich von diesem Gefühl lösen kann. Der *Geistliche* in der Zukunft deutet darauf hin, dass seine Arbeit wohl erhalten bleibt und er sie zunehmend als seine Berufung wahrnehmen kann.

### Deine Deutung ist gefragt:

Eine Frau hat ein neues Projekt gestartet und möchte wissen, ob es ein finanzieller Erfolg wird.

Unsere Interpretation findest du wie üblich im Lösungsteil.

# Brainshot

**Position 2**

ein beflügelnder Aspekt, das Höhere Selbst

Bei diesem Legemuster, entwickelt von ROE, wird keine Frage gestellt. Daher eignet es sich auch gut als erweiterte Tageskarten-Auslage. Die drei Karten sollten möglichst ohne Fragestellung gezogen werden. Sie stellen eine Momentaufnahme einer bestehenden Situation dar, wobei Position **1** den ausschlaggebenden Impuls darstellt, der von Position **2** unterstützt und von Position **3** gehemmt wird.

**Position 1**

der jetzige Moment, der Impuls, die Stabilität

## Deutungsbeispiel 1
Kartenlegung von Kirsten, ohne Fragestellung

**KIRSTENS DEUTUNG:** Eigentlich ist doch alles bestens! Der bestimmende und stabile Einfluss der Gegenwart ist das *Glück,* besonders, wenn ich auf mein Höheres Selbst höre – auf die *Geliebte,* die über dem *Glück* schwebt – und mir und meinen Sehnsüchten treu bleibe. Die Kunst scheint es zu sein, an den Segen auch wirklich zu glauben. Dies fällt mit dem *Unglück* in der Blockade-Position offensichtlich nicht leicht. Also, weniger negative Gedanken zulassen, und mehr »positive thinking«. Dann profitiere ich vom Füllhorn des *Glücks.*

**Position 3**

ein hemmender Aspekt, die Blockade

## Deutungsbeispiel 2
ROE zieht drei Karten ohne Fragestellung

**ROES DEUTUNG:** Der *Verlust* sagt mir, dass ich derzeit etwas loslassen muss, um mich effektiver weiterzuentwickeln. Dies gibt mir Raum für die bereits wahrnehmbaren neuen Projekte, die sich im *Kind* abzeichnen. Der *Verdruss* warnt ebenfalls davor, mich nicht zu verzetteln, mir nicht zu viel zuzumuten, indem ich Altes nicht auflöse, um Neues beginnen zu können. Auch sollte ich mir klar darüber sein, was ich wirklich will, bevor ich es angehe.

### Deine Deutung ist gefragt

Und wie interpretierst du nun diesen Brainshot?

_____

_____

_____

_____

Unsere Interpretation steht wie üblich im Lösungsteil.

## Die Krone der Isis

Dieses Legemuster von Stephanie »Phine« Kukla basiert auf Hajo Banzhafs »Das Geheimnis der Hohepriesterin«. Es eignet sich besonders, Tendenzen betreffs eines Themas abzufragen und sich auf Unvorhergesehenes vorzubereiten. Phine hat für ihre Version die Phasen des zu- und abnehmenden Mondes vertauscht, sodass sie nun als von links abnehmend (Vergangenheit) über den Vollmond oben (Gegenwart) nach rechts zunehmend (Zukunft) verlaufen. Darunter liegt der Neumond, der unbewusste Einflüsse repräsentiert. Die Reihenfolge der Auslage bleibt dir selbst überlassen. Als erste Position bietet sich natürlich der Neumond an.

**Vollmond**
jetzt
sichtbar und
bewusst

**abnehmender Mond**
schwächer werdende Einflüsse

**zunehmender Mond**
stärker werdende Einflüsse

**Neumond**
noch unsichtbar oder unbewusst, vielleicht aber erahnt

255

## Deutungsbeispiel 1

Ein Mann plant eine Weiterbildung als Heilpraktiker. Er möchte gern wissen, was sie ihm beruflich bringen würde.

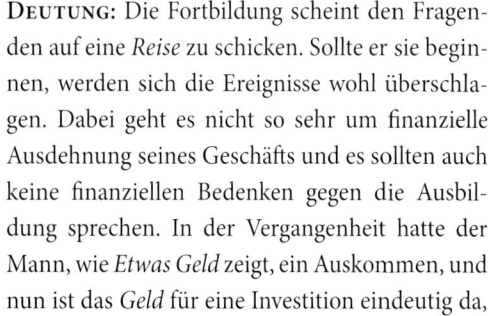

**DEUTUNG:** Die Fortbildung scheint den Fragenden auf eine *Reise* zu schicken. Sollte er sie beginnen, werden sich die Ereignisse wohl überschlagen. Dabei geht es nicht so sehr um finanzielle Ausdehnung seines Geschäfts und es sollten auch keine finanziellen Bedenken gegen die Ausbildung sprechen. In der Vergangenheit hatte der Mann, wie *Etwas Geld* zeigt, ein Auskommen, und nun ist das *Geld* für eine Investition eindeutig da, auch wenn etwas Geld dabei verloren geht. Wichtiger ist aber, dass ihm der Heilpraktikerschein *Glück* bringen wird – er scheint damit seiner Berufung näher zu kommen.

## Deutungsbeispiel 2

Eine Frau macht sich Sorgen um ihre Ehe, da ihr Partner derzeit wenig Zeit für sie hat. Sie befragt die Karten, wie sich die Beziehung in den nächsten Monaten entwickeln wird.

**DEUTUNG:** Es verwundert wenig, dass der *Geliebte* hier den Vollmond repräsentiert, denn die Legung dreht sich um ihn. Gleichzeitig verspricht diese Karte, dass der Partner – auch wenn er derzeit wenig Zeit hat – in liebevoller Verbindung zur Fragerin steht. Die *Krankheit* auf der Position des abnehmenden Mondes spiegelt die Sorgen, die die Fragerin sich gemacht hat; man könnte meinen, ihre Ängste haben sie buchstäblich krank gemacht. Doch Genesung ist absehbar. Schon wandelt sich das Bild von der bettlägerigen Frau in eines der *Hoffnung* darauf, dass alles wieder besser wird. Diese frohen Gefühle sind auch völlig berechtigt, denn die *Unverhoffte Freude* im Unbewussten weist – wie der *Geliebte* – darauf hin, dass es hier um eine stabile Beziehung geht, die auch weniger erfreuliche Zeiten aushalten kann.

**Deine Deutung ist gefragt**

Eine Frau plant einen längeren Urlaub auf Sri-Lanka. Sie hofft, sich dort zu erholen. Was kannst du ihr mitgeben? Kannst du dir vorstellen, warum sie einen Urlaub braucht?

_____

_____

_____

_____

_____

Unsere Interpretation findest du wie üblich im Lösungsteil.

# Ausführlichere Legungen

NACHDEM DU EINIGE KLEINE LEGUNGEN gemacht hast, kannst du dich nun an komplexere Auslagen wagen. Im Folgenden stellen wir zwei Auslagen vor, die mit 6 und 9 (erweitert auf 12) Karten arbeiten.

## Was ist zu tun?

Diese Legung kann eine Entscheidungsfindung unterstützen. Dabei trainiert sie außerdem das Kombinieren zweier Karten. Position 1 und 2 (darum geht es), Position 3 und 4 (Weg A) und Position 5 und 6 (Weg B) werden dabei immer als Paar gelesen.

| Position 3 | Position 4 | | Position 1 | Position 2 | | Position 5 | Position 6 |
|---|---|---|---|---|---|---|---|
| das passiert, wenn ich Weg A gehe | | | darum geht es | | | das passiert, wenn ich Weg B gehe | |

**Deutungsbeispiel 1**

Ein Mann steht zwischen der Möglichkeit, in seiner langjährigen und sicheren Anstellung zu bleiben, oder sich mit einem Herzensprojekt selbständig zu machen. Die Auslage sieht aus wie folgt:

**Weg A**             **darum geht es**             **Weg B**
**weiter in Anstellung**                            **Selbständigkeit**
**bleiben**

DEUTUNG: *Witwe* und *Geliebter* als derzeitige Situation weisen darauf hin, dass Intuition und Lebenserfahrung, Reife und Weisheit aktiv umgesetzt werden sollen. Das, was er in sich trägt, soll gelebt werden. Es ist auch vorstellbar, dass sich der Mann an seiner jetzigen Arbeitsstelle isoliert fühlt.

Bleibt er weiter in seiner Anstellung, zeigen *Traurigkeit* und *Brief,* dass die Unzufriedenheit bleibt und schlimmstenfalls in einer traurigen Nachricht, einer Kündigung, resultiert. Mit der Selbständigkeit scheint der Frager bereits länger zu liebäugeln. *Sehnsucht* und *Geschenk* beweisen, dass er dort seine Fähigkeiten bestens einbringen könnte. Vielleicht ist es wirklich Zeit, dass der *Geliebte* Abschied nimmt und Selbstverantwortung übernimmt.

**Deutungsbeispiel 2**

Eine Frau will wissen, ob sie sich in einer Partei, der sie beigetreten ist, mehr engagieren sollte.

**Weg A**             **darum geht es**             **Weg B**
**Engagement**                                      **kein Engagement**

**Deutung:** Auch hier zeigt die Situation mit *Glück* und *Witwer,* dass reichlich Lebenserfahrung fruchtbar aktiv eingebracht werden kann. Nicht nur die Frau, auch die Partei würde wohl davon profitieren.

Engagiert sie sich mehr, weisen *Tod* und *Offizier* darauf hin, dass ihre Lebenserfahrungen Wandel für sie und die Partei bringen – und auch die Erfahrungen werden neu bewertet werden. Sie wird lernen müssen, sich immer treu zu bleiben. Engagiert sie sich jedoch nicht, spiegeln ihr *Sehnsucht* und *Dieb,* dass sie sich längerfristig in der Partei nicht mehr zuhause fühlen und sich davon stehlen wird. Ein fades Gefühl bleibt wohl dabei zurück.

### Deine Deutung ist gefragt

Ein Mann will wissen, ob er seiner Freundin einen Heiratsantrag machen soll. Was meinst du?

| Weg A | darum geht es | Weg B |
|---|---|---|
| Antrag | | kein Antrag |

Unsere Interpretation findest du wie üblich im Lösungsteil.

## Die 9er-Legung

Dieser Klassiker unter den Orakel-Legesystemen ist dann hilfreich, wenn wir eine bestimmte Angelegenheit oder einen Sachverhalt eingehender beleuchten wollen, ohne gleich ein Großes Blatt auszulegen. Einige Kartenleger arbeiten hier mit der bewussten Auswahl des Signifikators, entsprechend der Themenstellung. Wir vertreten die Ansicht, dass es ausreicht, an die Thematik beim Mischen zu denken, um die richtigen Antworten zu erhalten und ziehen ihn daher wie alle anderen Karten »blind« aus dem gemischten, verdeckten Kartendeck. Die Auslage sieht wie folgt aus:

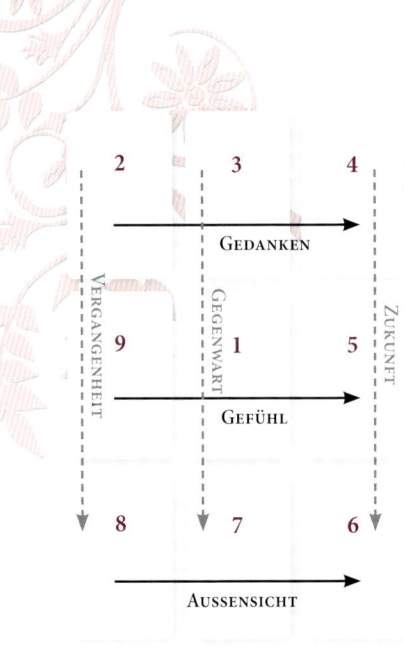

**Die Positionen werden so gelesen:**

**Vertikal:** Position **1** stellt den Signifikator dar, Position **3, 1** und **7** stehen für die Gegenwart, Position **2, 9** und **8** für die Vergangenheit und Position **4, 5** und **6** für die Zukunft.

**Horizontal:** Die Kartenreihe **2, 3** und **4** zeigt, wie wir intellektuell zum Thema stehen, also was wir darüber denken. Und die Karten **9, 1** und **5** erläutern, was wir bei dem Thema fühlen.

Schließlich zeigt Reihe **8, 7** und **6** an, wie wir bezüglich der Fragestellung das Außen sehen beziehungsweise von ihm gesehen werden.

Die 9er-Legung bietet in der Gegenwartslinie (Position **3, 1, 7**) auch den Einstieg in das Ausdeuten von Karten die oberhalb und unterhalb einer Themenkarte liegen. Zur Erinnerung: Im Kapitel »Kombinieren wie Nick Knatteron« haben wir über die Kombination von Karten von links nach rechts geredet, durch die unter anderem zeitliche Abläufe ersichtlich sind. Als Beispiele hatten wir die Karten *Liebe* und *Verlust* sowie *Dieb* und *Beständigkeit* herangezogen. Bleiben wir einfach bei diesen Karten und überlegen wir, was sie aussagen könnten, wenn sie nicht mehr neben-, sondern übereinander zu liegen kommen.

Wie eben erläutert, zeigen Karten, die oberhalb einer Themenkarte liegen, was auf der mentalen und kommunikativen Ebene – also im Kopf – passiert. Die Karten unterhalb des Themas erzählen, was die reale Basis der Situation ist oder wie wir von außen gesehen werden.

Wenn nun also die *Liebe* das zentrale Thema der Legung ist, und der *Verlust* über ihr zu liegen kommt, wird auf mentale Verlustangst hingewiesen. Wenn der *Verlust* unter die *Liebe,* also auf die Realitätslinie, fällt, ist diese Angst auch wirklich begründet. Liegt der *Verlust* in der Mitte der Legung und die *Liebe* über ihm, wird ein *Verlust* emotional liebevoll verarbeitet. Kommt die *Liebe* unter dem *Verlust* zu liegen, dann wird auch äußerlich liebevoll mit dem Verlust umgegangen.

## Versuche es nun einmal selbst

Was bedeutet der *Dieb* oberhalb der *Beständigkeit,* was unter ihr?

_____

_____

Und wenn der *Dieb* das zentrale Thema ist – was bedeutet dann die *Beständigkeit* über ihm, was unter ihm?

_____

_____

Die Auslösung findet sich wie üblich im Lösungsteil.

Übrigens: Besondere Vorsicht ist in dieser wie auch allen anderen Auslagen, die eine emotionale Linie beinhalten, bei der Interpretation der mittleren Reihe (Position **9, 1** und **5**) geboten. Da es sich hier um die Gefühlswelt handelt, musst du hier besonders darauf achten, tatsächliche Ereignisse und subjektive Wahrnehmungen oder Wünsche beziehungsweise Ängste auseinanderzuhalten. Hier kommen auch erfahrene Kartenleger oft an die eigenen Grenzen.

## Deutungsbeispiel

Eine Frau fühlt sich von einer Arbeitskollegin bedroht. Sie meint, dass diese gegen sie intrigiert und sie beim Chef anschwärzt. Sie befragt die Karten, um zu sehen, ob ihr Verdacht begründet ist. Konkret möchte sie wissen, was sie am besten tun kann, um ihren Job nicht zu verlieren.

**DEUTUNG:** Das derzeitige traurige Gefühl ist hier ein sich im Abklingen befindendes Resultat vergangener Ereignisse. Der *Feind* auf der Gefühlslinie spricht dafür, dass sich in der Tat unerfreuliche Ereignisse zwischen ihr und der Kollegin

**261**

zugetragen haben. Es ist allerdings wichtig zu betonen, dass dieser »Zickenkrieg« von beiden Seiten ausging. Mit der *Reise* im Außen scheint sich diese unangenehme Form zwischenmenschlicher Kommunikation sehr schnell entwickelt zu haben, was die Fragende zur gründlichen Bestandsaufnahme über ihre Arbeitssituation angeregt hat. Dies zeigen die *Gedanken* auf der mentalen Linie. Ein Blick auf die Gegenwartslinie weist jedoch darauf hin, dass sich die Frau bewusst machen sollte: Auch wenn sie nach außen derzeit *Traurigkeit* ausstrahlt und auch das Umfeld zu ihrer Melancholie beiträgt, die *Heirat* auf der Verstandeslinie zeigt deutlich, dass ihre Arbeit wie auch ihre Person in der Firma sehr geschätzt wird. Wichtiger noch – die zentrale Karte der Legung ist das *Glück* – ist der Hinweis darauf, dass sie eigentlich Erfolg und Zufriedenheit im Herzen trägt. Auch wenn der *Witwer* als zukünftiges Gefühl dafür spricht, dass sich die Lage nicht gleich entspannt, können die Ereignisse in eine wichtige Lernaufgabe umgewandelt werden, die die Fragende beruflich und menschlich reifen lässt. Sie wird lernen müssen, sich emotional besser abzugrenzen. So und mit der Gewissheit, ein wertvolles Teammitglied zu sein, wird die *Unverhoffte Freude* an der Arbeit sich wieder wie von selbst einstellen und ihre Gedanken bestimmen. Auch wenn nicht gleich wieder alles harmonisch ist, wird sie mit der *Sehnsucht* den Wunsch nach Frieden ausstrahlen und somit viele mögliche Wogen glätten.

### Deine Deutung ist gefragt

Ein selbständig arbeitender Mann hat gerade große Existenzängste. Er stellt an die Karten die Frage: Wie sieht die finanzielle Entwicklung innerhalb der nächsten drei Monate aus?

Unsere Interpretation findest du wie üblich im Lösungsteil.

## Erweiterte 9er-Legung

Um die Aussagen der 9er-Legung noch zu präzisieren oder die Prognosen zeitlich auszudehnen, kann diese Legung durch drei zusätzliche Karten ergänzt werden.

| Position 2 | Position 3 | Position 4 | Position 10 |
|---|---|---|---|
| Position 9 | Position 1 | Position 5 | Position 11 |
| Position 8 | Position 7 | Position 6 | Position 12 |

Es ist sogar möglich, die Legung durch das Nachlegen weiterer Dreiergruppen auszubauen.

Allerdings ist hier weniger eindeutig mehr – es ist einfach effektiver, sich mit den gelegten Karten lange genug auseinanderzusetzen, um sich ein klares Bild von der Situation zu machen und danach zu handeln, als das Ergebnis durch mehrfaches Nachziehen von Karten zu hinterfragen.

| Traurigkeit | sadness | Unverhoffte Freude / unexpected joy | Witwe | widow | Botschaft | message |
| tristesse | tristezza | joie imprévue / gioia inattesa | veuve | vedova | message | messaggio |

| Dieb | thief | Geliebter | lover | Unglück | misfortune | Heirat | marriage |
| larron | ladro | amant | amante | malheur | disgrazia | mariage | nozze |

| Hoffnung | hope | Offizier | officer | Reise | journey | Treue | fidelity |
| espérance | speranza | officier | ufficiale | voyage | viaggio | fidélité | fedeltà |

### Deutungsbeispiel

Kommen wir noch einmal zu unserem selbständig arbeitenden Mann aus dem Beispiel weiter oben zurück. Der ist noch nicht wirklich beruhigt. Daher legt er drei weitere Karten an, die ihm Auskunft darüber geben sollen, wie sich die Finanzen innerhalb des nächsten Jahres weiter entwickeln.

**Deutung:** Nach all den Unruhen der letzten Monate finden die Gefühle mit der *Heirat* einen sicheren Hafen und Anker. Dies offensichtlich durch Kommunikation der gemachten Erfahrungen, wie die *Botschaft* auf der Gedankenlinie zeigt. Wichtig bleibt weiterhin – so die *Treue* –, zu sich selbst und den eigenen Fähigkeiten zu stehen und an die eigene Vision zu glauben.

### Deine Deutung ist gefragt

Auch die Dame, die um ihre Karriere fürchtet, möchte ein paar zusätzliche Details, wie sie sich weiter am besten verhält. Die Auslage sieht wie folgt aus:

Was ist deine Sicht der Dinge?

_____

_____

_____

_____

_____

Die Auflösung findet sich wie immer im Lösungsteil.

## Die Zigeunerlegung

Eine interessante Variante der 9er-Legung hat die Kartenlegerin Renate Anraths mit ihrer »Zigeunerlegung« vorgestellt. Sie eignet sich besonders gut für Zustands- und Entwicklungsanalysen ohne konkrete Fragestellung. Wir nutzen diese Legung daher gern, um Menschen, die bei einer Beratung erst einmal nichts zu ihrem Anliegen sagen wollen, aufzulockern. Selbstverständlich ist diese Legung jedoch auch für spezifizierte Fragen geeignet, die sie ausführlich beantworten kann.

**1**

Ausgangspunkt (Position **1**) ist das tatsächliche bewusste oder unbewusste Anliegen der fragenden Person. Die drei darunter liegenden horizontalen Reihen beschreiben dann die Entwicklung des Themas in der Vergangenheit (Positionen **2–4**), der Gegenwart (Positionen **5–7** und **11**) und der Zukunft (Positionen **8–10**). Vertikal schildern die drei Reihen die Einstellung der Fragenden auf der bebewussten (Position **2, 5, 8**) und der unbewussten (Position **4, 7, 10**) Ebene sowie den tatsächlichen Ereignisverlauf (Position **3, 6, 9**). Dabei ist der Karte auf Position **6**, dem tatsächlichen Geschehen in der Gegenwart, bei der Interpretation besondere Bedeutung beizumessen. Position **11** stellt einen zu berücksichtigenden Impuls von außen dar.

**2**     **3**     **4**

VERGANGENHEIT

BEWUSSTES   TATSÄCHLICHES   UNBEWUSSTES

**5**     **6**     **7**     **11**

GEGENWART

**8**     **9**     **10**

ZUKUNFT

### Deine Deutung ist gefragt

Eine junge Frau beschäftigt sich mit Schamanismus und übt regelmäßig in einer Gruppe das Schamanische Reisen. Sie ist frustriert, weil sie diese Reisen nicht visualisieren, sondern nur erfühlen kann. Sie möchte wissen, warum das so ist und was sie tun kann, um klare Bilder zu empfangen.

Deine Interpretation?

_____

_____

_____

Unsere Auflösung findet sich wieder im Lösungsteil.

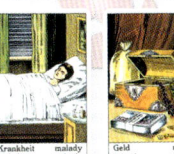

*Karteninterpretation …*

*entschlüsselt komplexe Zusammenhänge*

*D*ie 36 Zigeuner-Wahr-sagekarten bieten unendliche Kombinations- und Aussage-möglichkeiten. Genieße den Prozess der Bilder-Ent-schlüsselung und der Selbst-erkenntnis.

# Die Kür – das Große Blatt

DIESE AUSLAGE ist wohl die bekannteste und einer der wichtigsten Gründe, warum das Deuten mit Orakelkarten so beliebt ist. Denn das Große Blatt verschafft betreffs des angesprochenen Themas nicht nur einen detaillierten Überblick über die Gesamtsituation, es beleuchtet auch sämtliche Aspekte, die es dabei zu berücksichtigen gilt. Das Große Blatt spiegelt das Energiefeld, das dich bezüglich einer Frage umgibt, und verdeutlicht dir anhand von Bildern die Geheimnisse deines Unbewussten.

Allerdings bedarf es Geduld und reichlichen Trainings, um diese Auslage voll zu erfassen. Im Folgenden möchten wir dich dabei unterstützen, indem wir dich Schritt für Schritt durch die einzelnen Deutungsphasen führen. Zur Erinnerung: Begriffe, die du nicht verstehst, werden in den Kapiteln »FAQs des Kartenlegens« und »Kartenleger-Jargon« eingehend erläutert.

IN UNSEREN KURSEN BETONEN WIR immer wieder, wie wichtig die richtige Fragestellung beim Kartenlegen ist. Daher möchten wir auch dir nahe legen, das Große Blatt nicht zur Klärung von Themen wie beispielsweise die Entwicklung einer Krankheit oder die Ausforschung der Gefühle Dritter zu verwenden.

Persönlich halten wir wenig davon, mehrere Fragen mit einer Auslage »abzuklopfen«. Aus unserer Sicht sollte für jede Fragestellung, auch für die, die sich vielleicht aus der Analyse des Großen Blatts ergibt, eine neue Auslage erfolgen. Was Zeitangaben betrifft, so halten wir es mit der guten alten Tradition, die Aussagekraft einer Legung auf den Zeitraum von sechs Monaten zu begrenzen. Dies ist ein absehbarer und planbarer Zeitraum, der dennoch ausreichend Entwicklungspotential bietet und nicht so weit von der Gegenwart entfernt ist, dass das Ziel aus den Augen verloren gehen kann. Natürlich kannst du aber auch kürzere oder längere Zeiträume abfragen, vorausgesetzt, du formulierst die gewünschte Zeitangabe in deiner Frage (Wie entwickelt sich meine Beziehung / meine Arbeit / meine Spiritualität innerhalb der nächsten drei Wochen? Was sollte ich bis Jahresende beachten? Wo werde ich 2090 stehen?).

Es gibt zwei Hauptvarianten bei der Auslage des Großen Blatts. Bei der ersten werden die 36 Karten in vier Reihen zu acht und einer Reihe zu vier Karten angeordnet, wobei die Vierer-Reihe die spirituelle Botschaft hinter der Fragestellung vermittelt. Bei der zweiten werden vier Reihen zu jeweils neun Karten ausgelegt. Wir arbeiten prinzipiell mit der letzteren, da wir keine Karten aus dem Großen Bild verbannen wollen. Die spirituellen Botschaften einer Legung ziehen wir zumeist abschließend aus dem so genannten »Fünfern«.

## Richtig interpretieren Schritt für Schritt

Nachdem du deine Frage aufgeschrieben hast, legst du die gemischten Karten hintereinander in vier Reihen zu je neun Karten aus. Du kannst sie während des Auslegens bereits umdrehen.

Angenommen, die Themenkarte zur Frage kommt auf Position **11** zu liegen. Die Zeitachse entwickelt sich hierbei wie beim Kombinieren, immer von links (von Position **1, 10, 19 und 28**) nach rechts (zu Position **9, 18, 27** und **36**).

| Position 1 | Position 2 | Position 3 | Position 4 | Position 5 | Position 6 | Position 7 | Position 8 | Position 9 |
|---|---|---|---|---|---|---|---|---|
| | | KOMMUNIKATION, GESPRÄCHE, GEDANKEN | | | | | | |
| Position 10 | Position 11 | Position 12 | Position 13 | Position 14 | Position 15 | Position 16 | Position 17 | Position 18 |
| | | HERZENSLINIE | | | | | | |
| Position 19 | Position 20 | Position 21 | Position 22 | Position 23 | Position 24 | Position 25 | Position 26 | Position 27 |
| | | WIRKUNG NACH AUSSEN | | | | | | |
| Position 28 | Position 29 | Position 30 | Position 31 | Position 32 | Position 33 | Position 34 | Position 35 | Position 36 |

Vergangenheit    Gegenwart    Zukunft

Signifikator    nicht relevante Kartenreihe

1. **Als erstes betrachtest du die vier Eckkarten:** Position **1, 9, 28, 36.** Sie zeigen äußere Einflüsse an, das, was auf uns eindringt, und werden mit der Themenkarte (Position **11**) kombiniert. Du solltest dich fragen, ob diese Karten eher förderlich oder hinderlich für deine Fragestellung sind.

2. **Danach analysierst du die Themenkarte** selbst (Position **11**), indem du ihre Umgebung betrachtest. Lassen sich äußere Einflüsse und inneres Fühlen gut vereinbaren oder widersprechen sie sich eher?

3. Als nächstes verschaffst du dir einen Überblick über die **Reihe, die oberhalb deiner Themenkarte** liegt (Positionen **1–9**) und **für Kommunikation, Gespräche und Gedanken** steht. Dann betrachtest du die Karten, die in der **Reihe der Themenkarte** liegen (Positionen **10–18**), die die emotionale Linie oder **Herzenslinie** darstellen. Ausgenommen bleibt dabei Position **11**, unsere Themenkarte. Die **Reihe unterhalb dieser Karte** (Positionen **19–27**) schildert, wie wir uns im **Außen** geben oder gesehen werden. Stehen die Reihen im Einklang miteinander oder widersprechen sie sich? Die vierte Reihe ist hier für die Deutung nicht relevant. (Kommt die Themenkarte in der dritten Reihe zu liegen, ist die erste Reihe nicht relevant. Analog dazu: Die mentale Linie bzw. die im Außen fällt fort, wenn die Themenkarte in der ersten bzw. vierten Reihe liegt.)

Nach diesem ersten Überblick beginnst du mit der eigentlichen Deutungsarbeit.

## Zeitliche Analyse

1. **Vergangenheit:** Am besten betrachtest du zuerst die Vergangenheit. Dabei weisen uns die Karten direkt links neben der Themenkarte (in unserem Fall Position **1, 10** und **19**) auf Ereignisse und Motive der jüngeren Vergangenheit hin. Oft muss gar nicht weiter in die Vergangenheit zurückgegangen werden, um ein bestimmtes Thema zu bearbeiten, aber sollte es sich aus der Fragestellung ergeben, kannst du es natürlich gern tun. Prinzipiell ist aber das Vergangene vergangen und sollte nicht zu sehr betont werden. Somit ist es auf dieser Achse auch schwer zu erkennen, wann sich die Ereignisse genau abgespielt haben. Auch für die Betrachtung der Vergangenheit gilt: Die Karte oberhalb der Themenkarte (Position **1**) steht für

die Gedanken, neben der Themenkarte (Position **10**) für die Emotionen und unterhalb der Themenkarte (Position **19**) für die äußere Sichtweise. Diese drei werden nun mit der Themenkarte kombiniert.

2. GEGENWART: In gleicher Weise verfährst du mit der Gegenwart: Die Positionen **2** (Gedanken), **11** (Gefühle bezüglich des Themas), **20** (das Außen) stehen in unserem Beispiel für die momentane Situation. Auch diese drei Karten werden miteinander kombiniert und dann mit denen der Vergangenheit in Beziehung gesetzt.

3. ZUKUNFT: Hier wird nicht anders verfahren, allerdings ist diese natürlich besonders interessant und wird daher am genauesten beleuchtet. Die nächsten, meist sich innerhalb des nächsten Monats abspielenden Ereignisse finden sich direkt rechts neben der Themenkarte: Hier also auf Position **3** (Gedanken und Gespräche), **12** (Emotionen) und **21** (das Außen). Wieder kombinieren wir diese mit der Themenkarte. Die nächste Spalte (Position **4**, **13** und **22**), also die zweite Kartenspalte rechts von der Themenkarte, zeigt, was in den nächsten drei Monaten wichtig wird oder zu beachten ist. Wieder werden diese Karten mit der Themenkarte und denen der näheren Zukunft kombiniert. Die darauf folgende Spalte (Position **5**, **14** und **23**) deckt die Zeit bis zu sechs Monaten ab. Auch diese Spalte wird mit der Themenkarte und den anderen bisher analysierten Reihen in Beziehung gesetzt.

Nach der Analyse dieser Punkte kannst du eine Deutung abschließen, du kannst aber auch weiter in die Zukunft schauen. Wir empfehlen allerdings keine Prognosen über ein halbes Jahr hinaus.

## Hintergründe beleuchten

Wer noch tiefer in die Deutung einsteigen möchte, kann noch folgende Techniken anwenden. Auch wenn sie anfangs recht verwirrend sein können, schaffen gerade diese Handkniffe die wichtigsten Zusammenhänge und Hintergrundaussagen. Wie immer gilt: Übung macht den Meister.

1. BETRACHTE DIE KORRESPONDENZKARTE, also die der Themenkarte (oder der Karte, deren Thema eingehender hinterfragt werden soll) schräg gegen-

überliegende Karte. In unserem Beispiel ist das Position **26**. Diese Karte liefert zusätzliche Aspekte, die für die Interpretation besonders wichtig sind.

2. ALS NÄCHSTES SUCHST DU DIE PERSONENKARTE – der *Geliebte* bei einem männlichen Fragenden oder die *Geliebte* bei einer weiblichen Fragenden. In welcher Beziehung steht sie zur Themenkarte und den Zukunftskarten? Gibt es eine Verbindung, weil sie in der gleichen Linie mit der Themenkarte liegt, weil sie sich in einer Diagonalen zu ihr befindet, mit ihr korrespondiert oder anders in Verbindung mit ihr steht?

3. NUN »RÖSSELST« DU VON DER THEMENKARTE AUS in die Kartenpositionen der Zukunft: hier also Position **4** und Position **22** und ermittelst hier auch wieder, ob sie harmonieren, zusammengehören oder sich widersprechen. Sie können dir Informationen zu den Zeitabläufen liefern. Du kannst natürlich auch in gleicher Weise in die Vergangenheit springen, wenn es notwendig erscheint. In unserem Beispiel ist das allerdings nicht möglich.

4. NUN WERDEN DIE SPIEGELKARTEN BETRACHTET, also die Karten, die auf der gleichen Linie liegen, wenn man die Karten horizontal oder vertikal zusammenklappen würde. Sie spiegeln unser Thema mit zusätzlichen Details. In unserem Beispiel sind das die Karten auf Position **17** (horizontal) und **20** (vertikal).

5. ALS ZUSAMMENFASSUNG FÜHRST DU NOCH DAS »FÜNFERN« DURCH. Dafür beginnst du bei Position **11** und zählst fünf Karten weiter bis zur Position **16**. Diese Karte nimmst du aus dem Deck heraus. Dann zählst du wieder fünf Karten ab, nimmst diese Karte heraus und zählst wieder weiter. Am Ende hältst du die Karten **16 – 21 – 26 – 31 – 36 – 5 – 10** in der Hand. In dieser Reihenfolge legst du diese nun hintereinander aus. So erhältst du die wichtigsten Aussagen der gemachten Legung als Quintessenz.

6. Abschließend mischst du diese sieben Karten nochmals. Dann wählst du sieben Karten im Deck aus, über die du gern noch eine zusätzliche Information hättest und legst jeweils eine Karte aus dem gemischten Stapel verdeckt darauf. Anschließend drehst du die Karten um und interpretierst sie in Kombination.

## Ausdeutung des Großen Blatts – ein Beispiel

Ein Mann möchte wissen, wie er sich beruflich weiterentwickeln kann. Er ist derzeit ohne Arbeit und macht sich Sorgen um seine Finanzen. Von der Legung erhofft er sich Anregungen, was er am besten tun sollte, um sein berufliches Potential ausleben zu können.

1. **Zunächst betrachten wir die Eckkarten** (Position **1, 9, 28, 36**): Der Mann ist sich bewusst – so zeigen *Geliebte* und *Falschheit* –, dass sich das Thema um unangenehme Gefühle dreht, die bei ihm in der Vergangenheit wachgerufen wurden. Für die Zukunft gibt es mit *Verdruss* und *Unverhoffter Freude* positivere Ansätze und Aussichten. Hier liegt bereits ein Hinweis auf einen glücklichen Ausgang, auch wenn dabei der *Verdruss* immer wieder querschlagen könnte.

2. **Die Themenkarte Haus** für die Arbeit liegt auf Position **25** (zu den Signifikatoren siehe »Besondere Kombinationen und Schwerpunktthemen«). Die darüber liegende mentale Linie (Positionen **10–18**) weist darauf hin, dass der Fragende in seinen Gedanken das Thema negativer

sieht, als es tatsächlich ist. Dies wird besonders ersichtlich aus den Karten *Eifersucht – Witwe – Krankheit*. Derzeit sind seine Gedanken stark von Eifersucht und Neid geprägt. Statt diese durch *Fröhlichkeit* (Korrespondenzkarte der *Eifersucht*, Position **21**) aufzuhellen, beharrt er auf dem Gefühl des Zurückgesetzt- und Blockiert-Seins. Dabei mahnt ihn die *Reise*, die Gegenwartskarte im Außen (Position **34**) zum eigenständigen Aufbruch. Dass seine Eifersucht unbegründet ist, wird von der *Hoffnung* (Korrespondenzkarte auf Position **12**) bestätigt.

**FÜR DIE NAHE ZUKUNFT, ALSO DIE NÄCHSTEN DREI MONATE** (Position **17** – *Witwe*, Position **26** – *Gedanken*, Position **35** – *Besuch*), gibt es einen klaren Auftrag: Er soll sich, so rät die *Witwe*, seine Erfahrung aus der Vergangenheit bewusst machen und von Gedanken der Schwäche (der *Dieb* korrespondiert auf die *Witwe*) lösen, denn er ist stark genug, seine Zukunft selbst zu gestalten. Emotional erlauben ihm die *Gedanken* ruhig auch zu zweifeln, er soll sich aber weniger darauf berufen. Vielmehr soll er sich auf das Außen, den *Besuch*, das Vernetzen konzentrieren. Der *Besuch* korrespondiert auf Position **2**, die *Heirat* – somit werden dann verbindliche und wichtige Netzwerke entstehen.

Der Fragende wird – so zeigt das *Geld* auf Position **27** – demnächst wohl erneut auf seine Talente im Herzen hingewiesen. Diese wird er zunehmend deutlicher empfinden und an sie glauben, was durch die *Unverhoffte Freude* im Außen zusätzlich unterstützt wird. Seine Talente werden Früchte tragen. Die *Krankheit* auf Position **18**, die seine Ängste und den hausgemachten Stress symbolisiert, sollte hierbei nicht überbewertet werden. Denn auch ihre Korrespondenzkarte *Sehnsucht* spricht davon, dass die Sorgen eher diffus und nicht wirklich greifbar sind. Vielmehr sind unter anderem mit der *Unverhofften Freude* (Position **36**) positive Signale im Außen zu erwarten. Ihre Korrespondenzkarte, die *Geliebte* auf Position **1**, weist nochmals darauf hin, dass er seine weibliche Seite in den Vordergrund stellen soll: Die Dinge laufen ohne viel Kraftaufwand am besten. Wilder Aktionismus ist definitiv das falsche Signal. Die Karte ist auch ein Hinweis auf die mögliche Unterstützung seiner Partnerin oder einer anderen wichtigen Frau. Ähnliches zeigt auch die Korrespondenzkarte des *Geldes* (Position **27**): Der *Verlust* (Position **10**) sagt, der Fragende soll seine Talente spielerisch, nicht zwanghaft leben.

3.  **Nun lohnt es sich noch, die Personenkarte** (Position **5**) zu analysieren. Dabei fällt auf, dass Themen- und Hauptpersonenkarte, also *Haus* und *Geliebter*, durch das *Kind* (Position **15**) diagonal verbunden sind. Außerdem hat der *Geliebte* keine Gedankenlinie: ein Hinweis, sich auf das Außen und die Emotionen zu konzentrieren. Die Vergangenheit des *Geliebten* – dargestellt durch *Geistlicher* und *Tod* (Position **3** und **4**) – zeigt, dass Spiritualität sicher ein Auslöser der Thematik war, doch derzeit nicht zu sehr in den Vordergrund gestellt werden sollte, auch wenn das im Außen mit *Hoffnung* und *Witwer* (Position **12** und **13**) vielleicht so gewünscht war. Der *Witwer* in der Vergangenheit weist ebenso auf einen Werte vermittelnden Chef hin. Auch Vater Staat und Unterstützung bei ehemaliger Arbeitslosigkeit könnten hier angesprochen sein.

    Prinzipiell betonen die Karten einen liebevollen Umgang im Außen, besonders die Karte *Liebe* auf Position **14**. Auch der *Richter* (Position **6**) verspricht eine gerechte emotionale Bewertung der Thematik, aufrichtig und ohne Druck. Das *Kind* fordert auf, neue Wege mit der Arbeit zu beschreiten – es ist ja, wie bereits gesagt, die Verbindung zur Themenkarte – auch wenn diese neuen Wege mit *Traurigkeit* und *Eifersucht* (Position **7** und **16**) nicht immer einfach sind, weil Neid auf andere und Melancholie immer wieder Thema werden und die *Fröhlichkeit* (Korrespondenzkarte) beeinträchtigen könnten.

    **Für die weitere Zukunft** weisen die Karten darauf hin, dass sich die Probleme – wenn sich der Fragende entspannt – von selbst lösen werden (*Witwe* auf Position **17**). Mit dem *Glück* auf Position **8** könnten die Gefühle allerdings weiterhin Achterbahn fahren. Zur Vorsicht mahnt hier die Korrespondenzkarte zur Hauptperson, das *Unglück* auf Position **32**. Der Fragende soll emotional mehr Selbstdisziplin üben, damit das Auf und Ab der Gefühle sich beruhigt.

4.  **Auch das Rösseln** stellt die Situation des Mannes alles andere als ausweglos dar: Von der Themenkarte aus gelangen wir mit dieser Technik auf Position **36**, die *Unverhoffte Freude,* und Position **24**, den *Offizier.* Beide zeigen deutlich, dass seine Ängste die Realität deutlich verzerren.

    Wieder sagen sie: Gehe deinen Weg aufrecht im eigenen Tempo – dann wird alles gut.

5. **Die Spiegelkarten des Themas,** die *Fröhlichkeit* auf Position **21** und die *Eifersucht* auf Position **16**, heben sich in ihrer Wirkung auf. Auch hier kommt wieder die Nachricht durch: Weniger auf andere und ihr Tun schauen, mehr an der Gegenwart und mit dem eigenen Erleben Freude haben. Die Spiegelkarte der Personenkarte ist wiederum das *Unglück* auf Position **32**. Da der *Geliebte* in dieser Auslage keine gedankliche Linie hat, wird noch einmal klar: Im Jetzt bewusst und mit Freude leben, schafft die Realität, die der Fragende ersehnt.

6. **Abschliessend kann nun noch »gefünfert« werden:** Wie das geht, kannst du im »Kartenleger-Jargon« noch einmal nachlesen. In unserem Beispiel werden bei dieser Technik folgende sieben Karten aus dem Blatt genommen:
   Position **30** – *Feind*
   Position **35** – *Besuch*
   Position  **4** – *Tod*
   Position  **9** – *Verdruss*
   Position **14** – *Liebe*
   Position **19** – *Sehnsucht*
   Position **24** – *Offizier*

In der herausgenommenen Reihenfolge hintereinander ausgelegt ergibt sich folgende Botschaft: Aus einer anfänglich feindlichen Atmosphäre entstehen Netzwerke, die diese transformieren. Die Verarbeitung der destruktiven Stimmung führt zur liebevollen Vision, geradlinig zu einer positiven Zukunft.

Um das Bild völlig rund zu machen, mischen wir die herausgenommenen Karten erneut und legen jeweils eine umgedreht auf eine Karte im Großen Blatt, die der Mann noch einmal näher beleuchten möchte.
Folgendes Bild entsteht:

Auf Geliebte fällt Verdruss – die Partnerin oder die Seele des Mannes hadert mit den destruktiven (inneren) Diskussionen.

Auf Geliebter fällt Sehnsucht – der Mann hofft, dass sich die Situation beruhigt, entspannt.

Auf Witwer fällt Feind – die Konzentration auf vergangene Erfahrungen hemmt die Zukunft.

Auf Kind fällt Liebe – dabei wäre der Fokus auf die Zukunft sehr hilfreich, er bringt (Selbst-)Liebe.

Auf Haus fällt Tod – der Mann soll sich auf neue Arbeitsmöglichkeiten einlassen.

Auf Geld fällt Offizier – der Mann soll korrekt mit Finanzen umgehen.

Auf Reise fällt Besuch – Netzwerke bringen den Durch- und Aufbruch.

## Jetzt ist nur noch deine Deutung gefragt

WIR SIND AM ENDE unseres *Kursus im Kartenlegen* angekommen. Nun bist du gefragt, die hier vermittelten Grundlagen und den reichlichen Gedankenstoff mit Phantasie, Disziplin und Kreativität umzusetzen. Wir wünschen dir dabei viel Vergnügen und jede Menge neue Einsichten.

WENN DU DIE THEORIE durch gemeinsame Legepraxis vertiefen möchtest, empfehlen wir dir unser umfangreiches Kursangebot. Kontaktiere uns einfach. Wir freuen uns natürlich auch über deine Anregungen und Fragen zum Buch.

ROE und Kirsten Buchholzer
Lübecker Straße 137
22087 Hamburg
Tel.: 040 / 6899 4464
www.zigeunerwissen.de

*Karteninterpretation ...*

*ist lösungsorientiert*

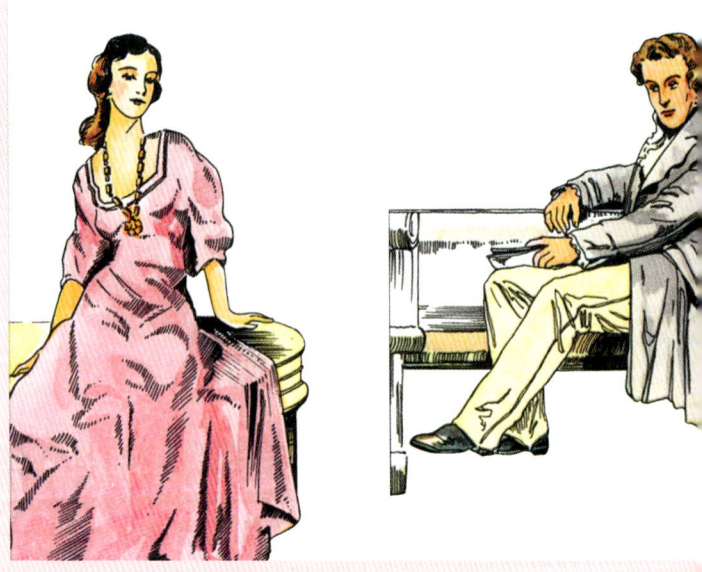

**N**utze die
Karten als
Werkzeug
zur
Selbsterkenntnis
und um dich
bei schwierigen
Entscheidungen
unterstützen
zu lassen.
Sie sind ein
objektiver
Ratgeber.

278

# Lösungsteil

## zu Knobelfragen in den »Bedeutungen der Karten«

**BESTÄNDIGKEIT:** *Offizier, Witwer, Witwe, Geliebte*

**BESUCH:** *Glück, Unverhoffte Freude, Hoffnung*

**BOTSCHAFT:** Hier sind viele Antworten möglich.

**BRIEF:** *Unverhoffte Freude, Kind, Liebe*

**DIEB:** Hier sind viele Antworten möglich.

**EIFERSUCHT:** *Feind, Falschheit, Verlust*

**ETWAS GELD:** *Unverhoffte Freude, Reise*

**FALSCHHEIT:** *Richter, Treue*

**FEIND:** Hier sind viele Antworten möglich.

**FRÖHLICHKEIT:** Hier sind viele Antworten möglich.

**GEDANKEN:** *Treue, Beständigkeit*

**GEISTLICHER:** *Treue*

**GELD:** *Geliebte, Geliebter*

**GELIEBTE:** *Offizier, Witwer*

**GELIEBTER:** *Sehnsucht, Traurigkeit*

**GESCHENK:** Hier sind viele Antworten möglich.

**GLÜCK:** *Liebe*

**HAUS:** Hier sind viele Antworten möglich.

**HEIRAT:** *Gedanken*

**HOFFNUNG:** Hier sind viele Antworten möglich.

**KIND:** Hier sind viele Antworten möglich.

**KRANKHEIT:** *Feind, Geistlicher*

**LIEBE:** Hier sind viele Antworten möglich.

**OFFIZIER:** *Richter, Geistlicher, Feind*

**REISE:** *Offizier, Richter, Feind*

**RICHTER:** *Glück* und Personenkarte beim *Richter*

**SEHNSUCHT:** *Besuch, Fröhlichkeit, Liebe (Geliebter / Geliebte)*

**TOD:** nach *Krankheit, Feind, Falschheit*

**TRAURIGKEIT:** *Hoffnung, Unverhoffte Freude*

**TREUE:** Hier sind viele Antworten möglich.

**UNGLÜCK:** *Feind*

**UNVERHOFFTE FREUDE:** Hier sind viele Antworten möglich.

**VERDRUSS:** *Dieb, Tod*

**VERLUST:** *Hoffnung* geht verloren

**WITWE:** von den für uns negativen Karten

**WITWER:** aufgrund seiner Lebenserfahrung trifft er alle an

## Offizier als Tageskarte (Seite 107)

**Generell steht die Karte für:**

✧ Geradlinigkeit, Struktur

✧ Ausgeglichenheit

✧ Erfahrung

**Konkret fällt uns heute dazu ein:**

✧ unser Sohn Curt braucht klare Führung und Regeln

✧ Curt ist sehr geradlinig, wenn er etwas will

**Die Karte könnte auffordern:**

✧ klarer zu strukturieren

✧ Vertrauen in vorgegebene Regeln zu haben

✧ sich erfahrenen Menschen unterzuordnen

## Kombiniere! Die Position entscheidet (Seite 110 und 111)

**REISE UND FRÖHLICHKEIT:** Aufbruchsstimmung stimmt vergnüglich

**FRÖHLICHKEIT UND REISE:** Vergnügliches breitet sich aus

**BESTÄNDIGKEIT UND DIEB:** Gefühl, dass der Glaube genommen wird

**DIEB UND BESTÄNDIGKEIT:** Destruktivität fühlt sich an wie weggewischt

## Vergangenheit – Gegenwart – Zukunft (Seite 253)

Die *Eifersucht* in der Vergangenheit weist auf mögliche Konkurrenzkämpfe und Ängstlichkeiten bei der Vorbereitung hin. In der Gegenwart lässt das *Geschenk* die Frau aber nun die wahren, äußerst positiven Dimensionen des Projekts erkennen. Der *Tod* fordert sie auf, ihre Gedanken besser zu strukturieren und sich auf das Wesentliche ihres Anliegens zu fokussieren, um den gewünschten Erfolg zu garantieren.

## Brainshot (Seite 255)

Mit *Etwas Geld* in der zentralen Lage scheint sich hier alles um Geld zu drehen. Vielleicht gibt es Sorgen, ob genug davon da ist oder wie man mehr verdienen könnte. Die *Witwe* zeigt an, dass man bei diesem Thema auch durchaus auf sich allein gestellt ist. Es gilt, Eigenverantwortung zu entwickeln, aktiv zu werden. Hinderlich ist hierbei der *Geistliche:* Hier wird zu sehr darauf vertraut, dass alles schon irgendwie wieder gut wird. Gleichzeitig steht der *Geistliche* aber auch dafür, dass in der Tat so oder so für die oder den Fragenden gesorgt wird.

## Krone der Isis (Seite 257)

Die *Eifersucht* legt nahe, dass die Frau weiß: Diese Reise wird sie mit alten, auch unangenehmen Gefühlen konfrontieren. Es könnte gut sein, dass sie in der jüngeren Vergangenheit auf andere Menschen neidisch gewesen ist. Obwohl sie sich vor der Konfrontation mit diesen Gefühlen fürchtet, möchte sie – das zeigt die *Beständigkeit* – die Reise machen. Das *Kind* weist darauf hin, dass dies auch sinnvoll wäre – denn es könnte eine sehr schöne Reise werden, die neue Inspiration und Hoffnung gibt. Dies bestätigt auch der *Tod,* der ihr Klärung alter Themen und Neuanfang verspricht.

## Was ist zu tun? (Seite 259)

*Fröhlichkeit* und *Geliebte* als Situation zeigen, dass zwischen den beiden eine gute, liebevolle Grundstimmung herrscht. Es scheint, als läge dem Fragenden das Glück seiner Partnerin sehr am Herzen, als wolle er mit ganzem Herzen Ja sagen.

Wenn er den Antrag macht, weisen *Geschenk* und *Krankheit* darauf hin, dass er – obwohl er weiß, dass die Partnerin ein Geschenk für ihn ist – doch arge Bedenken vor dem Schritt in die Verbindlichkeit hat. Dieser bereitet ihm deutlich Stress. Macht er den Antrag jedoch nicht, entsteht für ihn mit *Dieb* und *Richter* das Gefühl, sich aus der Affäre zu stehlen. Gleichzeitig würde es gegen sein Gerechtigkeitsempfinden gehen, dann in der Partnerschaft zu bleiben.

Hier scheint eine Art Panik vor der Verbindlichkeit zu herrschen. Da der Fragende seine Partnerin zu lieben scheint, wäre zu überlegen, ob er nicht einfach den großen Schritt wagt.

### Die 9er-Legung – Versuche es nun einmal selbst (Seite 261)

DIEB ÜBER BESTÄNDIGKEIT: positive Anlagen können geistig nicht erfasst werden

DIEB UNTER BESTÄNDIGKEIT: Fortlaufen vor dem Ausleben positiver Veranlagungen

BESTÄNDIGKEIT ÜBER DIEB: im Kopf reifer als im Herzen

BESTÄNDIGKEIT UNTER DIEB: im Außen etwas zeigen, was im Herzen nicht vorhanden ist

## Die 9er-Legung (Seite 262)

Die durchgängig stabilen Karten der Gegenwartslinie – besonders der *Geliebte* als Herzstück der Legung – fordern den Frager dazu auf, seine Stärken bewusster zu leben: Mit der *Unverhofften Freude* in der Gedankenlinie hat er einen gesunden Optimismus und reichlich Flexibilität. Auch wird er im Außen mit dem *Offizier* als sehr geradliniger und aufrechter Geschäftspartner wahrgenommen. Seine Existenzängste scheinen aus destruktiven Gesprächen (*Traurigkeit* in den Gedanken) und gefühlten Verlustängsten (*Dieb* auf der Emotionslinie) zu resultieren. Die nach außen getragene *Hoffnung*, dass alles so weitergehen kann wie bisher, hat sich vielleicht nicht gleich erfüllt. Zukünftig ist es wichtig, dass er die Konsequenzen seiner Erfahrungen klar formuliert und seine Arbeit auf sie hin sensibel ausrichtet *(Witwer* in den Gedanken). Die *Reise* im Außen stellt klar, dass Flexibilität künftig vor Geradlinigkeit gehen muss. Mit dem *Unglück* in der emotionalen Linie ist es gut möglich, dass die Angst in seinem Herzen größer werden wird. Doch darauf soll er sich nicht konzentrieren. Sie könnte ihn negativ beeinflussen.

## Erweiterte 9er-Legung (Seite 264)

Die sich vom *Witwer* in den *Geliebten* wandelnden Gefühle zeigen, dass die Fragende durch die Lektionen der vergangenen Monate wieder zu ihrer Kraft, ihrer Mitte und ihrer Aktionsfähigkeit findet. Es könnte sogar gut sein, dass sie so gestärkt aus den Querelen hervorgeht, dass sie sich letztendlich von der derzeitigen Arbeitssituation als *Dieb* selbst verabschiedet, um ein neues Projekt – symbolisiert durch das *Kind* – zu beginnen.

## Die Zigeunerlegung (Seite 265)

Die Themenkarte *Feind* weist darauf hin, dass die Fragende Furcht davor haben könnte, sich selbst und die Realität wirklich zu erkennen. Obwohl sie mit dem *Geistlichen* sicher einem inneren Ruf Folge leistet, sich selbst besser zu begreifen, ging sie bisher mit einer negativen Grundhaltung, der *Traurigkeit,* an die Sache heran. So erklärt sich der *Verlust* in der Vergangenheit als enttäuschte Hoffnungen, vielleicht aber auch als Erkenntnis, dass die Dinge nicht immer so leicht sind, wie sie scheinen. In der Gruppe fühlt sie sich wohl und hofft, dass die liebevolle Zusammenarbeit sie weiterbringt – dies spiegelt der *Besuch* als zentrale Karte der Auslage in Kombination mit *Liebe* und *Beständigkeit.* Gleichzeitig zeigt der *Witwer,* dass sie sich auf einer Ebene isoliert, aber dadurch auch sehr erfahren fühlt. Die Karten der Zukunft – *Verdruss, Krankheit* und *Geld* – zeigen, dass sich ihre Hoffnungen auf die Entdeckung ihrer eigenen Fähigkeiten, ihr *Geld,* nicht so schnell verwirklichen lassen. Vielmehr könnten ihre Ambitionen nicht nur sie selbst, sondern auch die Gruppe sehr unter Druck setzen. Die liebevolle Situation könnte sich in eine eher destruktive wandeln. Hier sollte es vermieden werden, auf Biegen und Brechen etwas erlangen zu wollen, wofür sie noch nicht reif ist.

# Literaturliste

## MYTHOLOGIE

DAS ÄGYPTISCHE TOTENBUCH

DIE BIBEL, zahlreiche Ausgaben,
z. B. die Übersetzung von Luther

DIE EDDA

DAS GILGAMESCH-EPOS

DER KORAN

ANDREAE, JOHANN: Die Chymische
    Hochzeit des Christian Rosen-
    creutz

BELLINGER, GERHARD: Knaurs
    Lexikon der Mythologie

EURIPIDES: Die Troerinnen

HESIOD: Theogonie

HOLZAPFEL, OTTO: Lexikon der
abendländischen Mythologie

KERÉNYI, KARL: Die Mythologie der
Griechen, Band I und II

HOMER: Ilias
    Odyssee

LURKER, MANFRED: Lexikon der
    Götter und Symbole der alten
    Ägypter

MALORY, THOMAS: König Artus

OVID: Metamorphosen

SOPHOKLES: König Ödipus

VERGIL: Aeneis

WAGNER, RICHARD: sämtliche
    Opernlibretti

## MÄRCHEN

ANDERSEN, HANS CHRISTIAN:
    Märchen

APULEUS: Das Märchen von Amor
    und Psyche

BECHSTEIN, LUDWIG: Märchen

GRIMM, JACOB UND WILHELM: Die
    Märchen der Brüder Grimm

## LITERARISCHES

ALIGHIERI, DANTE: Die göttliche
    Komödie

CERVANTES, MIGUEL DE: Don
    Quichote von der Mancha

DAFOE, DANIEL: Robinson Crusoe

DOSTOJEWSKI, FJODOR: Der Spieler

FONTANE, THEODOR: Effi Briest

GOETHE, JOHANN WOLFGANG VON:
    Faust I und II

HOFFMANN, E.T.A.: Der Goldene
    Topf

IBSEN, HENRIK: Peer Gynt

NOVALIS: Heinrich von Ofterdingen

PROUST, MARCEL: Auf der Suche
    nach der verlorenen Zeit

PUSCHKIN, ALEXANDER: Pique Dame

SCOTT, WALTER: Ivanhoe

SHAKESPEARE, WILLIAM: Sämtliche
    Werke

LEGEPRAXIS

KUKLA, STEPHANIE »PHINE«:
 http://tarot-wege.blogspot.com/
ANRATHS, RENATE: Tarot. Dem
 Leben in die Karten schauen
FIEBIG, JOHANNES / BÜRGER,
EVELIN: Das große Buch der Tarot-
 Legemuster
PIELMEIER, HEIDEMARIE /
SCHIRNER, MARKUS: Tarotwelten
RÖBKES, MARION: Handbuch der
 Karten-Legetechniken
RULAND, JEANNE: Das große Buch
 der Legemethoden
SCHWARZ, LILO: Selbstcoaching mit
 Tarot

SYMBOLKUNDE

BÄCHTOLD-STÄUBLI, HANNS: Hand-
 wörterbuch des deutschen
 Aberglaubens

BAUER, WOLFGANG / DÜMOTZ,
IRMTRAUD / GOLOWIN, SERGIUS:
 Lexikon der Symbole. Mythen,
 Symbole und Zeichen in Kultur,
 Religion, Kunst und Alltag
BECKER, UDO: Lexikon der Symbole
BIEDERMANN, HANS: Knaurs
 Lexikon der Symbole
FORSTNER, DOROTHEA / BECKER,
RENATE: Neues Lexikon christlicher
 Symbole
GLUNK, FRITZ: Das große Lexikon
 der Symbole
LURKER, MANFRED: Lexikon der
 Symbole
VOLLMAR, KLAUSBERND: Handbuch
 der Traum-Symbole
 Vollmars Welt der Symbole
 Das große Handbuch der Farben.
 Symbolik – Geschichte – Deutung

# Kopiervorlagen

## Das Große Blatt
**Name:**
**Datum:**

DIE KOPIERVORLAGEN dienen dazu, EIGENE Legungen einzutragen und nach DATUM und FRAGE abzuheften oder SIE JEMANDEM ZUR ERINNERUNG MITZUGEBEN.

EINFACH DIE NAMEN DER AUSGELEGTEN KARTEN in die jeweiligen Felder schreiben.

# Die 9-er Legung

**Name:**

**Datum:**

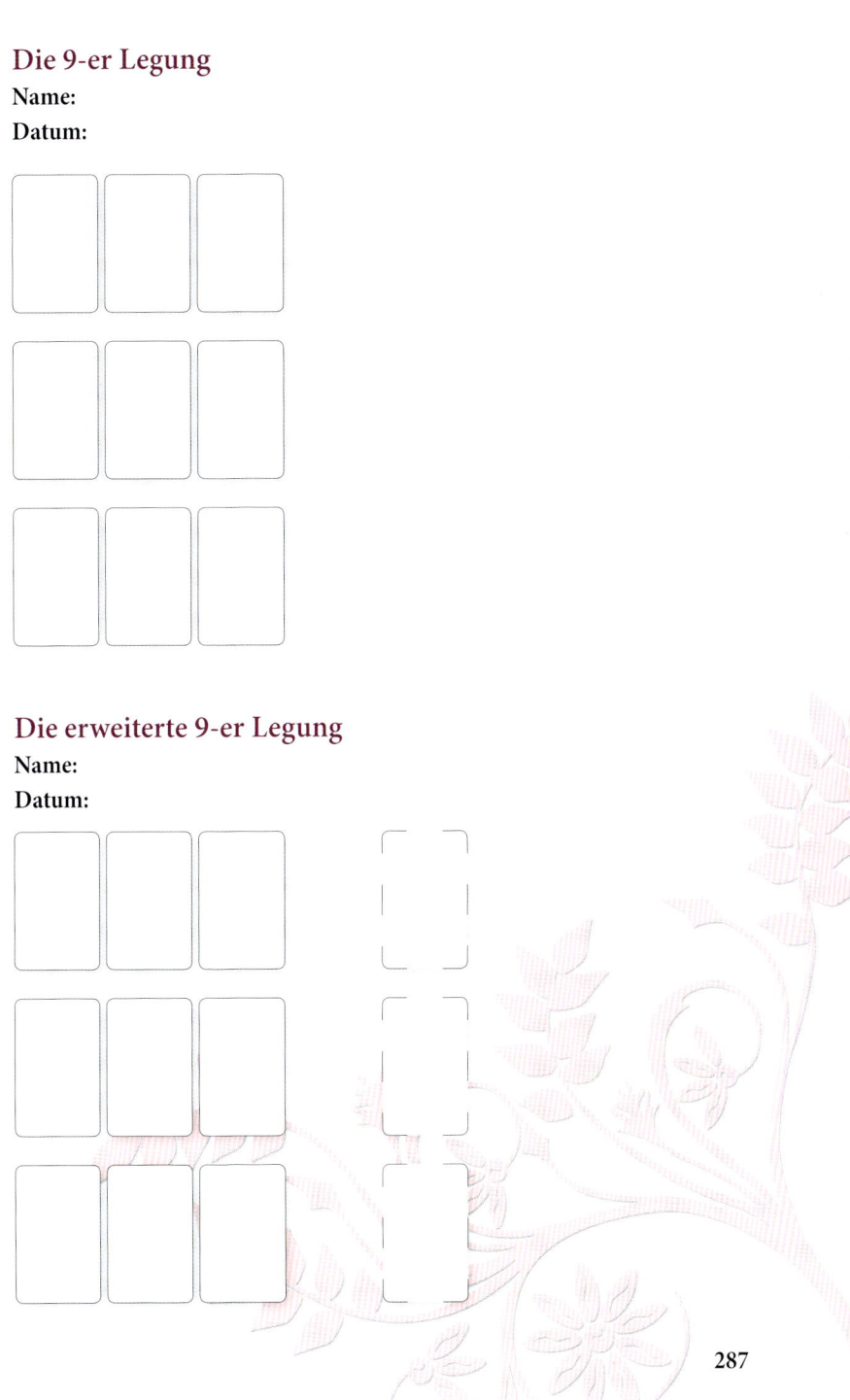

# Die erweiterte 9-er Legung

**Name:**

**Datum:**

# Die phantastischen Welten des Röhrig-Tarot

Der Röhrig-Tarot gehört zu den modernen Klassikern. Seine Stärke liegt in der »Übersetzung« der alten Kartensymbolik in eine moderne Bildsprache.

ROE und Kirsten Buchholzer, zwei Hamburger Karten-Profis, haben mit Liebe zum Detail und dem kritischen Blick auch für ungewohnte Inhalte zum ersten Mal ein wirkliches Deutungsbuch für diese überaus spannenden, lehrreichen und unterhaltsamen Tarot-Karten geschaffen.

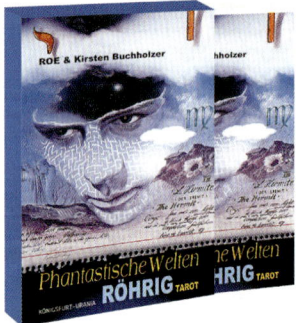

**Buch:**
256 Seiten, farbig, mit zahlreichen Abbildungen
ISBN 978-3-86826-524-8

**Set:**
Buch und 78 großformatige Röhrig-Tarotkarten
ISBN 978-3-86826-527-9